토익에 꼭 나오는
문법 5일 완성

YBM토익
기초영문법

저자	김소영
발행인	허문호
발행처	YBM

편집	이태경, 이혜원, 김현식
디자인	김현경, 정규리
마케팅	고영노, 김동진, 박찬경, 하재희, 문근호, 고은

초판인쇄	2025년 11월 21일
초판발행	2025년 11월 28일

신고일자	1964년 3월 28일
신고번호	제1964-000003호
주소	서울시 종로구 종로 104
전화	(02) 2000-0515 [구입문의] / (02) 2000-0293 [내용문의]
팩스	(02) 2285-1523
홈페이지	www.ybmbooks.com

ISBN	978-89-17-24381-9

저작권자 ⓒ 2025 YBM

이 책의 저작권, 책의 제호 및 디자인에 대한 모든 권리는 출판사인 YBM에게 있습니다.
서면에 의한 저자와 출판사의 허락 없이 내용의 일부 혹은 전부를 인용 및 복제하거나 발췌하는 것을 금합니다.

낙장 및 파본은 교환해 드립니다.
구입 철회는 구매처 규정에 따라 교환 및 환불 처리됩니다.

토익 주관사가 제시하는
쉽고 빠른 토익

YBM토익 기초영문법

> ### 가장 쉽고 빠르게 토익 기초 완성
> 토익 입문자가 반드시 알아야 할 문법 포인트와 헷갈리기 쉬운 함정을 이해하기 쉽게 한눈에 정리해 기초를 빠르게 다질 수 있습니다.

> ### 최신 토익 출제 패턴 완벽 반영
> 최근 토익 시험에 자주 출제되는 문제 패턴을 철저히 분석하고 반영해 최단 기간에 초급을 탈출할 수 있는 전략을 제시합니다.

> ### 저자 김소영 쌤의 무료 동영상 강의
> YBM 토익 대표강사 김소영 쌤의 이해가 쏙쏙 되는 무료 동영상 강의로, 혼자서도 핵심 문법을 쉽게 이해하고 실전에 활용할 수 있습니다.

> ### 토익 RC 필수 암기 표현 PDF
> 토익 문법은 '이해'로 시작해 '암기'로 완성됩니다. 보기 쉽게 한눈에 정리한 필수 표현을 반복 학습하다 보면 어느새 향상된 실력을 확인하게 됩니다.

이 책의 목차

WARM UP 010

DAY 1
문장의 구성과 품사

- UNIT 01 문장의 구조 014
- UNIT 02 명사 024
- UNIT 03 대명사 036
- UNIT 04 형용사 048
- UNIT 05 부사 058
- ACTUAL TEST 068

DAY 2
동사

- UNIT 06 동사의 형태와 종류 070
- UNIT 07 수 일치 078
- UNIT 08 태 088
- UNIT 09 시제 098
- ACTUAL TEST 108

DAY 3
준동사

- UNIT 10 to부정사 110
- UNIT 11 동명사 120
- UNIT 12 분사 128
- ACTUAL TEST 138

DAY 4

전치사와
부사절 접속사

UNIT 13	시간/장소의 전치사	140
UNIT 14	기타 전치사	150
UNIT 15	부사절 접속사	158
ACTUAL TEST		168

DAY 5

접속사와
비교 구문

UNIT 16	등위/상관접속사와 명사절 접속사	170
UNIT 17	형용사절 접속사	180
UNIT 18	비교 구문	190
ACTUAL TEST		198

➕ 추가 학습

| 토익 고득점 유형 | 202 |
| 토익 품사별 필수 어휘 | 212 |

이 책의 구성과 특징

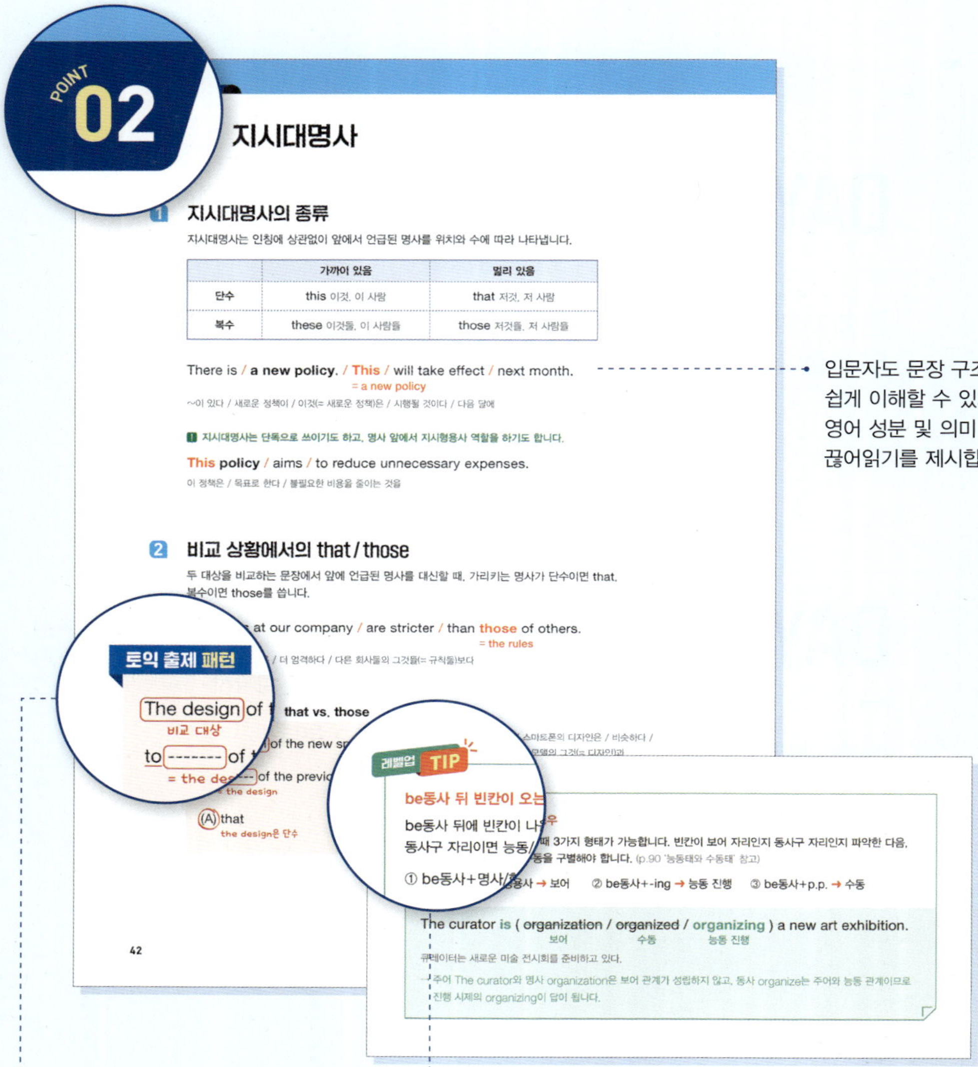

POINT 02

지시대명사

1 지시대명사의 종류

지시대명사는 인칭에 상관없이 앞에서 언급된 명사를 위치와 수에 따라 나타냅니다.

	가까이 있음	멀리 있음
단수	this 이것, 이 사람	that 저것, 저 사람
복수	these 이것들, 이 사람들	those 저것들, 저 사람들

There is / a new policy. / This / will take effect / next month.
= a new policy
~이 있다 / 새로운 정책이 / 이것(= 새로운 정책)은 / 시행될 것이다 / 다음 달에

지시대명사는 단독으로 쓰이기도 하고, 명사 앞에서 지시형용사 역할을 하기도 합니다.

This policy / aims / to reduce unnecessary expenses.
이 정책은 / 목표로 한다 / 불필요한 비용을 줄이는 것을

2 비교 상황에서의 that / those

두 대상을 비교하는 문장에서 앞에 언급된 명사를 대신할 때, 가리키는 명사가 단수이면 that, 복수이면 those를 씁니다.

at our company / are stricter / than those of others.
= the rules
/ 더 엄격하다 / 다른 회사들의 그것들(= 규칙들)보다

토익 출제 패턴

The design of ... that vs. those
비교 대상
to -------- of ...
= the design
(A) that
the design은 단수

42

레벨업 TIP

be동사 뒤 빈칸이 오는 경우

be동사 뒤에 빈칸이 나오는 경우 3가지 형태가 가능합니다. 빈칸이 보어 자리인지 동사구 자리인지 파악한 다음, 능동/수동을 구별해야 합니다. (p.90 '능동태와 수동태' 참고)

① be동사+명사/형용사 → 보어 ② be동사+-ing → 능동 진행 ③ be동사+p.p. → 수동

The curator is (organization / organized / organizing) a new art exhibition.
보어 / 수동 / 능동 진행

큐레이터는 새로운 미술 전시회를 준비하고 있다.

주어 The curator와 명사 organization은 보어 관계가 성립하지 않고, 동사 organize는 주어와 능동 관계이므로 진행 시제의 organizing이 답이 됩니다.

입문자도 문장 구조를 쉽게 이해할 수 있게 영어 성분 및 의미 단위 끊어읽기를 제시합니다.

1

토익 핵심 문법

토익 입문자라면 반드시 알아야 할 토익 핵심 문법을 친절한 설명과 최적의 예문으로 설명합니다.

2

토익 출제 패턴

출제 포인트를 노트 형식으로 정리해 실제로 토익 문제가 어떻게 출제되는지 한눈에 알 수 있습니다.

3

레벨업 TIP

토익 점수를 끌어올려 주는 실전 꿀팁을 제공합니다. 실전에 바로 활용해 보세요.

토익 RC 필수표현 PDF | PART 5 온라인 모의고사 | 무료 저자 동영상 강의 바로가기

→ ybmbooks.com

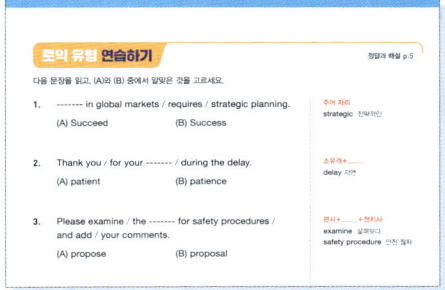

4 토익 유형 연습하기

끊어읽기로 문장 구조를 쉽게 파악하고 보기 2개로 정답과 오답의 차이를 확실하게 이해할 수 있게 훈련합니다.

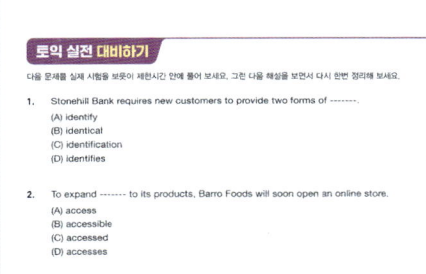

5 토익 실전 대비하기

각 UNIT 내용을 최신 기출 경향을 반영한 실제 토익 유형 문제로 풀이해 봅니다.

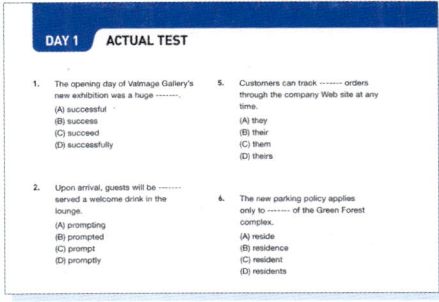

6 ACTUAL TEST

각 DAY에서 학습한 내용이 적용된 토익 실전문제를 풀어 보면서 다시 한번 종합적으로 정리합니다.

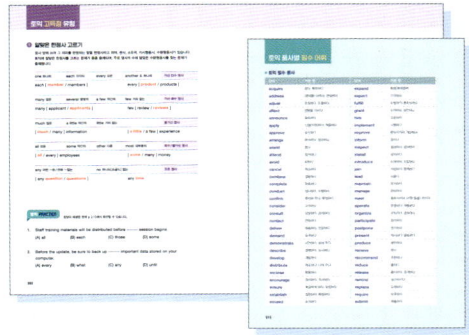

7 추가 학습

토익 고득점 유형과 필수 어휘를 추가로 보충 학습할 수 있습니다.

TOEIC 소개

TOEIC(Test of English for International Communication)은 영어가 모국어가 아닌 사람들을 대상으로 의사소통에 중점을 두고 일상생활 또는 국제업무에 필요한 실용영어 능력을 평가하는 시험입니다.

● **시험 구성**

구성	PART	유형	문항 수	시간	배점
Listening	Part 1	사진 묘사	6	45분	495점
	Part 2	질의 응답	25		
	Part 3	짧은 대화	39		
	Part 4	짧은 담화	30		
Reading	Part 5	단문 빈칸 채우기	30	75분	495점
	Part 6	장문 빈칸 채우기	16		
	Part 7 독해	단일 지문	29		
		이중 지문	10		
		삼중 지문	15		
Total	7 Parts		200문항	120분	990점

● **접수 방법**

토익 접수는 시험 약 2개월 전부터 한국TOEIC위원회 공식 홈페이지 (https://exam.toeic.co.kr)와 공식 애플리케이션을 통해 접수 가능합니다.

● **시험 준비물**

신분증 규정 신분증만 가능 (주민등록증, 운전면허증, 기간 만료 전의 여권, 공무원증 등)
필기구 연필, 지우개 (볼펜, 사인펜은 사용 금지)

● **성적 확인**

TOEIC 홈페이지에 안내된 성적 발표일에 인터넷 홈페이지와 애플리케이션을 통해 확인할 수 있습니다. 최초 성적표 발급은 우편 또는 온라인 수령 가능하며, 재발급은 성적 유효기간(시험 시행일로부터 2년 뒤 해당 시험일까지) 내에만 가능합니다.

학습 플랜

5일 완성 학습 플랜

목차에 제시된 DAY별 구성을 따라 5일에 완성하는 초단기 학습 플랜입니다. DAY를 구성하는 UNIT의 이론 학습, 토익 유형 연습하기, 토익 실전 대비하기와 각 DAY 마지막에 제시되는 ACTUAL TEST까지 하루 3~4시간의 학습을 권장합니다.

1일차	2일차	3일차	4일차	5일차
DAY 1 문장의 구성과 품사	DAY 2 동사	DAY 3 준동사	DAY 4 전치사와 부사절 접속사	DAY 5 접속사와 비교 구문

10일 완성 학습 플랜

10일 완성 단기 학습 플랜입니다. 하루 2시간 이상 UNIT 2개씩 학습을 진행하며, 마지막 10일차에는 온라인으로 제공하는 PART 5 모의고사를 풀고 부족한 부분을 다시 한번 복습합니다.

1일차	2일차	3일차	4일차	5일차
UNIT 1~2	UNIT 3~4	UNIT 5~6	UNIT 7~8	UNIT 9~10

6일차	7일차	8일차	9일차	10일차
UNIT 11~12	UNIT 13~14	UNIT 15~16	UNIT 17~18	PART 5 모의고사 및 복습

WARM UP

 **품사**

단어를 기능이나 형태의 특징에 따라 분류한 것을 '품사'라고 하며, 영어에는 모두 여덟 개의 품사가 있습니다. 학습에 앞서 영어의 8품사를 알아봅시다.

❶ 명사 ➡ 모든 대상의 이름

명사는 사람이나 사물의 이름을 가리키는 단어입니다. 눈에 보이는 대상뿐 아니라 '정보', '행복' 등과 같이 눈에 보이지 않는 개념에 대한 명칭도 명사입니다.

employee 직원　**computer** 컴퓨터　**air** 공기　**success** 성공

❷ 대명사 ➡ 명사를 대신하는 말

사람, 사물, 개념 등의 이름, 즉 명사를 대신하여 쓰는 말로 '그', '그녀', '그것' 같은 말입니다. 특히 앞에서 한 번 언급된 명사를 반복 사용하는 것을 피하기 위해 대명사를 사용합니다.

he 그　**she** 그녀　**they** 그들　**it** 그것　**this** 이것　**that** 저것

❸ 형용사 ➡ 명사를 꾸미는 말

명사의 모습이나 상태를 설명하는 말입니다. '어떤' 명사인지 표현하거나 명사의 상태를 설명할 때 사용하며, 명사 외 다른 품사는 수식할 수 없습니다.

new 새로운　**short** 짧은　**kind** 친절한　**helpful** 유익한

❹ 부사 ➡ 명사 빼고 모두 꾸미는 말

동사, 형용사, 다른 부사, 또는 문장 전체를 꾸며주는 말입니다. 문장의 필수 성분은 아니지만, 부사를 통해 문장의 의미를 더욱 분명하고 풍부하게 만들 수 있습니다.

very 매우　**late** 늦게　**carefully** 주의 깊게　**fortunately** 다행히도

❺ 동사 ➜ **동작이나 상태를 나타내는 말**

동사는 우리말로 '~하다, ~이다'로 끝나는 말로 사람이나 사물 등의 동작 또는 상태를 표현합니다. 동사는 문장에서 가장 핵심적인 역할을 하는 품사로, 문장에 반드시 있어야 합니다.

run 달리다   think 생각하다   be ~이다   look 보다, ~해 보이다

❻ 전치사 ➜ **명사와 짝꿍으로 수식하는 말**

명사 또는 대명사 앞에 쓰여서 시간, 장소, 방법, 이유, 목적 등 다양한 의미를 나타내는 데 쓰입니다. 전치사는 우리말에 없는 품사로, 「전치사+명사」를 하나의 수식어 덩어리로 이해하는 것이 좋습니다.

in ~ 안에   from ~로부터   with ~와 함께   about ~에 대하여

❼ 접속사 ➜ **문장과 문장을 연결하는 말**

단어와 단어, 구와 구, 절과 절을 이어주는 말입니다. 문장 속에서 다양한 요소를 연결하지만, 그 핵심 역할은 두 문장을 하나로 이어주어 완전한 의미를 만드는 데 있습니다.

and 그리고   or 또는   but 그러나   so 그래서   because ~ 때문에

❽ 감탄사 ➜ **그냥 감탄하는 말**

기쁠 때, 슬플 때, 놀라울 때 등 감정을 표현하기 위한 말로서 우리말의 '어머', '와', '이런' 같은 말에 해당합니다.

Wow! 와!   Oops! 이런!   Ouch! 아야!

토익에서는 빈칸에 들어갈 올바른 품사를 찾는 것이 핵심입니다!

 단어가 두 개 이상 모이면 하나의 의미를 가지는 말 덩어리가 됩니다. 영어의 문장 구조를 파악하고 해석하는 데 필수적인 '구'와 '절'의 개념을 알아봅시다.

❶ 구 ➡ 주어와 동사가 없는 단어 덩어리

둘 이상의 단어가 합쳐져 하나의 덩어리로 쓰이는 것을 말합니다. 구에는 주어와 동사가 없다는 점을 기억해 둡니다.

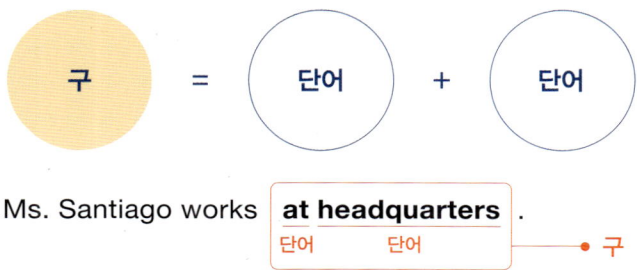

산티아고 씨는 본사에서 근무한다.

❷ 절 ➡ 주어와 동사가 있는 단어 덩어리

구와 마찬가지로 둘 이상의 단어가 합쳐져 하나의 덩어리로 쓰이는 말이지만, 절에는 주어와 동사가 반드시 포함되어야 합니다.

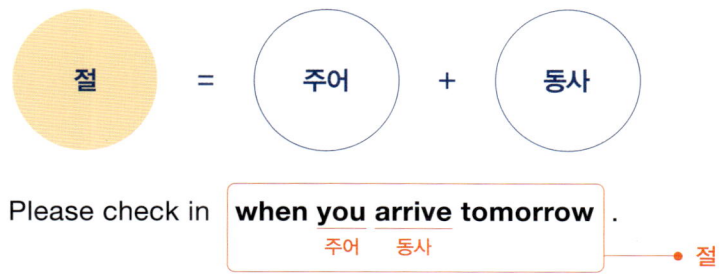

내일 도착하면 체크인하세요.

구와 절은 단어와 마찬가지로 문장 안에서 하나의 품사 역할을 합니다.
즉 명사, 형용사, 부사 역할을 할 수 있습니다.

❶ 명사구/명사절 ➡ 주어, 목적어, 보어 역할

명사구	**Working hard** leads to success. 　　　주어 열심히 일하는 것은 성공으로 이어진다.
명사절	People believe **that hard work leads to success**. 　　　　　　　　　　　　목적어 사람들은 노력이 성공으로 이어진다고 믿는다.

❷ 형용사구/형용사절 ➡ 명사 수식

형용사구	The seminar **about leadership** was helpful. 　　　　　↑──────┘ 명사 수식 리더십에 관한 그 세미나는 유익했다.
형용사절	The seminar **that Kevin conducted** was helpful. 　　　　　↑──────────┘ 명사 수식 케빈이 진행한 그 세미나는 유익했다.

❸ 부사구/부사절 ➡ 동사, 형용사, 부사, 문장 수식

부사구	The software is easy **to install**. 　　　　　　　↑──────┘ 형용사 수식 그 소프트웨어는 설치하기 쉽다.
부사절	Please contact us **if you need technical support**. 　↑──────────────┘ 문장 수식 기술 지원이 필요하면 저희에게 연락해 주세요.

UNIT 01

DAY 1 | 문장의 구성과 품사

문장의 구조

01 문장의 구성 요소
02 문장의 5형식

💬
영어 문장을 이해하려면 먼저 문장의 구조를 파악해야 합니다. 같은 단어라도 주어 자리에 쓰이면 '~이', 목적어 자리에 쓰이면 '~을'로 해석됩니다. 단어를 무조건 암기하기보다는 영어의 기본이 되는 문장 구조를 확실히 익혀 두는 것이 중요합니다.

기본 개념 미리보기

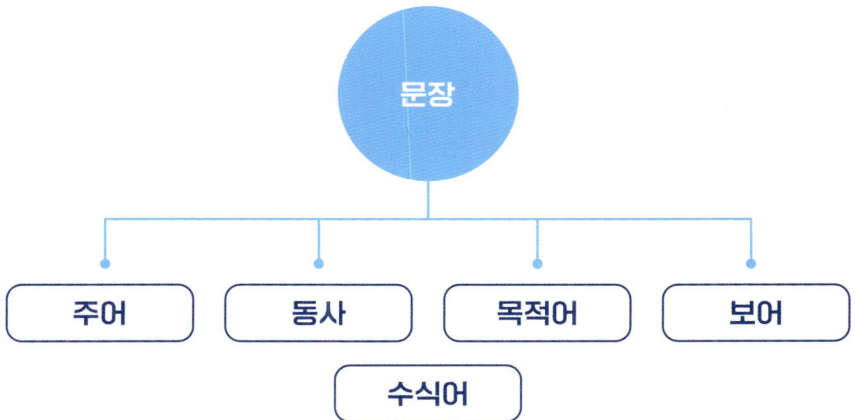

문장의 구성 요소와 형식

영어 문장은 주어, 동사, 목적어, 보어, 수식어로 이루어집니다. 문장은 주어와 동사를 중심으로 구성되며, 필요에 따라 목적어나 보어가 더해져 크게 다섯 가지 문장 형식으로 나눌 수 있습니다.

Mr. Liu works. 리우 씨는 일한다. 1형식
주어   동사

Mr. Liu is professional. 리우 씨는 전문적이다. 2형식
주어   동사   보어

Mr. Liu checks reports. 리우 씨는 보고서를 확인한다. 3형식
주어   동사   목적어

Mr. Liu gives employees tasks. 리우 씨는 직원들에게 업무를 준다. 4형식
주어   동사   목적어   목적어

Mr. Liu keeps employees busy. 리우 씨는 직원들을 계속 바쁘게 한다. 5형식
주어   동사   목적어   보어

POINT 01 문장의 구성 요소

1 주어와 동사

주어와 동사는 문장의 필수 구성 요소로, 특히 문장에 동사는 반드시 있어야 합니다.

- **주어** | 동작이나 상태의 주체로, 명사나 대명사가 쓰입니다.

    The company is a major publisher. 그 회사는 대형 출판사이다.
    주어(명사)

- **동사** | 주어의 동작이나 상태를 나타내는 말로, 하나의 절에는 반드시 하나의 동사만 나옵니다.

    Many employees **work** for the company. 많은 직원들이 그 회사를 위해 일한다.
    주어   동사

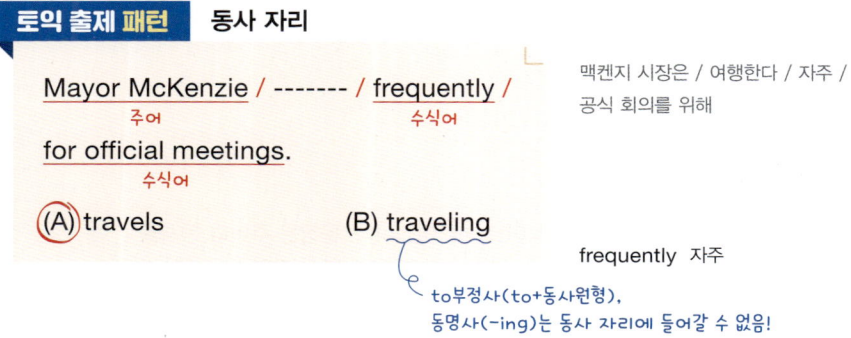

토익 출제 패턴 동사 자리

Mayor McKenzie / ------- / frequently / for official meetings.
주어   수식어
수식어

(A) travels   (B) traveling

맥켄지 시장은 / 여행한다 / 자주 / 공식 회의를 위해

frequently 자주

to부정사(to+동사원형), 동명사(-ing)는 동사 자리에 들어갈 수 없음!

2 목적어와 보어

동사에 따라 뒤에 목적어나 보어가 필요합니다. 즉, 문장이 완전해지려면 목적어나 보어가 꼭 필요할 수 있다는 점을 기억해야 합니다.

- **목적어** | 동사 뒤에서 동사의 대상이 되는 말로, 명사나 대명사가 쓰입니다.

    The company publishes **books**. 그 회사는 책을 출판한다.
                동사   목적어

- **보어** | 주어나 목적어의 상태나 성질을 보충 설명해 주는 말로, 형용사나 명사가 쓰입니다.

    The books are **helpful**. 그 책들은 유용하다.
    주어   주격 보어

    Consumers find the books **helpful**. 소비자들은 그 책들이 유용하다고 생각한다.
                    목적어   목적격 보어

3 수식어

주어, 동사, 목적어, 보어를 제외한 나머지는 모두 수식어이며, 수식어는 문장의 필수 구성 요소가 아닙니다. 수식어에는 형용사와 부사가 있으며, 형용사는 명사를 수식하고 부사는 명사를 제외한 거의 모든 요소를 수식할 수 있습니다.

- **형용사 역할 수식어** | 형용사뿐 아니라 「전치사 + 명사」, to부정사구, 분사구, 관계사절이 형용사 역할을 해 명사를 수식할 수 있습니다.

    The company publishes **educational** books. 그 회사는 교육용 책을 출판한다.
    형용사

    The book **on English grammar** is informative.
    전치사 + 명사
    영어 문법에 관한 그 책은 유익하다.

- **부사 역할 수식어** | 부사뿐 아니라 「전치사 + 명사」, to부정사구, 부사절이 부사 역할을 해 동사, 형용사, 문장 등을 수식할 수 있습니다.

    The company **regularly** publishes books. 그 회사는 책을 정기적으로 출판한다.
    부사

    The book will be published **in November**. 그 책은 11월에 출간될 것이다.
    전치사 + 명사

    To meet the deadline, employees are working hard.
    to부정사구
    마감 기한을 맞추기 위해, 직원들은 열심히 일하고 있다.

토익 출제 패턴 — 수식어 자리

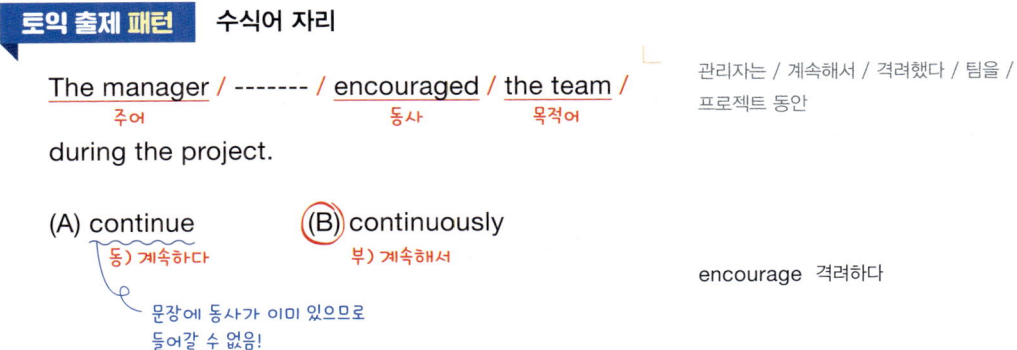

The manager / ------- / encouraged / the team /
주어   동사   목적어
during the project.

관리자는 / 계속해서 / 격려했다 / 팀을 / 프로젝트 동안

(A) continue   (B) continuously
    동) 계속하다   부) 계속해서
    문장에 동사가 이미 있으므로 들어갈 수 없음!

encourage 격려하다

토익 유형 연습하기

정답과 해설 p.2

다음 문장을 읽고, (A)와 (B) 중에서 알맞은 것을 고르세요.

1. ------- / must be sent / to clients / at least two weeks in advance.

   (A) Invitations　　　　(B) Invited

   주어 자리
   at least 최소한, 적어도
   in advance 미리

2. The vitamin supplement / ------- / as a source of extra energy.

   (A) action　　　　(B) acts

   동사 자리
   supplement 보충제

3. Ms. Page / announced / new ------- / on the marketing team.

   (A) opens　　　　(B) openings

   목적어 자리
   announce 발표하다

4. The furniture assembly manual / is / ------- / for beginners / to understand.

   (A) easy　　　　(B) easily

   보어 자리
   assembly 조립

5. The workers / ------- / finished / the construction / ahead of schedule.

   (A) quick　　　　(B) quickly

   수식어 자리
   ahead of schedule 일정보다 앞서

POINT 02 문장의 5형식

① 1형식 | 주어 + 동사

「주어 + 동사」만으로 완성되는 문장 형식입니다. 1형식 문장에 쓰이는 동사는 목적어나 보어 없이도 주어의 동작이나 상태를 설명할 수 있으며, 뒤에 수식어가 잘 붙습니다.

대표적인 1형식 동사			
go 가다	come 오다	rise 오르다	live 살다
arrive 도착하다	depart 출발하다	happen 발생하다	work 일하다; 작동하다

❗ 문장의 형식을 결정하는 것은 '동사'입니다. 각 형식의 대표 동사를 반드시 암기합니다!

Prices / **rise**. 물가는 / 오른다
  주어   동사

The machine / **works** / **properly**. 그 기계는 / 작동한다 / 제대로
  주어   동사   수식어(부사)

My luggage / **arrived** / **at the airport**. 내 짐이 / 도착했다 / 공항에
  주어   동사   수식어(전치사 + 명사)

② 2형식 | 주어 + 동사 + 주격 보어

「주어 + 동사」 외에 주어를 보충 설명해 주는 주격 보어가 반드시 필요합니다. 주격 보어로는 명사(주어의 신분)나 형용사(주어의 성질/상태)가 쓰입니다.

대표적인 2형식 동사			
be ~이다	become ~이 되다	stay ~한 상태로 있다	remain ~한 상태로 남다
seem ~인 것 같다	appear ~인 것 같다	look ~해 보이다	feel ~하게 느껴지다

Ms. Kim / **became** / **a supervisor**. 김 씨는 / ~이 되었다 / 관리자   김 씨의 신분 = 관리자
  주어   동사   주격 보어(명사)

The service / **is** / **excellent**. 서비스는 / ~이다 / 훌륭한   서비스의 상태 = 훌륭한
  주어   동사 주격 보어(형용사)

The product design / **looks** / **attractive**.   디자인의 상태 = 매력적인
  주어   동사   주격 보어(형용사)
제품 디자인은 / ~해 보인다 / 매력적인

3 3형식 | 주어 + 동사 + 목적어

「주어 + 동사」만으로는 의미가 불충분하고 뒤에 동사의 대상이 되는 '목적어'가 반드시 필요합니다. 영어에서 가장 많이 쓰이는 문장 형식입니다.

대표적인 3형식 동사

have 가지다	hold 개최하다	attend 참석하다	contact 연락하다
manage 관리하다	review 검토하다	provide 제공하다	receive 받다

❗ 3형식 타동사를 모두 외우는 것은 불가능하므로 목적어가 필요 없는 자동사를 암기하는 것이 효율적입니다.

Ms. Kim / **manages** / projects. 김 씨는 / 관리한다 / 프로젝트들을
주어   동사   목적어

4 4형식 | 주어 + 동사 + 간접목적어 + 직접목적어

목적어가 2개인 문장 형식입니다. 주로 '누구에게 ~해 주다'라는 의미를 표현할 때 4형식 동사 뒤에 간접목적어(~에게)와 직접목적어(~을)를 나란히 써서 나타냅니다.

대표적인 4형식 동사

give 주다	offer 제공해 주다	send 보내 주다	tell 말해 주다
show 보여 주다	buy 사 주다	teach 가르쳐 주다	award (상을) 수여하다

Ms. Kim / **gives** / the employees / instructions. 김 씨는 / 내린다 / 직원들에게 / 지시를
주어   동사   간접목적어(~에게)   직접목적어(~을)

5 5형식 | 주어 + 동사 + 목적어 + 목적격 보어

「주어 + 동사 + 목적어」 뒤에 목적어의 신분(명사)이나 성질/상태(형용사)를 보충 설명해 주는 목적격 보어가 반드시 필요합니다. 목적격 보어로는 명사나 형용사가 쓰입니다.

대표적인 5형식 동사

make ~한 상태로 만들다	keep ~한 상태로 두다	leave ~한 상태로 두다
find ~라고 생각하다	consider ~라고 여기다	appoint ~로 임명하다

Ms. Kim / **makes** / projects / efficient.   프로젝트의 상태 = 효율적인
주어   동사   목적어   목적격 보어(형용사)

김 씨는 / 만든다 / 프로젝트들을 / 효율적으로

토익 유형 연습하기

정답과 해설 p.2

다음 문장을 읽고, (A)와 (B) 중에서 알맞은 것을 고르세요.

1. Unexpected problems / ------- / at the construction site.

   (A) announced   (B) happened

   1형식
   unexpected 예기치 못한
   construction site 건설 현장

2. Some seats / ------- / unoccupied / for the entire concert.

   (A) remained   (B) maintained

   2형식
   unoccupied 비어 있는

3. Please ------- / Human Resources / about the new company policy.

   (A) speak   (B) contact

   3형식
   Human Resources 인사부
   policy 정책, 방침

4. The guide / ------- / everyone / detailed information / during the tour.

   (A) provided   (B) offered

   4형식
   detailed 상세한

5. According to the survey, / many customers / found / our services / -------.

   (A) useful   (B) usefully

   5형식
   according to ~에 따르면
   survey 설문 조사

UNIT 01 문장의 구조 21

토익 실전 대비하기

다음 문제를 실제 시험을 보듯이 제한시간 안에 풀어 보세요. 그런 다음 해설을 보면서 다시 한번 정리해 보세요.

1. Accommodation rates usually ------- during the holiday season.
   (A) cost
   (B) rise
   (C) pay
   (D) include

2. The keynote speaker ------- introduced herself before the presentation began.
   (A) briefer
   (B) briefing
   (C) briefly
   (D) brief

3. A large audience eagerly awaited Mr. Carter's ------- at the theater.
   (A) arrive
   (B) arrived
   (C) to arrive
   (D) arrival

4. Chef's Table now ------- an online reservation system to reduce waiting times.
   (A) useful
   (B) uses
   (C) users
   (D) using

5. Train departure times will be posted on the screen as soon as the schedule becomes -------.
   (A) available
   (B) availability
   (C) availabilities
   (D) availably

6. ------- at the training workshop is required for all new employees.
   (A) Attend
   (B) Attending
   (C) Attendance
   (D) Attendant

7. Please ------- our Web site for directions to our new store in Seoul.
   (A) go
   (B) come
   (C) visit
   (D) stay

8. To keep the environment -------, volunteers collected trash on the beach.
   (A) clean
   (B) cleanly
   (C) cleanliness
   (D) cleaning

9. The plant supervisor ------- the visitors its new facilities and production line.
   (A) opened
   (B) showed
   (C) made
   (D) explained

10. Travelers ------- the Allday Hotel's 24-hour operation very convenient for late check-ins.
    (A) feel
    (B) find
    (C) take
    (D) like

DAY 1 | 문장의 구성과 품사

UNIT 02

명사

- **01** 명사의 형태와 자리
- **02** 가산 명사와 불가산 명사
- **03** 복합 명사

💬
매회 토익에서 빠지지 않고 등장하는 명사 문제는 빈칸에 알맞은 품사를 고르는 자리 찾기 유형이 기본으로 출제됩니다. 명사의 형태와 자리만 정확하게 파악해도 명사 문제를 대부분 맞힐 수 있지만, 혼동하기 쉬운 어휘나 빈출 복합 명사들을 알아 두면 시간을 단축할 수 있습니다.

기본 개념 미리보기

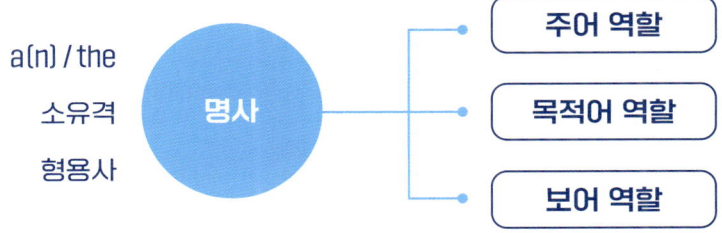

명사의 역할

명사는 사람이나 사물뿐 아니라 눈에 보이지 않는 감정이나 생각, 개념 등을 가리키는 단어입니다. 문장에서 주로 주어, 목적어, 보어 역할을 합니다.

The **company** offers free **transportation** to its employees.
　　　주어　　　　　　　　　　목적어

그 회사는 직원들에게 무료 교통편을 제공한다.

명사의 종류

명사는 셀 수 있는 가산 명사와 셀 수 없는 불가산 명사로 나뉘고, 대상에 따라 사람 명사와 사물 명사로도 구분됩니다. 둘 이상의 명사가 합쳐져 하나의 뜻을 이루는 복합 명사도 자주 사용됩니다.

The **supervisor** gave us helpful **advice** during the **training session**.
　　　가산 명사, 사람 명사　　　　　　　불가산 명사, 사물 명사
　　　　　　　　　　　　　　　　　　　　　　　　복합 명사

관리자는 교육 세션 동안 우리에게 유익한 조언을 해 주었다.

POINT 01 명사의 형태와 자리

1 명사의 형태

토익에서는 명사를 한눈에 알아보는 것이 중요합니다. 모든 명사를 외우기는 어렵지만, 공통적인 접미사 형태를 익혀 두면 명사를 빠르게 판별할 수 있습니다. 또한, 명사처럼 보이지 않는 예외적인 어휘에 주의합니다.

-tion/-sion	regulation 규정 prediction 예측 decision 결정
-ment	payment 지불 agreement 합의
-ance/-ence	attendance 참석 experience 경험
-cy/-ty	efficiency 효율성 occupancy 사용, 점유 ability 능력
-ure	procedure 절차 exposure 노출 furniture 가구
-ness	awareness 인식, 의식 competitiveness 경쟁력
-or/-er/-ee	supervisor 관리자 consumer 소비자 employee 직원
-ive	representative 대표, 직원 initiative 계획 objective 목표
-al	proposal 제안(서) approval 승인 potential 잠재력 appraisal 평가
-ly	assembly 모임; 조립

→ 예외적인 접미사를 가진 토익 빈출 명사

토익 출제 패턴 명사의 형태

All workers / receive / an ------- / at the end of the year.
(동사) (목적어 → 명사 자리)

모든 직원들은 / 받는다 / 평가를 / 연말에

(A) appraisal (명) 평가
(B) appraise (동) 평가하다

2 명사의 자리

명사는 문장에서 동작의 주체인 주어, 동작의 대상인 목적어, 그리고 주어나 목적어를 보충 설명하는 보어 역할을 하여 다음과 같은 자리에 들어갈 수 있습니다.

- **주어 자리** | 일반적으로 동사 앞에 위치합니다.

    Customers / **complained** / about the delayed shipments.
    고객들은 / 불평했다 / 지연된 배송에 대해

- **목적어 자리** | 타동사 뒤, 전치사 뒤에 위치합니다.

    Ms. Tyler / always **makes** / **decisions** / quickly and accurately.
    　　　　　　　　　　　　　타동사 makes의 목적어
    타일러 씨는 / 항상 내린다 / 결정을 / 빠르고 정확하게

    The intern / has / practical experience / **in marketing**.
    　　　　　　　　　　　　　　　　　　　　전치사 in의 목적어
    그 인턴은 / 가지고 있다 / 실무 경험을 / 마케팅에서

- **보어 자리** | 2형식 동사 뒤, 5형식 동사의 목적어(명사) 뒤에 위치합니다.

    Our top priority / **is safety** / in the workplace.
    　　　　　　　　　　= our top priority
    우리의 최우선 순위는 / 안전이다 / 직장 내

    ❗ 보어 자리 문제에서는 명사가 거의 나오지 않고, 주로 형용사가 출제됩니다.

    The design of the product / **is safe** / for children.
    제품의 디자인은 / 안전하다 / 아이들에게

토익 출제 패턴　　주어 자리

------- of construction materials / will begin / next week.
주어 → 명사 자리　　　　　　　　　　동사

건축 자재의 배송이 / 시작될 것이다 / 다음 주에

(A) Deliver　　　　(B) Delivery
동) 배송하다　　　　명) 배송

construction materials 건축 자재

UNIT 02 명사　**27**

3 명사의 위치

관사 a(n)과 the, 소유격, 형용사는 명사 앞에 짝꿍처럼 잘 붙습니다. 따라서 빈칸 앞 단어를 보고 명사가 들어갈 자리임을 알 수 있습니다.

관사 a(n), the 뒤

They / will begin / a project / next month.
그들은 / 시작할 것이다 / 프로젝트를 / 다음 달에

The achievement of the project / depends / on teamwork.
프로젝트의 성과는 / 달려 있다 / 팀워크에

> 「관사 + _____ + 전치사」 형태로 자주 출제됩니다. 관사와 전치사 사이는 항상 명사 자리입니다.

소유격 뒤

Ms. Weber's presentation / impressed / everyone.
웨버 씨의 발표는 / 깊은 인상을 주었다 / 모두에게

형용사 뒤

Mr. Klum / received / an urgent request / from the client.
클룸 씨는 / 받았다 / 긴급한 요청을 / 고객으로부터

> 이때 형용사는 명사를 수식하며, 앞에 관사나 소유격이 함께 쓰일 수 있습니다.

토익 출제 패턴 소유격 + 형용사 + _____

We / appreciate / your prompt ------- / following yesterday's meeting.
동사 / 목적어: 소유격+형용사+명사 / 전) ~ 후에

(A) respond 동) 답하다
(B) response 명) 답변

우리는 / 감사드립니다 / 귀하의 신속한 답변에 / 어제 회의 이후에

prompt 신속한, 즉각적인

토익 유형 연습하기

정답과 해설 p.5

다음 문장을 읽고, (A)와 (B) 중에서 알맞은 것을 고르세요.

1. ------- in global markets / requires / strategic planning.

    (A) Succeed   (B) Success

   주어 자리
   strategic 전략적인

2. Thank you / for your ------- / during the delay.

    (A) patient   (B) patience

   소유격+_____
   delay 지연

3. Please examine / the ------- for safety procedures / and add / your comments.

    (A) propose   (B) proposal

   관사+_____+전치사
   examine 살펴보다
   safety procedure 안전 절차

4. Blarney Manufacturing / provides / ------- / as an incentive for employees.

    (A) benefits   (B) beneficial

   목적어 자리
   incentive 장려책

5. The senior editor / checked / the draft / and emphasized / the issue of -------.

    (A) accuracy   (B) accurately

   전치사의 목적어 자리
   draft 초안
   emphasize 강조하다

6. The maintenance team / is ------- / for regular facility inspections.

    (A) responsibility   (B) responsible

   보어 자리
   maintenance (유지) 관리
   facility inspection 시설 점검

7. An environmental ------- / was discussed / at the international conference.

    (A) initiative   (B) initiate

   관사+형용사+_____
   environmental 환경의
   discuss 논의하다

UNIT 02 명사 29

POINT 02 가산 명사와 불가산 명사

1 가산 명사 VS. 불가산 명사

명사에는 크게 셀 수 있는 가산 명사와 셀 수 없는 불가산 명사가 있습니다. 토익에 가산 명사와 불가산 명사를 구별하는 문제가 자주 출제되므로 각각의 특징을 잘 알아 두도록 합니다.

• **가산 명사**

| product 제품 | device 장치, 기기 | approach 접근(법) | package 소포 |
| study 연구 | suggestion 제안 | detail 세부사항 | decision 결정 |

1 단수 명사 앞에만 관사 a(n)을 붙일 수 있고, 단수 명사는 관사나 소유격 없이 절대 혼자 쓸 수 없습니다.
2 복수 명사는 보통 뒤에 -(e)s가 붙고, 단독으로 쓰거나 관사 the, 소유격과 함께 쓸 수 있습니다.
3 가산 명사가 주어로 쓰인 경우, 동사와 수 일치해야 합니다. (p.80 '주어와 동사의 수 일치' 참고)

A product with a manual / **is easier** / to use.
　　　　　　　　　　　　　단수 동사
설명서가 있는 제품은 / 더 쉽다 / 사용하기에

Products / **are displayed** / on the top shelf.
　　　　　　복수 동사
제품들이 / 진열되어 있다 / 맨 위 선반에

• **불가산 명사**

| merchandise 상품 | equipment 장비 | access 접근 | luggage 짐, 수하물 |
| research 연구 | advice 조언 | information 정보 | approval 승인 |

1 단수와 복수의 개념이 없어 앞에 관사 a(n)이나 뒤에 -(e)s를 붙일 수 없습니다.
2 관사 the, 소유격처럼 수와 상관없는 한정사와 함께 쓸 수 있습니다.
3 불가산 명사 주어는 단수 동사와 사용합니다.

A financial consultant / provides / **advice** / to clients.
　　　　　　　　　　　　　　　an advice X, advices X
재무 상담가는 / 제공한다 / 조언을 / 고객들에게

The merchandise / **was damaged** / during shipping.
　　　　　　　　　　단수 동사
상품이 / 손상되었다 / 배송 중에

• 형태가 비슷한 가산 명사 vs. 불가산 명사

가산 명사	불가산 명사	가산 명사	불가산 명사
permit 허가증	permission 허가	machine 기계	machinery 기계류
process 과정, 절차	processing 처리	account 계좌; 계정	accounting 회계

We / need / a (**permit** / ~~permission~~) / to enter the factory.
우리는 / 필요하다 / 허가증이 / 공장에 들어가기 위해

토익 출제 패턴 가산 명사 vs. 불가산 명사

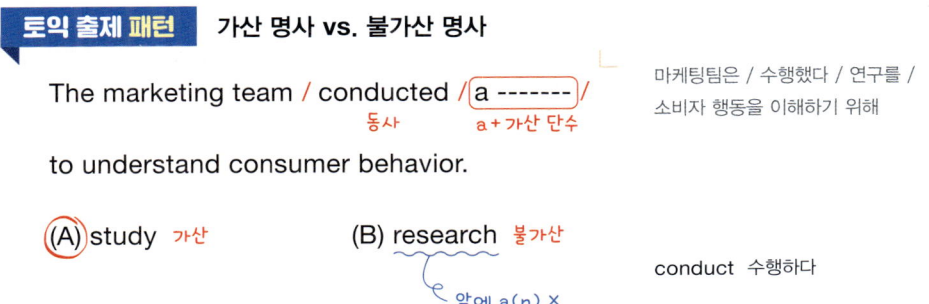

conduct 수행하다

2 사람 명사 vs. 사물 명사

사람을 나타내는 명사와 사물 또는 추상적인 개념을 나타내는 명사를 구별할 수 있어야 합니다. 사람 명사는 모두 '가산 명사'이므로 앞에 관사/소유격이 있거나 복수형으로 써야 합니다.

사람 명사	사물 명사	사람 명사	사물 명사
applicant 지원자	application 지원(서)	assistant 조수	assistance 도움
architect 건축가	architecture 건축	attendee 참석자	attendance 참석
operator 운영자	operation 운영	resident 거주자	residence 거주(지)
participant 참가자	participation 참가	user 사용자	usage 사용

토익 출제 패턴 사람 명사 vs. 사물 명사

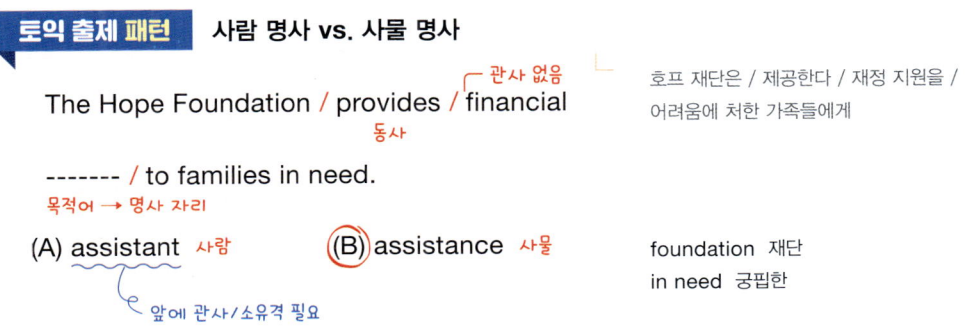

foundation 재단
in need 궁핍한

레벨업 TIP

보기에 명사가 2개 이상인 경우

명사 자리인데 보기에 명사가 2개 이상 있는 경우, 우선 문법적으로 확인한 다음, 문법적으로도 둘 다 가능하면 해석으로 판단합니다.

1. 단수 명사 자리인지 복수 명사 자리인지 확인합니다.
   (Package / **Packages**) **were** delivered this morning. 소포들이 오늘 아침에 배송되었다.
   → 복수 동사 were 앞 주어 자리이므로 복수 명사가 답이 됩니다.

2. 둘 다 복수가 아니면, 가산 명사인지 불가산 명사인지 확인합니다.
   Solar panels reduce energy (**usage** / user). 태양광 패널은 에너지 사용량을 줄인다.
   → user(사용자)는 가산 명사로 관사/소유격이 필요합니다.

3. 1, 2번이 모두 동일한 조건이면, 해석으로 판단합니다.
   The (reception / **receptionist**) will be happy to help.
   접수 담당자가 기꺼이 도와드릴 것입니다.
   → 도움을 주는 일을 할 수 있는 것은 사람입니다.

토익 유형 연습하기

정답과 해설 p.6

다음 문장을 읽고, (A)와 (B) 중에서 알맞은 것을 고르세요.

1. Several guest speakers / will deliver / keynote ------- / during tomorrow's conference.

   (A) speech　　　　(B) speeches

   가산 단수 명사 vs. 가산 복수 명사
   deliver (연설 등을) 하다
   keynote speech 기조 연설

2. The company / hired / a ------- / to handle the contract renewal.

   (A) negotiation　　　　(B) negotiator

   사람 명사 vs. 사물 명사
   renewal 갱신

3. ------- of the new camera models / is scheduled / to start next month.

   (A) Product　　　　(B) Production

   가산 명사 vs. 불가산 명사
   be scheduled to ~할 예정이다
   production 생산

POINT 03 복합 명사

두 개 이상의 명사가 마치 한 단어처럼 쓰이는 것을 복합 명사라고 합니다. 빈출 복합 명사를 암기해 두면 문제 풀이 속도와 정확도가 올라갑니다.

토익 빈출 복합 명사

customer satisfaction 고객 만족(도)	budget proposal 예산안
safety regulations 안전 규정	performance evaluation 업무 성과 평가
maintenance work 유지보수 작업	security policy 보안 정책
reference letter 추천서	marketing strategy 마케팅 전략
application form 신청서	employee benefits 직원 복리후생
sales report 판매 보고서	job opening 일자리 공석
sales representative 영업 사원	product launch 제품 출시
manufacturing plant 제조 공장	clearance sale 정리 세일

토익 출제 패턴 | 복합 명사

The manager / reviewed / the sales ------- / for the meeting.
- 동사: reviewed
- 목적어(복합 명사): sales -------

관리자는 / 검토했다 / 판매 보고서를 / 회의를 위해

(A) report 명사 ✓
(B) reported 동사/분사 — 동사 reviewed가 이미 있음

review 검토하다

토익 유형 연습하기

정답과 해설 p.6

다음 문장을 읽고, (A)와 (B) 중에서 알맞은 것을 고르세요.

1. To increase brand awareness, / the team / developed / new marketing -------.

   (A) strategically
   (B) strategies

   복합 명사
   brand awareness
   브랜드 인지도

2. The training session / covered / ------- regulations for warehouse operations.

   (A) safety
   (B) safe

   복합 명사
   operation 운영

UNIT 02 명사 33

토익 실전 대비하기

다음 문제를 실제 시험을 보듯이 제한시간 안에 풀어 보세요. 그런 다음 해설을 보면서 다시 한번 정리해 보세요.

1. Stonehill Bank requires new customers to provide two forms of -------.
   (A) identify
   (B) identical
   (C) identification
   (D) identifies

2. To expand ------- to its products, Barro Foods will soon open an online store.
   (A) access
   (B) accessible
   (C) accessed
   (D) accesses

3. The owner of Amalfi Bistro decided to purchase kitchen ------- directly from the manufacturer.
   (A) supplies
   (B) supplier
   (C) supply
   (D) supplied

4. Ms. Abernathy will interview applicants for an ------- in the Human Resources Department.
   (A) open
   (B) opening
   (C) opened
   (D) opens

5. Employees must obtain Mr. Liling's ------- before installing software on their computers.
   (A) approve
   (B) approves
   (C) approving
   (D) approval

6. ------- of our new skincare line have exceeded our initial expectations.
   (A) Sell
   (B) Sale
   (C) Sales
   (D) Selling

7. The ------- of Domingo Healthcare are expected to attend the anniversary celebration next Friday.
   (A) founder
   (B) founders
   (C) found
   (D) foundation

8. According to our ------- policy, the IT Department will not supply the account password in e-mail messages.
   (A) secure
   (B) secured
   (C) securely
   (D) security

9. Damaged ------- must be returned to the supplier with a completed claim form.
   (A) service
   (B) merchandise
   (C) item
   (D) delivery

10. Management is reviewing performance ------- procedures to increase employee satisfaction.
    (A) operation
    (B) expectation
    (C) description
    (D) evaluation

DAY 1 | 문장의 구성과 품사

UNIT 03

대명사

- **01** 인칭대명사
- **02** 지시대명사
- **03** 부정대명사

💬
대명사는 토익 문법에서 반드시 한 문제 이상 나오는 유형입니다. 인칭대명사 문제 비율이 높기 때문에 기본을 놓치지 않는 것이 중요합니다. 부정대명사는 고난도 문제에 속하지만 의미와 단서를 파악하면 잘 해결할 수 있습니다.

기본 개념 미리보기

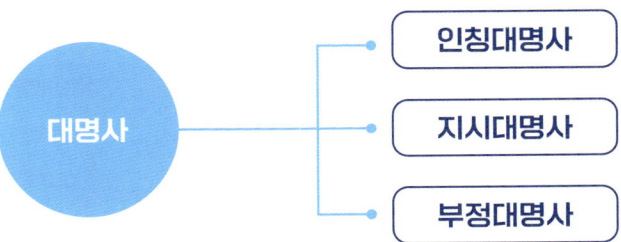

인칭대명사

앞에서 언급된 사람이나 사물을 가리키며, 문장에서의 역할에 따라 형태가 달라집니다.

He fixed **his** bike all by **himself**.
　주격　　　소유격　　　　　　　　재귀대명사

그는 온전히 혼자서 그의 자전거를 고쳤다.

지시대명사

특정 대상을 가리킬 때 사용하며, 대상의 위치와 수량에 따라 형태가 달라집니다.

This is the updated version of the schedule.
가까운 대상

이것은 일정표의 업데이트된 버전이다.

부정대명사

'누군가', '아무것도', '각각' 등 특정되지 않은 대상을 나타낼 때 사용하며, 대명사에 따라 단수나 복수로 취급합니다.

Anyone is welcome to come to the party.
불특정한 대상

누구든지 파티에 오셔도 됩니다.

POINT 01 인칭대명사

1 인칭대명사의 종류

인칭대명사는 가리키는 대상과 수, 성, 격이 일치해야 합니다. 문장에서 어떤 역할을 하는지에 따라 형태가 달라집니다.

인칭	수	주격	소유격	목적격	소유대명사	재귀대명사
1인칭	단수	I	my	me	mine	myself
	복수	we	our	us	ours	ourselves
2인칭	단수	you	your	you	yours	yourself
	복수					yourselves
3인칭	단수	he	his	him	his	himself
		she	her	her	hers	herself
		it	its	it	-	itself
	복수	they	their	them	theirs	themselves

2 인칭대명사의 자리

• 주격 인칭대명사 — 주어 자리

주어 역할을 하는 대명사로 일반적으로 동사 앞에 위치합니다. 명사절, 형용사절(= 관계사절), 부사절 등의 주어 자리에도 자주 쓰입니다.

You / should arrive / for the interview / at least 15 minutes early.
당신은 / 도착해야 한다 / 면접에 / 적어도 15분 일찍

Customers / said / that **they** are satisfied with the product.
　　　　　　　동사　　　　　　　　　목적어로 쓰인 명사절
고객들은 / 말했다 / 그들(= 고객들)이 제품에 만족한다고

• 소유격 인칭대명사 — 명사 앞

명사 앞에서 명사와의 소유 관계를 나타내는 대명사로, 토익에서 가장 자주 출제됩니다.

Dr. Tagomi / presented / **her** findings / last weekend.
타고미 박사는 / 발표했다 / 그녀의 연구 결과를 / 지난 주말에

- **목적격 인칭대명사 — 타동사/전치사의 목적어 자리**

    타동사와 전치사의 목적어 역할을 하는 대명사로 타동사 뒤, 전치사 뒤에 위치합니다.

    Before you submit the report, / review / it / thoroughly. 타동사 뒤
    보고서를 제출하기 전에 / 검토하세요 / 그것을 / 철저하게

    We / called / the clients / and apologized / to them. 전치사 뒤
    우리는 / 전화했다 / 고객들에게 / 그리고 사과했다 / 그들에게

    ### 토익 출제 패턴 — 명사 앞 자리는 소유격

    All employees / are asked / to update ------- passwords / every three months.
    - be asked to: ~하도록 요청받다
    - passwords: 명사

    모든 직원들은 / 요청받는다 / 그들의 비밀번호를 업데이트하도록 / 3개월마다

    (A) their — 소유격(그들의)
    (B) theirs — 소유대명사(그들의 것)

3 소유대명사

「소유격 + 명사」를 대신하여 '~의 것'이라는 의미로, 문장에서 명사 역할을 하여 주어, 목적어, 보어 자리에 쓰일 수 있습니다.

Her presentation / was impressive, / but ours / was more detailed.
= our presentation
그녀의 발표는 / 인상적이었다 / 하지만 우리의 것(= 우리의 발표)이 / 더 상세했다

레벨업 TIP

주격/목적격 인칭대명사 vs. 소유대명사

빈칸의 위치만으로 어느 대명사가 적절한지 명확하지 않은 경우, 해석으로 판단해야 합니다.

Although our deadlines are tight, (they / theirs) are even more demanding.
우리의 마감 기한도 빠듯하지만, 그들의 것은 더 부담이 크다.

→ 문맥상 our deadlines와 대비되는 의미로 their deadlines를 나타내는 소유대명사 theirs가 와야 합니다.

4 재귀대명사

주어로 쓰인 사람이나 사물을 가리킬 때 또는 강조를 할 때 사용합니다. 다른 인칭대명사와 마찬가지로 가리키는 명사와 수, 성이 일치해야 합니다.

• 재귀용법 — 목적어 자리

'자신을, 자신에게'라는 뜻으로, 목적어가 주어와 같을 때 사용합니다. 목적어로 쓰이므로 생략할 수 없습니다.

One by one, / **the interns** / introduced / **themselves** / to the team.
　　　　　　　　　　　　　　　　　　　　　= the interns
한 명씩 / 인턴들은 / 소개했다 / 자신들을 / 팀에게

• 강조용법 — 부사 자리

'직접, 스스로'라는 뜻으로, 부사 자리 또는 강조하는 명사 바로 뒤에 씁니다. 문장에서 강조하는 수식어 역할을 하므로 생략할 수 있습니다.

The CEO herself / will speak / at the product launch event.
CEO가 직접 / 연설할 것이다 / 신제품 출시 행사에서

• by oneself

'스스로, 혼자서'라는 뜻의 관용 표현으로, 토익에서 by 뒤에 빈칸이 있고 보기에 재귀대명사가 있다면 재귀대명사가 답일 확률이 높습니다.

Mr. Davis / handled / the client's complaint / **by himself**.
데이비스 씨는 / 처리했다 / 고객 불만을 / 혼자서

토익 출제 패턴 　재귀대명사 자리

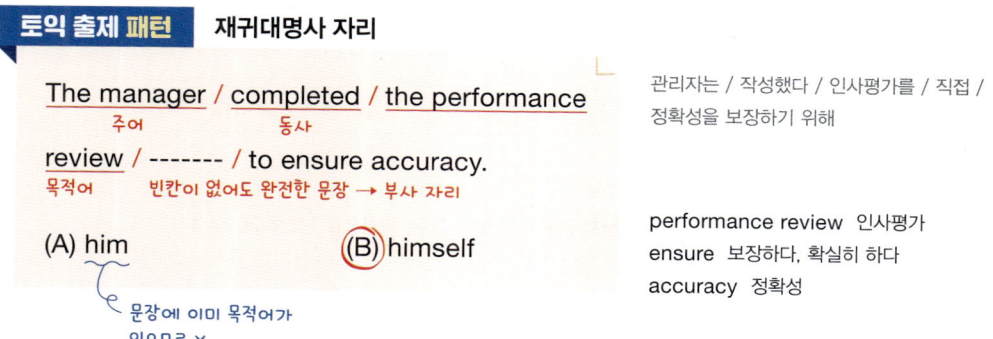

관리자는 / 작성했다 / 인사평가를 / 직접 / 정확성을 보장하기 위해

performance review 인사평가
ensure 보장하다, 확실히 하다
accuracy 정확성

토익 유형 연습하기

정답과 해설 p.9

다음 문장을 읽고, (A)와 (B) 중에서 알맞은 것을 고르세요.

1. Online banking customers / can access / ------- Web pages / at any time.

   (A) our   (B) ours

   명사 앞
   at any time 언제든지

2. The manager / will meet / with Mr. Baxter / to share the plans with -------.

   (A) his   (B) him

   전치사 뒤

3. As soon as the final report is ready, / ------- / will send / it / to all of the department heads.

   (A) she   (B) herself

   주어 자리
   department head 부서장

4. The guide / told / the tourists / that he wanted ------- to gather by 9:00 A.M.

   (A) they   (B) them

   목적어 자리
   gather 모이다

5. Mr. Rao, the president of the company, / greeted / each guest / ------- / at the entrance.

   (A) him   (B) himself

   수식어 자리
   entrance 출입구

6. Take care / not to hurt / ------- / when unloading the heavy boxes.

   (A) yourself   (B) you

   목적어가 가리키는 대상
   unload (짐을) 내리다

7. While our stores are downtown, / ------- / are located / in residential areas.

   (A) they   (B) theirs

   주격 vs. 소유대명사
   residential area 주거 지역

UNIT 03 대명사 41

POINT 02 지시대명사

1 지시대명사의 종류

지시대명사는 인칭에 상관없이 앞에서 언급된 명사를 위치와 수에 따라 나타냅니다.

	가까이 있음	멀리 있음
단수	this 이것, 이 사람	that 저것, 저 사람
복수	these 이것들, 이 사람들	those 저것들, 저 사람들

There is / **a new policy**. / **This** / will take effect / next month.
　　　　　　　　　　　　　= a new policy

~이 있다 / 새로운 정책이 / 이것(= 새로운 정책)은 / 시행될 것이다 / 다음 달에

❗ 지시대명사는 단독으로 쓰이기도 하고, 명사 앞에서 지시형용사 역할을 하기도 합니다.

This policy / aims / to reduce unnecessary expenses.

이 정책은 / 목표로 한다 / 불필요한 비용을 줄이는 것을

2 비교 상황에서의 that / those

두 대상을 비교하는 문장에서 앞에 언급된 명사를 대신할 때, 가리키는 명사가 단수이면 that, 복수이면 those를 씁니다.

The rules at our company / are stricter / than **those** of others.
　　　　　　　　　　　　　　　　　　　　　　　　　= the rules

우리 회사의 규칙들은 / 더 엄격하다 / 다른 회사들의 그것들(= 규칙들)보다

토익 출제 패턴 — that vs. those

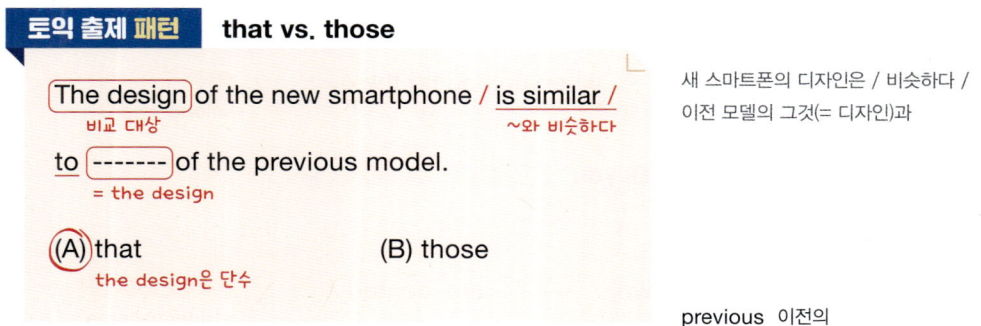

새 스마트폰의 디자인은 / 비슷하다 / 이전 모델의 그것(= 디자인)과

previous 이전의

3 those + 수식어

those는 뒤에서 꾸며주는 who 관계사절, 분사구, 전치사구, 형용사구와 함께 '~한 사람들'이라는 뜻을 나타낼 수 있습니다. those는 복수 명사이므로 복수 동사와 함께 쓰입니다.

Those [who register in advance] / **will receive** / a discount coupon.
　　　　　who 관계사절

[사전에 등록하는] 사람들은 / 받을 것이다 / 할인 쿠폰을

Those [with valid tickets] / **are allowed** / to enter the venue.
　　　　　전치사구

[유효한 티켓을 가진] 사람들은 / 허용된다 / 그 장소에 입장하는 것이

토익 출제 패턴   those + 수식어

------ [willing to work overtime today] / need   [오늘 초과 근무할 의향이 있는] 사람들은 /
　　　　　　　분사구　　　　　　　　복수 동사　　　연락해야 한다 / 최 씨에게
to contact / Mr. Choi.

(A) Anyone　　　　　　(B) Those　　　　　willing 의향이 있는
　단수 명사로 단수 동사와　　　　　　　　　　　work overtime 초과 근무하다
　쓰이므로 ×

토익 유형 연습하기

정답과 해설 p.10

다음 문장을 읽고, (A)와 (B) 중에서 알맞은 것을 고르세요.

1. ------ [who received the invitations] / have confirmed / their attendance.

   (A) They　　　　　　(B) Those

   ~하는 사람들
   confirm 확인하다
   attendance 참석

2. The performance in the last quarter / was better / than ------- of the previous year.

   (A) that　　　　　　(B) it

   비교 대상의 대명사
   performance 실적, 성과
   quarter 분기

POINT 03 부정대명사

1 부정대명사의 종류

부정대명사는 정해지지 않은 불특정한 대상을 나타낼 때 사용합니다. 대명사에 따라 단수 또는 복수 취급하며, 일부 부정대명사는 명사를 꾸미는 형용사 역할을 하기도 합니다. 각 대명사의 품사와 의미를 정확히 익혀 두도록 합니다.

부정대명사	품사	수	의미
one	대명사 / 형용사	단수	하나 / 하나의
another		단수	다른 하나 / 다른 하나의
the other		단수 / 복수	나머지 하나 / 나머지의
others	대명사	복수	다른 것[사람]들
the others		복수	나머지 것[사람]들 모두
each other		–	서로 (둘)
one another		–	서로 (셋 이상)

(each other, one another → 주어 자리에 올 수 없어요!)

❗ 관사 the나 -s 없이 other만으로는 대명사로 쓸 수 없고, 명사를 꾸며주는 형용사로만 씁니다.

Of the three meeting rooms, / **one** / is occupied, / but **the others** / are available.
　　　　　　　　　　　　　　　　　하나　　　　　　　　　　　(세 개 중) 나머지

세 개의 회의실 중에서 / 하나는 / 이용 중이지만 / 나머지는 / 이용 가능하다

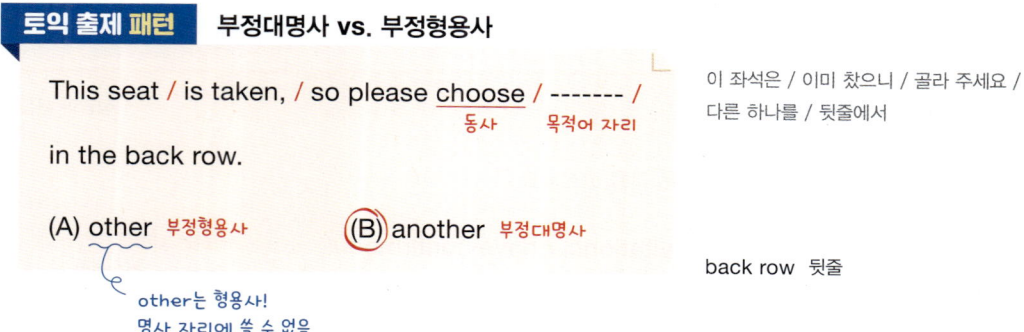

토익 출제 패턴 부정대명사 vs. 부정형용사

This seat / is taken, / so please choose / ------- / in the back row.
　　　　　　　　　　　　　　　　　동사　　목적어 자리

(A) other 부정형용사　　(B) another 부정대명사
　　　other는 형용사!
　　　명사 자리에 쓸 수 없음

이 좌석은 / 이미 찼으니 / 골라 주세요 / 다른 하나를 / 뒷줄에서

back row 뒷줄

2 부정대명사 + of the + 명사

「부정대명사 + of the + 명사」로 '~ 중 전부 또는 일부'라는 의미를 표현할 수 있습니다. 이때 부정대명사는 주로 수나 양을 나타내기 때문에 뒤에 쓰인 명사나 동사의 수가 중요한 단서가 됩니다.
이때 전치사구인 「of the + 명사」는 생략할 수 있습니다.

부정대명사	of the 명사	수
one 하나　　each 각각 either (둘 중) 어느 하나　　neither (둘 중) 아무것도	of the 복수 명사	단수
much 다량　　a little 조금, 약간　　little 거의 없는	of the 불가산 명사	
many 다수　　a few 몇몇　　few 거의 없음 both 둘 다　　several 몇몇	of the 복수 명사	복수
all 모두　　most 대부분　　some 일부 any 어떤 것/아무것도	of the 복수 명사 　　　불가산 명사	복수 단수

❗ 수량을 나타내는 부정대명사는 명사를 꾸며주는 형용사로도 쓰일 수 있습니다.

토익 출제 패턴 부정대명사의 수 일치

------- of the candidates / are equally qualified / for the position.
복수 주어 자리　　　　　복수 동사

(A) Both 둘 다(복수)　　(B) Each 각각(단수)

후보자들은 둘 다 / 동일하게 자격을 갖추고 있다 / 그 직책에

qualified 자격을 갖춘

토익 유형 연습하기

정답과 해설 p.10

다음 문장을 읽고, (A)와 (B) 중에서 알맞은 것을 고르세요.

1. If you don't have a badge, / you / can get / ------- / at the front desk.

   (A) one　　　　　　(B) others

   부정대명사

2. Our supplier told us / that ------- of the products / were damaged / during shipping.

   (A) some　　　　　(B) one

   부정대명사+of the+명사
   supplier 공급업체

UNIT 03 대명사

토익 실전 대비하기

다음 문제를 실제 시험을 보듯이 제한시간 안에 풀어 보세요. 그런 다음 해설을 보면서 다시 한번 정리해 보세요.

1. Mr. Bennett will get a promotion because of ------- achievements.
   (A) him
   (B) he
   (C) himself
   (D) his

2. The benefits offered in this new contract are better than ------- provided previously.
   (A) that
   (B) them
   (C) these
   (D) those

3. The owner of SkyVista Airlines announced that ------- is planning to buy new airplanes.
   (A) she
   (B) hers
   (C) herself
   (D) her

4. The supervisor asked the interns to collect samples and deliver ------- to the testing lab.
   (A) it
   (B) its
   (C) them
   (D) theirs

5. Because ------- of the delivery trucks are undergoing maintenance, shipments may be delayed until Friday.
   (A) one
   (B) either
   (C) several
   (D) much

6. Mr. Shin had to repair the broken copier ------- because of the technicians' absence.

(A) his own
(B) himself
(C) his
(D) him

7. The client has been working closely with ------- on multiple projects for over five years.

(A) us
(B) we
(C) our
(D) ourselves

8. Engineers from BrightWave Technologies are preparing for ------- annual safety inspection.

(A) they
(B) their
(C) them
(D) theirs

9. While some departments have increased their budgets this quarter, others have cut -------.

(A) themselves
(B) theirs
(C) their
(D) them

10. ------- who wants to access the confidential files needs written permission from Human Resources.

(A) Anyone
(B) Everything
(C) Those
(D) Each other

UNIT 04

DAY 1 | 문장의 구성과 품사

형용사

01 형용사의 형태와 자리
02 주의해야 할 형용사
03 be동사 + 형용사 + 전치사

토익에서 형용사 문제는 주로 명사를 수식하는 역할과 be동사 뒤에 쓰여 주어의 상태를 나타내는 역할로 출제됩니다. 역할에 따라 명사 또는 부사와 구별하거나, 문맥에 따라 형태가 비슷한 형용사를 구별할 수 있어야 합니다. 자주 함께 쓰이는 표현들을 알아 두면 문제를 빠르게 해결할 수 있습니다.

기본 개념 미리보기

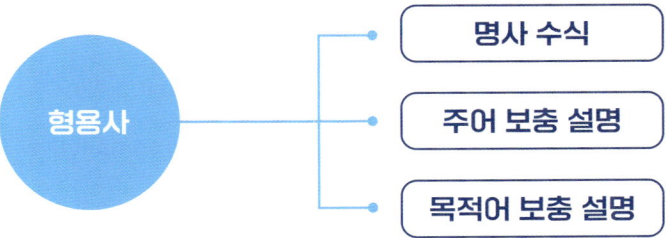

형용사의 역할

형용사는 명사의 성질이나 상태를 표현하는 말로, 명사 앞에서 꾸며주거나 주어/목적어로 쓰인 명사를 보충 설명하는 역할을 합니다.

The restaurant received **positive** reviews.
　　　　　　　　　　　명사 수식

그 식당은 긍정적인 평가를 받았다.

The reviews of the restaurant are **positive**.
　　　　　　　　　　　　　　　　　주어 보충

그 식당의 평가는 긍정적이다.

주의해야 할 형용사

형용사는 보통 특정 접미사로 끝나지만, 부사처럼 -ly로 끝나거나 분사 형태(-ing/-ed)의 형용사도 있습니다.

The hotel has a **lively** atmosphere and an **amazing** view.
　　　　　　　　형 활기찬　　　　　　　　　　　형 멋진

그 호텔은 활기찬 분위기와 멋진 전망을 가지고 있다.

POINT 01 형용사의 형태와 자리

1 형용사의 형태

형용사는 보통 -able, -ant, -ive, -al, -ful, -ic, -ous 등으로 끝나는 형태가 많습니다.

-able/-ible	profitable 수익성이 좋은　accessible 이용 가능한　responsible 책임 있는
-ant/-ent	important 중요한　different 다른　excellent 훌륭한
-ive	attractive 매력적인　impressive 인상적인　competitive 경쟁력 있는
-al	personal 개인적인　financial 재정의　professional 전문적인
-ful	successful 성공적인　helpful 도움이 되는　careful 조심스러운; 세심한
-ic	strategic 전략적인　economic 경제의　specific 구체적인
-ous	various 다양한　spacious 넓은　generous 관대한; 넉넉한

2 형용사의 자리

형용사는 수식하는 명사 앞에 오거나 주어나 목적어를 설명하는 보어 자리에 쓰입니다.

- **명사 앞** | 명사를 앞에서 수식합니다.

    The **final schedule** / will be posted / soon.
    최종 일정은 / 게시될 것이다 / 곧

    ❗ 빈칸의 위치가 「관사/소유격 + _____ + 명사」이면 형용사 자리일 확률이 높습니다.

토익 출제 패턴　명사 앞 형용사 vs. 명사

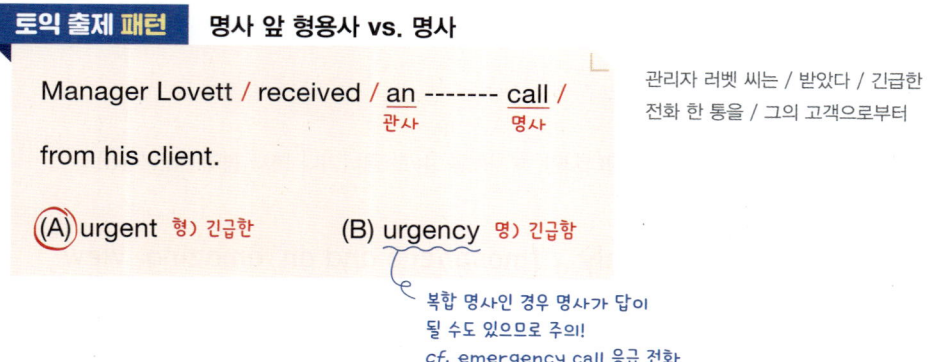

Manager Lovett / received / an ------ call / from his client.
　　　　　　　　　　　　　관사　　명사

관리자 러벳 씨는 / 받았다 / 긴급한 전화 한 통을 / 그의 고객으로부터

(A) urgent 형) 긴급한　　(B) urgency 명) 긴급함

복합 명사인 경우 명사가 답이 될 수도 있으므로 주의!
cf. emergency call 응급 전화

- **주격 보어 자리** | be, become, seem, look 등의 2형식 동사 뒤에 위치합니다.

  The copy machine / **is** now **available** / for use.
  복사기는 / 현재 가능하다 / 사용하기에

- **목적격 보어 자리** | keep, find, make 등 5형식 동사의 목적어(명사) 뒤에 위치합니다.

  The visitors / **found** / the exhibition / **impressive**.
  방문객들은 / 생각했다 / 전시회를 / 인상적이라고

토익 출제 패턴 — 보어 자리 형용사 vs. 부사

The security system / will keep / the customer data / -------.
　　　　　　　　　　　동사(5형식)　　목적어　　　　보어

(A) secure 형) 안전한　　(B) securely 부) 안전하게

보안 시스템은 / 유지시킬 것이다 / 고객 정보를 / 안전하게

'~하게'로 해석된다고 부사를 고르지 않도록 주의

토익 유형 연습하기

정답과 해설 p.12

다음 문장을 읽고, (A)와 (B) 중에서 알맞은 것을 고르세요.

1. After ------- review of all designs, / they / selected / the first one.

   (A) careful　　(B) carefully

   명사 수식

2. The applicant / is ------- / about her ability to handle the position.

   (A) confident　　(B) confidence

   주격 보어 자리
   applicant 지원자

3. Customers / consider / the new mobile app / ------- / to use.

   (A) conveniently　　(B) convenient

   목적격 보어 자리

POINT 02 주의해야 할 형용사

1 -ly로 끝나는 형용사

부사처럼 -ly로 끝나는 형용사를 부사와 혼동하지 않도록 주의합니다.

likely ~할 것 같은	friendly 친근한, 우호적인	lively 활기 넘치는
costly 값비싼	orderly 질서정연한	timely 시기적절한, 때맞춘

The company / offers / a **friendly** work environment / for employees.
그 회사는 / 제공한다 / 친근한 근무 환경을 / 직원들에게

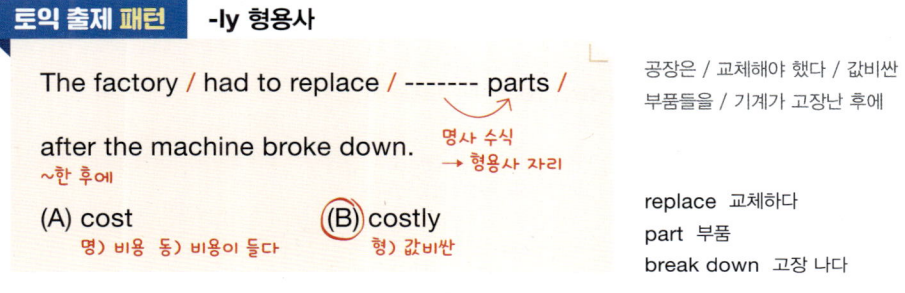

토익 출제 패턴 -ly 형용사

The factory / had to replace / ------ parts / after the machine broke down.
~한 후에
(A) cost 명) 비용 동) 비용이 들다
(B) costly 형) 값비싼
명사 수식 → 형용사 자리

공장은 / 교체해야 했다 / 값비싼 부품들을 / 기계가 고장난 후에

replace 교체하다
part 부품
break down 고장 나다

2 -ing / -ed로 끝나는 형용사

형용사로 굳어진 분사 형태의 형용사를 동사와 혼동하지 않도록 주의합니다.

-ing	upcoming 다가오는 lasting 지속적인 rewarding 보람 있는	growing 성장[증가]하는 remaining 남아 있는 outstanding 뛰어난	leading 선도적인 promising 유망한 challenging 도전적인
-ed	qualified 자격을 갖춘 limited 제한된 organized 정리된	experienced 경험 있는 attached 첨부된 accomplished 뛰어난	preferred 선호되는 revised 수정된 complicated 복잡한

MediCore, Inc. / is a **leading** manufacturer / in the biotechnology industry.
메디코어 사는 / 선도적인 제조업체이다 / 바이오테크 산업에서

For further details, / check / the **attached** file / in the e-mail.
자세한 내용은 / 확인하세요 / 첨부된 파일을 / 이메일에

3 형태가 비슷한 형용사

한 단어에서 파생되어 형태가 비슷하지만 뜻이 전혀 다른 형용사에 주의합니다.

considerable 상당한 considerate 사려 깊은	successful 성공적인 successive 연속적인	impressive 인상적인 impressed 감명받은
reliable 믿을 수 있는 reliant (on) ~에 의존하는	dependable 믿을 수 있는 dependent (on) ~에 의존하는	favorite 가장 좋아하는 favorable 호의적인
last 최신의; 마지막의 lasting 지속되는	complete 완전한 completed 완료된	responsive 반응하는 responsible 책임 있는
confident 자신 있는 confidential 기밀의	respectable 존경할 만한 respective 각각의	informative 유익한 informed 잘 아는

The advertising campaign / was highly successful.
그 광고 캠페인은 / 대단히 성공적이었다

The company / reported / a profit / for the third successive year.
그 회사는 / 보고했다 / 이익을 / 3년 연속으로

토익 출제 패턴 형태가 비슷한 형용사 구별

Many small towns / are ------ / on tourism /
for their income.

많은 소도시들은 / 의존한다 /
관광에 / 수입을 위해

(A) reliable 믿을 수 있는   (B) reliant be reliant on:
                                         ~에 의존하다

income 수입

토익 유형 연습하기

다음 문장을 읽고, (A)와 (B) 중에서 알맞은 것을 고르세요.

1. All streets in the city / become / especially ------- / during the annual festival.

    (A) live　　　　　　　　(B) lively

    -ly 형용사
    especially 특히

2. The results of the survey / are ------- / to our new product line.

    (A) favorable　　　　　　(B) favorite

    형태가 비슷한 형용사
    survey 설문 조사

3. The hospital / hired / ------- medical staff members / to improve patient care.

    (A) qualify　　　　　　　(B) qualified

    분사형 형용사
    patient care 환자 치료

4. Casa Verde / is the only ------- stone structure / in this region.

    (A) remaining　　　　　　(B) remained

    분사형 형용사
    structure 건축물; 구조
    region 지역

5. Passengers / experienced / ------- delays / due to traffic near the airport.

    (A) considerate　　　　　(B) considerable

    형태가 비슷한 형용사
    due to ~ 때문에

6. The marketing team / is preparing / materials / for the ------- trade show.

    (A) upcoming　　　　　　(B) previous

    문맥에 어울리는 형용사
    trade show 무역 박람회

7. Our goal / is / to build a ------- relationship with customers.

    (A) lasting　　　　　　　(B) last

    형태가 비슷한 형용사

POINT 03 be동사 + 형용사 + 전치사

1 관용어처럼 쓰이는 형용사

「be동사 + 형용사 + 전치사」 표현을 관용어처럼 암기해 둡니다. 형용사와 전치사 부분 모두 출제될 수 있습니다.

be responsible for ~에 책임이 있다	be aware of ~을 알고 있다
be eligible for ~할 자격이 있다	be capable of ~할 수 있다
be suitable for ~에 적합하다	be afraid of ~을 두려워하다
be valid for ~에/~ 동안 유효하다	be accustomed to ~에 익숙하다
be associated with ~와 관련 있다	be entitled to ~할 자격이 있다
be compatible with ~와 호환되다	be vulnerable to ~에 취약하다
be consistent with ~와 일관되다	be adjacent to ~에 인접하다
be pleased with ~에 기뻐하다	be dedicated to ~에 헌신하다

여기서 to는 전치사로 뒤에 명사나 동명사구가 나와요!

Ms. Kasura, our project leader, / **is responsible** / **for** scheduling.
우리 프로젝트 리더인 카수라 씨는 / 책임지고 있다 / 일정 조정을

The employees / **are accustomed** / **to** working as a team.
                                        동명사구
직원들은 / 익숙하다 / 팀으로 일하는 데

토익 유형 연습하기

정답과 해설 p.14

다음 문장을 읽고, (A)와 (B) 중에서 알맞은 것을 고르세요.

1. The security camera / is ------- / of detecting even the smallest movement.

   (A) able   (B) capable

   be동사+형용사+전치사
   detect 감지하다

2. This position / is suitable / ------- applicants with strong communication skills.

   (A) to   (B) for

   be동사+형용사+전치사
   communication 의사소통

토익 실전 대비하기

다음 문제를 실제 시험을 보듯이 제한시간 안에 풀어 보세요. 그런 다음 해설을 보면서 다시 한번 정리해 보세요.

1. Please submit any ------- documents required for the application.

    (A) adding
    (B) additional
    (C) addition
    (D) add

2. All employees should keep their workspaces ------- during working hours.

    (A) organizing
    (B) organize
    (C) organized
    (D) organization

3. Medical histories are strictly ------- and can only be accessed with written permission.

    (A) confident
    (B) confidential
    (C) confidence
    (D) confiding

4. A ------- reminder was sent to all supervisors about the upcoming training session.

    (A) temporary
    (B) momentary
    (C) costly
    (D) timely

5. Ms. Nam, the HR manager, is ------- for recruitment and employee relations in all departments.

    (A) responsibly
    (B) responsible
    (C) responsibility
    (D) responsive

6. Several startups are entering a ------- market for eco-friendly solutions.
   (A) promise
   (B) to promise
   (C) promising
   (D) promises

7. Customers are always looking for ------- products at reasonable prices.
   (A) relied
   (B) relying
   (C) reliable
   (D) reliant

8. Many people consider the new software dependable and ------- compared to the previous version.
   (A) efficiency
   (B) efficiently
   (C) efficiencies
   (D) efficient

9. EastPeak Wear is ------- to expand its operations into overseas markets next year.
   (A) likely
   (B) successful
   (C) available
   (D) probable

10. The seminar is specifically designed for professionals who already hold ------- degrees.
    (A) developed
    (B) advanced
    (C) dedicated
    (D) admired

UNIT 04 형용사 57

UNIT 05

DAY 1 | 문장의 구성과 품사

부사

01 부사의 형태와 자리
02 주의해야 할 부사
03 기타 주요 부사

💬
토익 부사 문제는 주로 문장에서 부사 자리를 파악하는 유형으로 출제됩니다. 부사는 수식어로 문장 구조에 영향을 주지 않기 때문에 빈칸이 없어도 문장이 성립한다면 부사가 정답일 가능성이 높습니다. 주어와 동사 사이에 빈칸이 있을 때, 동사구 사이에 빈칸이 있을 때 등 빈출 부사 자리와 특정 부사의 쓰임을 학습하도록 합니다.

기본 개념 미리보기

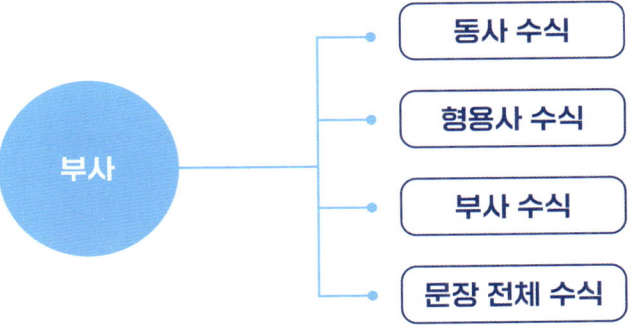

부사의 역할

동사, 형용사, 다른 부사, 또는 문장 전체를 수식하여 행동·상태의 정도, 방법, 시기, 장소, 빈도 등을 나타냅니다.

The new printer works **properly**. 새 프린터는 제대로 작동한다.
　　　　　　　　　　　↳ 동사 수식

It is **highly** efficient. 그것은 매우 효율적이다.
　　　형용사 수식 ↲

주의해야 할 부사

부사는 주로 형용사에 -ly가 붙은 형태이지만, 그렇지 않은 부사도 있습니다. 또한 형용사와 부사로 모두 쓰이는 단어 중 -ly가 붙어 전혀 다른 뜻을 나타내는 부사에 주의합니다.

She leaves work **late**. She has been very busy **lately**.
　　　　　　　　 ⑼ 늦게　　　　　　　　　　　　　 ⑼ 최근에

그녀는 늦게 퇴근한다. 그녀는 최근에 매우 바빴다.

POINT 01 부사의 형태와 자리

1 부사의 형태

부사는 보통 형용사에 -ly를 붙인 형태이지만, 그렇지 않은 부사도 있습니다.

형용사+-ly	quickly 빨리 finally 마침내 clearly 확실히 actually 사실 generally 일반적으로 immediately 즉시
그 외의 형태	very 매우 soon 곧 well 잘 just 방금 yet 아직 quite 꽤

2 부사의 자리

토익에서 빈칸 없이도 문장이 성립되면 부사가 정답일 확률이 높습니다. 부사는 동사, 형용사, 부사, 문장 전체를 수식할 수 있습니다.

- **동사 앞 또는 뒤** | 동사를 앞이나 뒤에서 수식할 수 있습니다.

    He / **carefully reviewed** / the report.　　　　　　부사 + 동사
    그는 / 신중하게 검토했다 / 보고서를

    The printing machine / **operates smoothly** / now.　동사 + 부사
    인쇄기는 / 원활하게 작동한다 / 이제

- **동사 사이** | 「조동사 + 동사」, be -ing/p.p., have p.p.의 중간에 위치해 동사를 수식할 수 있습니다.

    They / **will finally sign** / the agreement / tomorrow.　조동사 + 부사 + 동사
    그들은 / 드디어 서명할 것이다 / 협약서에 / 내일

    We / **are currently developing** / a new program.　　be + 부사 + -ing/p.p.
    우리는 / 현재 개발하고 있다 / 새 프로그램을

    The intern / **has already finished** / the task.　　　have + 부사 + p.p.
    인턴은 / 벌써 끝냈다 / 그 일을

    ❗ 부사는 반드시 동사 사이에 위치해야 하는 것이 아니라, 앞이나 뒤에 쓰일 수도 있습니다.

    The intern **has finished** the task **already**.

토익 출제 패턴 부사 자리

All the materials / were ------ prepared / for the meeting.
be p.p. 사이 → 부사 자리

모든 자료가 / 철저히 준비되었다 / 회의를 위해

(A) thorough 형) 철저한
(B) thoroughly 부) 철저히

materials 자료

- **형용사 앞** | 형용사를 앞에서 수식할 수 있습니다.

  Unused passes / are **fully refundable** / upon request.   부사 + 형용사
  미사용 탑승권은 / 전액 환불 가능하다 / 요청 시

- **다른 부사 앞** | 다른 부사를 앞에서 수식할 수 있습니다.

  The airline / responded / **very quickly** / to the complaint.   부사 + 부사
  항공사는 / 대응했다 / 매우 신속하게 / 불만 사항에

- **문장 맨 앞** | 문장 맨 앞에서 문장 전체를 수식할 수 있습니다.

  Unfortunately, / **the item** / **is sold out** / **online**.   부사, 주어 + 동사
  안타깝게도 / 그 제품은 / 품절되었다 / 온라인에서

토익 출제 패턴 부사 자리

The online platform / offers / ------ useful tools / for small businesses.
동사   형용사 수식 → 부사 자리
목적어

그 온라인 플랫폼은 / 제공한다 / 대단히 유용한 도구를 / 소기업을 위해

(A) extremely 부) 대단히, 극도로
(B) extreme 형) 극도의

토익 유형 연습하기

정답과 해설 p.16

다음 문장을 읽고, (A)와 (B) 중에서 알맞은 것을 고르세요.

1. All products / are ------- inspected / before shipment.

   (A) careful (B) carefully

   be동사와 p.p. 사이
   inspect 점검하다

2. The restaurant / serves / high-quality meals / at ------- reasonable prices.

   (A) relative (B) relatively

   형용사 수식
   reasonable 합리적인, (가격이) 적정한

3. The hotel's free shuttle bus / goes / ------- / to the airport terminal.

   (A) directly (B) directions

   동사 수식

4. You / can ------- access / the meeting minutes / from the shared folder.

   (A) easily (B) ease

   조동사와 동사 사이
   meeting minutes 회의록
   shared folder 공유 폴더

5. ABC Airline / ------- informed / passengers / about the flight delay.

   (A) immediate (B) immediately

   주어와 동사 사이
   inform 알리다
   delay 지연

6. In the warehouse, / hazardous materials / should be stored / -------.

   (A) separately (B) to separate

   동사 수식
   hazardous 위험한
   store 보관하다

7. -------, / the sales team / exceeded / its quarterly goal / by 15 percent.

   (A) Rarely (B) Fortunately

   문장 전체 수식
   exceed 초과하다
   quarterly 분기의

POINT 02 주의해야 할 부사

형용사와 부사로 모두 쓰이는 단어와, 그 뒤에 -ly가 붙어 형태가 비슷한 부사의 뜻을 구별해야 합니다.

	형용사	부사		부사
high	높은	높게	highly	매우
close	가까운	가까이	closely	자세히, 면밀히
near	가까운	가까이	nearly	거의
late	늦은	늦게	lately	최근에
hard	힘든, 단단한	열심히	hardly	거의 ~ 않다
most	가장 많은/큰	가장 많이/크게	mostly	주로, 대부분
short	짧은	–	shortly	곧
large	큰	–	largely	주로
fair	공정한	–	fairly	제법, 꽤; 공정하게

토익 출제 패턴 형태가 비슷한 부사 구별

The restaurant / is ------- recommended / by locals.

그 레스토랑은 / 적극 추천된다 / 현지인들에 의해

highly recommended는 함께 잘 쓰이는 표현!

(A) high 높게   (B) highly 매우

local 현지인; 현지의

토익 유형 연습하기

정답과 해설 p.17

다음 문장을 읽고, (A)와 (B) 중에서 알맞은 것을 고르세요.

1. Some employees / left / the office / ------- / due to a last-minute meeting.

    (A) late   (B) lately

    형태가 비슷한 부사
    last-minute 마지막 순간의

2. The CEO / will ------- arrive / at the board meeting / and begin / the briefing.

    (A) short   (B) shortly

    형태가 비슷한 부사
    board meeting 이사회 회의

UNIT 05 부사 63

POINT 03 기타 주요 부사

1 빈도 부사와 시간 부사

반복되는 정도를 나타내는 빈도 부사는 현재시제 동사와 자주 쓰입니다. 시간 부사는 동사의 시제와 어울리는 부사를 고르는 문제가 출제됩니다.

빈도 부사	always 항상 usually 보통 often 자주 regularly 정기적으로 sometimes 때때로 rarely / seldom 거의 ~ 않다
시간 부사	once 한때 ago ~ 전에 recently 최근에 previously 이전에 now 지금 currently 현재 soon 곧 shortly 곧

Such modern architecture / **is seldom** seen / in small towns.
그런 현대식 건축 양식은 / 거의 보이지 않는다 / 작은 마을에서는

We / **recently** visited / the branch office in Buenos Aires.
우리는 / 최근에 방문했다 / 부에노스아이레스에 있는 지사를

토익 출제 패턴 시제에 어울리는 부사

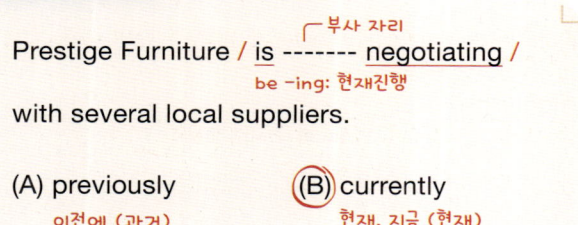

프레스티지 퍼니처는 / 현재 협상 중이다 /
여러 현지 공급업체들과

(A) previously
이전에 (과거)

(B) currently
현재, 지금 (현재)

negotiate 협상하다
supplier 공급업체[자]

2 숫자를 수식하는 부사

숫자 앞에 쓰이는 부사는 정해져 있습니다. 숫자 앞에 빈칸이 있으면 보기에 다음 부사가 있는지 확인합니다.

approximately / about 대략	only / just 오직	at least 최소한
over / more than ~보다 많이	nearly / almost 거의	up to 최대 ~까지

The repair of the air-conditioning system / costs / **about** 500 dollars.
에어컨 시스템 수리는 / 비용이 든다 / 약 500달러

3 증감 동사와 어울리는 부사

증가와 감소, 변화를 나타내는 동사와 함께 어울려 쓰이는 부사가 자주 출제됩니다.

증감 수식 부사	증감 동사
dramatically / sharply / rapidly 급격히 significantly / considerably / greatly 상당히, 크게 steadily 꾸준히　gradually 점차 slightly 약간	increase 증가하다 improve 향상되다 decrease 감소하다 change 변동하다

Customer service / **has improved** / **significantly** / over the past year.
고객 서비스가 / 향상되었다 / 크게 / 지난 1년 동안

토익 출제 패턴 증감 동사와 어울리는 부사

Energy-efficient appliances / ------ reduce / electricity costs / in households.
주어　　　　　　　　　부사 자리　동) 줄이다

에너지 효율적인 가전제품은 / 크게 줄인다 / 전기요금을 / 가정에서의

(A) great　　　　　(B) greatly
　　형) 큰　　　　　　　부) 크게

energy-efficient 에너지 효율적인
appliance (가정용) 기기

토익 유형 연습하기

정답과 해설 p.18

다음 문장을 읽고, (A)와 (B) 중에서 알맞은 것을 고르세요.

1. Warehouse B-6 / is located / ------ five kilometers from the port.

    (A) approximately　　　(B) approximate

    숫자 수식
    be located 위치해 있다
    port 항구

2. The number of online orders / ------ increased / during the holiday season.

    (A) considerably　　　(B) shortly

    증감 동사 수식

토익 실전 대비하기

다음 문제를 실제 시험을 보듯이 제한시간 안에 풀어 보세요. 그런 다음 해설을 보면서 다시 한번 정리해 보세요.

1. The new sales team performed ------- well during the last quarter.
   (A) exception
   (B) except
   (C) exceptional
   (D) exceptionally

2. After a month's delay, Nette Soft is ------- ready to launch a new video game.
   (A) finalized
   (B) finalizing
   (C) finally
   (D) final

3. When submitting an expense report, employees should attach all receipts -------.
   (A) clarity
   (B) clear
   (C) clearing
   (D) clearly

4. ------- ten thousand tourists are expected to visit Jeju Island during the summer season.
   (A) Nearly
   (B) Near
   (C) Nearer
   (D) Nearness

5. Hayashi Woodworks' operating profits have increased ------- over the last fifteen years.
   (A) significant
   (B) significantly
   (C) signifies
   (D) significance

6. We need to hire ------- five more employees by the end of the year.
   (A) already
   (B) once
   (C) much
   (D) at least

7. The FitMate app was ------- designed to track daily fitness activities.
   (A) specify
   (B) specific
   (C) specifics
   (D) specifically

8. The documents were examined ------- by the legal team before the contract was signed.
   (A) close
   (B) closely
   (C) closeness
   (D) closer

9. To strengthen teamwork, Ms. Sanchez ------- collects feedback from her team members.
   (A) gradually
   (B) lately
   (C) regularly
   (D) rarely

10. The Global Sustainability Conference will focus ------- on innovative green technologies.
    (A) primarily
    (B) increasingly
    (C) recently
    (D) carefully

DAY 1 — ACTUAL TEST

1. The opening day of Valmage Gallery's new exhibition was a huge -------.
   (A) successful
   (B) success
   (C) succeed
   (D) successfully

2. Upon arrival, guests will be ------- served a welcome drink in the lounge.
   (A) prompting
   (B) prompted
   (C) prompt
   (D) promptly

3. Everwood Furnishings' office chairs are ------- for employees to sit in all day.
   (A) comfort
   (B) comfortably
   (C) comfortable
   (D) comforting

4. Because of its durable materials, the new smartphone is ------- resistant to water and dust.
   (A) rarely
   (B) highly
   (C) nearly
   (D) steadily

5. Customers can track ------- orders through the company Web site at any time.
   (A) they
   (B) their
   (C) them
   (D) theirs

6. The new parking policy applies only to ------- of the Green Forest complex.
   (A) reside
   (B) residence
   (C) resident
   (D) residents

7. Guests will receive temporary ------- to the hotel's Wi-Fi after checking in.
   (A) access
   (B) approval
   (C) usage
   (D) invitation

8. Some of the buses in Montero Bay's transit system need ------- repairs due to engine problems.
   (A) extensive
   (B) extend
   (C) extensively
   (D) extended

9. After two years of -------, the Calvin Boulevard Bridge has finally been completed.
   (A) constructive
   (B) constructor
   (C) construction
   (D) constructed

10. Mr. Fayed started the design project by ------- but later worked with his team.
    (A) he
    (B) his
    (C) him
    (D) himself

11. Everyone in the department was informed of the ------- deadline during the meeting.
    (A) revise
    (B) revision
    (C) revising
    (D) revised

12. Many of our employees can ------- communicate with clients in multiple languages.
    (A) effect
    (B) effective
    (C) effectively
    (D) effectiveness

13. The company's latest product ------- attracted significant attention from the media.
    (A) launch
    (B) launched
    (C) to launch
    (D) launching

14. ------- who attend the training session will receive a completion certificate.
    (A) Theirs
    (B) Them
    (C) Those
    (D) Their

15. Customer satisfaction has ------- improved since the company updated its return policy.
    (A) great
    (B) greatly
    (C) greater
    (D) greatest

16. All customer service representatives should be ------- of handling inquiries efficiently.
    (A) eligible
    (B) compatible
    (C) capable
    (D) able

DAY 2 | 동사

UNIT 06

동사의 형태와 종류

01 동사의 형태
02 자동사와 타동사

💬
동사는 문장에서 주어의 동작이나 상태를 서술하는 역할을 하며, 그 자체로 문장 구조의 핵심을 이룹니다. 토익에서는 동사 자리 문제, 동사 형태 문제, 자동사와 타동사를 구별하는 문제 등이 자주 출제되므로, 다양한 동사의 종류와 특징을 파악하고 문장 구조 및 문맥에 맞는 동사를 고르는 연습이 중요합니다.

기본 개념 미리보기

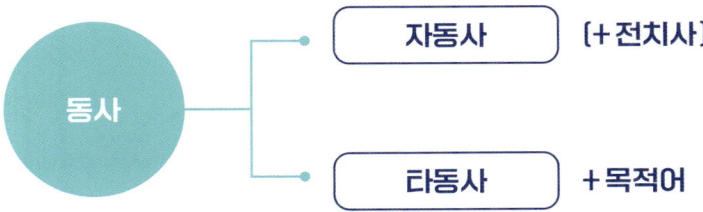

동사의 형태

동사는 주어와 시제, 태에 따라 동사의 어미가 다양한 형태로 변합니다.

Director Bong is **filming** a movie now.
　　　　　　　　　현재진행 시제를 나타내는 -ing

봉 감독은 지금 영화를 찍고 있다.

His film will be **released** next summer.
　　　　　　　　수동태를 나타내는 p.p.

그의 영화는 내년 여름 개봉될 것이다.

자동사와 타동사

동사는 문법적 기능에 따라 크게 자동사와 타동사로 분류됩니다. 자동사는 목적어가 필요 없고, 타동사는 목적어가 필요합니다.

The audience **laughed** at the joke and
　　　　　　　　　　　　전치사구

enjoyed the film.
　　　　목적어

관객들은 농담에 웃으며 영화를 즐겼다.

POINT 01 | 동사의 형태

일반 동사는 원형 이외에 3인칭 단수 현재형, 과거형, 현재분사형, 과거분사형 등의 형태를 가지며, 주어와 시제, 태 등에 맞추어 적절한 형태를 사용해야 합니다.

동사원형	3인칭 단수 현재형	과거형	현재분사/과거분사형
work 규칙 동사	works	worked	working / worked
begin 불규칙 동사	begins	began	beginning / begun

❗ 과거형/과거분사형의 형태가 규칙적으로 변하는 동사와 불규칙적으로 변하는 동사가 있습니다.
불규칙 동사는 각각의 변화 형태를 따로 암기해야 합니다.

- **동사원형** | 3인칭 단수가 아닌 주어의 현재 시제와 조동사 뒤에 사용합니다.

  Many people / **purchase** / books / online. 많은 사람들이 / 구입한다 / 책을 / 온라인으로

  The new product / **will launch** / in October. 새 제품은 / 출시될 것이다 / 10월에

- **3인칭 단수 현재형 -(e)s** | 3인칭 단수 주어의 현재 시제에 사용합니다.

  Brighton Furniture / **manufactures** / office desks and chairs.
  브라이튼 퍼니처는 / 제조한다 / 사무용 책상과 의자를

- **과거형 -(e)d** | 주어에 상관없이 과거 시제를 나타낼 때 사용합니다.

  The company / **expanded** / its business / last year. 회사는 / 확장했다 / 사업을 / 작년에

- **현재분사형 -ing** | 주로 진행 시제(be -ing)를 나타낼 때 사용합니다.

  He / **is preparing** / for a presentation / now. 그는 / 준비하고 있다 / 발표를 / 지금

- **과거분사형 p.p.** | 수동태(be p.p.)나 완료 시제(have p.p.)를 나타낼 때 사용합니다.

  The package / **was delivered** / yesterday. 소포는 / 배송되었다 / 어제

  Sales / **have increased** / steadily / since last year.
  판매는 / 증가해 왔다 / 꾸준히 / 지난해 이후로

토익 출제 패턴 — 동사의 형태

The company / is ------- / a new app for online shopping.
주어   동사 자리   목적어

회사는 / 개발하고 있다 / 온라인 쇼핑을 위한 새로운 앱을

(A) develop   (B) developing 현재분사형

레벨업 TIP

be동사 뒤 빈칸이 오는 경우

be동사 뒤에 빈칸이 나올 때 3가지 형태가 가능합니다. 빈칸이 보어 자리인지 동사구 자리인지 파악한 다음, 동사구 자리이면 능동/수동을 구별해야 합니다. (p.90 '능동태와 수동태' 참고)

① be동사 + 명사/형용사 → 보어   ② be동사 + -ing → 능동 진행   ③ be동사 + p.p. → 수동

The curator is (~~organization~~ / ~~organized~~ / **organizing**) a new art exhibition.
　　　　　　　　　보어　　　　　수동　　　　　능동 진행

그 큐레이터는 새로운 미술 전시회를 준비하고 있다.

→ 주어 The curator와 명사 organization은 보어 관계가 성립하지 않고, 동사 organize는 주어와 능동 관계이므로 진행 시제의 organizing이 답이 됩니다.

토익 유형 연습하기

정답과 해설 p.23

다음 문장을 읽고, (A)와 (B) 중에서 알맞은 것을 고르세요.

1. Woodera Furniture / always ------- / excellent customer support.

   (A) provides   (B) provide

   동사의 형태
   customer support
   고객지원 서비스

2. Dr. Johnson / has ------- / multiple articles / for scientific journals.

   (A) writes   (B) written

   have동사 뒤 동사의 형태
   scientific journals
   과학 학술지

3. The engineers / are currently ------- / the machine / to identify the problem.

   (A) tested   (B) testing

   be동사 뒤 동사의 형태
   identify 확인하다

UNIT 06 동사의 형태와 종류

POINT 02 자동사와 타동사

1 자동사 vs. 타동사

자동사는 목적어가 필요없는 동사이고, 타동사는 목적어를 필요로 하는 동사입니다. 자동사와 타동사를 구별하는 것은 토익 동사 문제에서 정답을 찾는 중요한 단서가 되므로, 자주 쓰이는 동사들을 반드시 암기합니다. (p.19 '문장의 5형식' 참고)

The train / **arrived** / on time.　　　　　　　　　　[자동사]
　　　　　　　　　　　수식어
기차가 / 도착했다 / 정시에

The train / **reached** / **the station** / on time.　　[타동사]
　　　　　　　　　　　목적어
기차가 / 도착했다 / 역에 / 정시에

❗ 빈칸 뒤에 목적어가 없거나 전치사가 나오면 자동사, 목적어가 있으면 타동사가 답입니다.

2 자동사 + 전치사

자동사 뒤에 동사의 대상(목적어)을 추가하려면 전치사를 사용해야 합니다. 다음 동사들을 타동사로 혼동하지 않도록 「자동사 + 전치사」 덩어리로 암기하도록 합니다.

agree to/with ~에 동의하다	apply for ~에 지원[신청]하다
complain of/about ~에 대해 불평하다	comply with ~을 준수하다
deal with ~을 다루다, 처리하다	depend/rely on ~에 의지하다
look at/for ~을 보다/찾다	object to ~에 반대하다
participate in ~에 참가하다	respond/reply to ~에 응답하다

Employees / **agree** / **with** the new policy on remote work.
직원들은 / 동의한다 / 원격 근무에 관한 새로운 정책에

Local residents / **objected** / **to** the construction of a new factory.
지역 주민들은 / 반대했다 / 새 공장 건설에

3 자동사로 혼동하기 쉬운 타동사

의미상 자동사로 생각할 수 있지만 뒤에 목적어를 필요로 하는 타동사에 유의합니다.

accompany ~~with~~ ~을 동반하다	answer ~~to~~ ~에 대답하다
attend ~~to~~ ~에 참석하다	contact ~~to~~ ~에 연락하다
discuss ~~with~~ ~을 논의하다	enter ~~into~~ ~에 들어가다
explain ~~about~~ ~을 설명하다	mention ~~about~~ ~을 언급하다
oppose ~~to~~ ~에 반대하다	reach ~~to~~ ~에 이르다

You / can **contact** / **me** / by phone or e-mail / at any time.
당신은 / 연락할 수 있습니다 / 제게 / 전화나 이메일로 / 언제든지

토익 출제 패턴 자동사 vs. 타동사

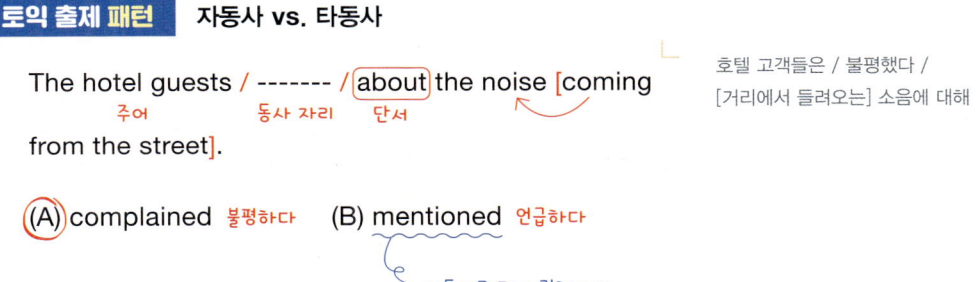

The hotel guests / ------- / about the noise [coming from the street].
주어 / 동사 자리 / 단서

호텔 고객들은 / 불평했다 / [거리에서 들려오는] 소음에 대해

(A) complained 불평하다   (B) mentioned 언급하다
　　　　　　　　　　　　　타동사로 뒤에 전치사 ✗

토익 유형 연습하기

정답과 해설 p.24

다음 문장을 읽고, (A)와 (B) 중에서 알맞은 것을 고르세요.

1. Only registered members / can ------- / the competition.
   (A) enter　　　　　(B) participate

   자동사 vs. 타동사
   competition 대회

2. Every section of the building / must comply / ------- fire safety standards.
   (A) with　　　　　(B) for

   자동사+전치사
   fire safety standards
   화재 안전 기준

3. Ms. Lin / rarely ------- / to messages / after office hours.
   (A) contacts　　　　　(B) replies

   자동사 vs. 타동사
   office hours 업무시간

토익 실전 대비하기

다음 문제를 실제 시험을 보듯이 제한시간 안에 풀어 보세요. 그런 다음 해설을 보면서 다시 한번 정리해 보세요.

1. Aurea Cosmetics ------- on overseas markets for most of its revenue.

   (A) expands
   (B) invests
   (C) relies
   (D) enters

2. Sorelli Styles has been ------- custom-designed suits for celebrities since 1955.

   (A) making
   (B) made
   (C) makes
   (D) make

3. Mr. Ortega will be ------- to speak at the seminar about effective communication skills.

   (A) invite
   (B) invitation
   (C) inviting
   (D) invited

4. The number of tourists visiting Samos Island has ------- significantly over the past few years.

   (A) increase
   (B) increased
   (C) increasing
   (D) increases

5. Companies must deal ------- sudden changes in market conditions to remain competitive.

   (A) at
   (B) on
   (C) with
   (D) about

6. Aero Link is ------- adding more flights to Europe during the summer season.
   (A) consider
   (B) considered
   (C) considering
   (D) consideration

7. Only registered participants can ------- the seminar on digital marketing.
   (A) apply
   (B) design
   (C) participate
   (D) attend

8. Customers ------- positively to the new menu items introduced at the café last week.
   (A) respond
   (B) responded
   (C) responding
   (D) response

9. The experiment on vaccine development was ------- by a team of international scientists.
   (A) conduct
   (B) conducted
   (C) conducting
   (D) conductor

10. If you ------- the proposed budget cuts, please share your opinion during the meeting.
    (A) oppose
    (B) object
    (C) devote
    (D) agree

DAY 2 | 동사

UNIT 07

수 일치

01 주어와 동사의 수 일치
02 반드시 동사원형을 쓰는 경우

동사 문제에서 주어와 동사의 수 일치를 정확히 파악하는 것은 매우 중요합니다.
이는 정답을 찾거나 오답을 빠르게 소거하는 데 큰 도움이 됩니다. 따라서 동사 문제를
풀 때는 주어의 수부터 먼저 확인하는 습관을 들이는 것이 좋습니다.

기본 개념 미리보기

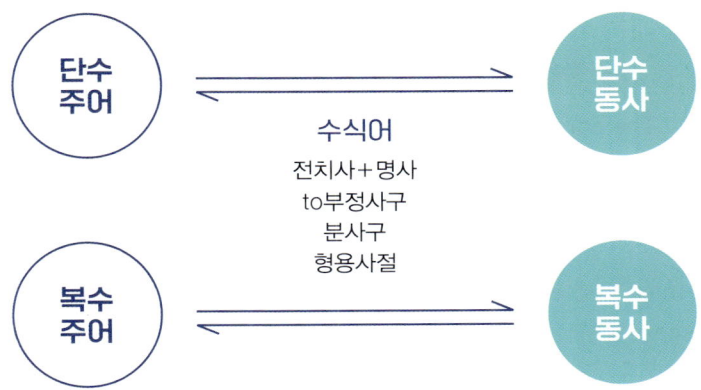

주어와 동사의 수 일치

단수 주어에는 단수 동사를, 복수 주어에는 복수 동사를 써야 합니다. 이때 주어를 꾸며주는 수식어는 수 일치에 영향을 주지 않습니다.

The manager receives many e-mails each day.
  단수 주어   단수 동사

관리자는 매일 많은 이메일을 받는다.

Some items in the report are incorrect.
  복수 주어   수식어   복수 동사

그 보고서의 몇몇 항목들은 잘못되었다.

동사원형을 쓰는 경우

명령문이나 조동사 뒤에는 시제나 수 일치에 상관없이 항상 동사원형을 씁니다.

Please review the new project. 새 프로젝트를 검토해 주세요.

POINT 01 주어와 동사의 수 일치

1 단수 주어 + 단수 동사

영어에서는 주어의 수에 따라 동사의 형태를 변형시켜야 합니다. 즉, 단수 주어에는 단수 동사를 써야 합니다. 주어가 셀 수 없는 불가산 명사인 경우에도 단수 취급하여 단수 동사를 사용합니다.

단수 주어	단수 동사
A company / The company He / She / It YBM Net, Inc. 고유명사 Information 불가산 명사 Sending e-mails 동명사구 What you send 명사절	is / was has p.p. 동사원형 + -(e)s

The Web site / **features** / a user-friendly design.
　　단수 주어　　　단수 동사

웹사이트는 / 특징으로 한다 / 사용자 친화적인 디자인을

Nova Electronics / **is** one of the most innovative manufacturers.
　단수 주어 (고유명사)　　단수 동사

노바 일렉트로닉스는 / 가장 혁신적인 제조업체 중 하나이다

Saving energy / **helps** / the company / reduce operating costs.
　단수 주어 (동명사구)　단수 동사

에너지를 절약하는 것은 / 돕는다 / 회사가 / 운영비를 줄이는 것을

토익 출제 패턴　단수 주어 + 단수 동사

Your password / ------- and **must be changed** / before you log in.
　단수 주어　　　동사1　　　　　　동사2

(A) expire — 복수 동사
(B) has expired — 단수 동사

당신의 비밀번호는 / 만료되어 변경되어야 합니다 / 로그인하기 전에

expire 만료되다

2 복수 주어 + 복수 동사

주어의 수가 두 개 이상으로 복수일 경우, 복수 동사를 사용해야 합니다.

복수 주어	복수 동사
Many companies / The companies We / You / They Mr. Jackson and his assistant A and B	are / were have p.p. 동사원형

Many employees / **use** / public transportation / to commute.
　　　복수 주어　　　　복수 동사

많은 직원들은 / 이용한다 / 대중 교통을 / 출퇴근하기 위해

A résumé and a cover letter / **are required** / before the interview.
　　　복수 주어 (A and B)　　　　　　복수 동사

이력서와 자기소개서가 / 필요합니다 / 면접 전에

토익 출제 패턴 복수 주어 + 복수 동사

Customer service <u>requests</u> / usually ------ /
　　　　　복수 주어　　　　　　　동사 자리
during the holiday season.

고객 서비스 요청은 / 보통 증가한다 / 휴가철 동안

(A) increase 복수 동사　　(B) is increased 단수 동사
　　　　　　　　　　　　　　　수 일치부터 맞지 않으므로
　　　　　　　　　　　　　　　능/수동을 생각할 필요 X

increase 증가하다

레벨업 TIP

과거 시제 / 미래 시제 동사의 수 일치
be동사를 제외한 일반동사의 과거형 '-(e)d'과 미래형 'will+동사원형'은 주어가 단수인지 복수인지에 상관없이 같은 형태를 씁니다.

The CEO (state / **stated**) that the company would open a new branch.
CEO는 회사가 새로운 지사를 열 것이라고 밝혔다.
→ state는 주어 The CEO가 3인칭 단수이므로 답이 될 수 없습니다.

3 주어 + 수식어 + 동사

주어와 동사 사이에 주어를 꾸며주는 수식어가 있을 때는 주어가 한눈에 파악되지 않을 수 있습니다. 수식어는 주어와 동사의 수 일치에 영향을 주지 않기 때문에 제외한 뒤 판단해야 합니다. 주어를 꾸며주는 수식어는 다음과 같습니다.

전치사 + 명사

The deadline [for submissions] / **is** tomorrow afternoon.
　　　단수 주어　　　　　　　　　　　　　단수 동사

[제출] 마감일은 / 내일 오후이다.

to부정사구 (p.113 'to부정사의 형용사 역할' 참고)

The opportunity [to attend the seminar] / **provides** / useful experiences.
　　　단수 주어　　　　　　　　　　　　　　　　　단수 동사

[세미나에 참석할] 기회는 / 제공한다 / 유익한 경험을

현재/과거분사구 (p.130 '분사의 역할' 참고)

The machines [installed last month] / **operate** / efficiently now.
　　　복수 주어　　　　　　　　　　　　　　복수 동사

[지난달에 설치된] 기계들은 / 작동한다 / 현재 효율적으로

형용사절(= 관계사절) (p.182 '관계대명사' 참고)

Passengers [who check in online] / **are allowed** / to board early.
　　복수 주어　　　　　　　　　　　　　　복수 동사

[온라인으로 체크인하는] 승객들은 / 허용된다 / 일찍 탑승하도록

토익 출제 패턴　단수 동사 vs. 복수 동사

Applicants [with experience in software
　복수 주어
development] / ------- / priority consideration.
　　　　　　　　동사 자리

(A) receive　　　　　(B) receives
　복수 동사　　　　　　　단수 동사

[소프트웨어 개발 경험이 있는]
지원자들은 / 받습니다 / 우선 심사를

applicant　지원자
priority　우선(권)

토익 유형 연습하기

정답과 해설 p.26

다음 문장을 읽고, (A)와 (B) 중에서 알맞은 것을 고르세요.

1. Marketing teams / often ------- / customer feedback / before launching a product.

   (A) analyzes　　　　　(B) analyze

   복수 주어+____
   launch 출시하다
   analyze 분석하다

2. Bellnova, Ltd. / ------- / kitchen appliances / for local restaurants.

   (A) manufacture　　　(B) manufactures

   단수 주어+____
   kitchen appliances 주방기기
   manufacture 제조하다

3. Online ------- [of electronic devices] / are processed / within 2–3 business days.

   (A) purchase　　　　(B) purchases

   ____+전치사구+복수 동사
   process 처리하다

4. The time [needed to ship the ordered items] / ------- / on your location.

   (A) depend　　　　　(B) depends

   단수 주어+분사구+____
   ship 배송하다

5. Mr. Lopez and Ms. An / ------- / to lead the discussion at next week's workshop.

   (A) agrees　　　　　(B) will agree

   복수 주어+____
   discussion 토론

6. Attractions [within walking distance of the Sunrise Hotel] / ------- / museums and a local market.

   (A) include　　　　　(B) is including

   복수 주어+전치사구+____
   include 포함하다

7. The decision [to adopt new technologies] / ------- / productivity.

   (A) has improved　　(B) were improved

   단수 주어+to부정사구+____
   adopt 채택하다
   productivity 생산성

POINT 02 반드시 동사원형을 쓰는 경우

1 명령문

명령문은 주어 you가 생략된 문장입니다. 따라서 주어 없이 동사원형으로 문장이 시작하며, 앞에 감탄사 please가 함께 쓰일 수 있습니다.

Submit / the final report / by Friday afternoon.
제출하세요 / 최종 보고서를 / 금요일 오후까지

Please submit / the final report / by Friday afternoon.
제출해 주세요 / 최종 보고서를 / 금요일 오후까지

⚠️ 명령문의 부정형은 'Do not + 동사원형'입니다. Do not forget!

Please do not forget / to submit the final report / by Friday afternoon.
잊지 마세요 / 최종 보고서를 제출하는 것을 / 금요일 오후까지

토익 출제 패턴: please + 동사원형

If you have any technical issues, / please ------ /
만약 ~하면   동사원형
your supervisor / immediately.

(A) informed   (B) inform

만약 어떤 기술적인 문제든 겪으신다면 / 알려 주세요 / 상사에게 / 즉시

technical issue 기술적인 문제
immediately 즉시

2 조동사 + 동사원형

will, can, may, must, should 등의 조동사와 would like to, be going to, have to, need to 등 조동사처럼 쓰는 표현 뒤에는 동사원형을 씁니다.

Lumora Cosmetics / **will continue** / its social media campaign / this year.
루모라 코스메틱스는 / 계속할 것이다 / 소셜 미디어 캠페인을 / 올해

Project goals / **should be** specific and measurable.
프로젝트 목표는 / 구체적이고 측정 가능해야 한다

토익 출제 패턴 조동사 + 동사원형

Employees / must ------- / their responsibilities [at work and at home].
　　　　　　　동사원형

(A) balance　　　　　(B) balances
　　동) 균형을 유지하다 명) 균형

직원들은 / 균형을 유지해야 한다 / [직장과 가정에서의] 책임의

토익 유형 연습하기

정답과 해설 p.27

다음 문장을 읽고, (A)와 (B) 중에서 알맞은 것을 고르세요.

1. Please ------- / any questions / about your order / to customer service.

   (A) direction　　　　(B) direct

   please+동사원형
   direct 보내다

2. Verlux Motors / will ------- / an upgraded electric vehicle model / next quarter.

   (A) launch　　　　(B) launches

   will+동사원형
   quarter 분기

3. To complete your registration, / ------- / in all the information / on the form.

   (A) fill　　　　(B) fills

   to부정사구, 명령문
   registration 등록

4. For your convenience, / the form / can ------- online or / submitted in person.

   (A) completed　　　　(B) be completed

   can+동사원형
   convenience 편의

UNIT 07 수 일치 **85**

토익 실전 대비하기

다음 문제를 실제 시험을 보듯이 제한시간 안에 풀어 보세요. 그런 다음 해설을 보면서 다시 한번 정리해 보세요.

1. The list of items on the agenda ------- longer than expected.

    (A) be
    (B) are
    (C) is
    (D) being

2. ------- your visitor pass before you enter the restricted area.

    (A) Present
    (B) Presents
    (C) Presented
    (D) Presenting

3. Employees at the National Hurricane Center ------- rotating shifts of eight hours' duration.

    (A) works
    (B) workers
    (C) work
    (D) working

4. The damaged laptops should ------- by the IT Department before the end of the day.

    (A) checks
    (B) be checked
    (C) checked
    (D) checking

5. The ------- of the two telecommunications companies was completed in July.

    (A) merger
    (B) mergers
    (C) merging
    (D) merge

6. Upon receiving the invoice, please ------- your payment within three days.

   (A) sends
   (B) sending
   (C) send
   (D) sent

7. The sales representatives usually ------- product demonstrations for potential clients.

   (A) conducts
   (B) conducting
   (C) conduct
   (D) conducted

8. The Marketing Department's plan to launch a new Web site ------- close coordination with the IT team.

   (A) require
   (B) have required
   (C) requiring
   (D) requires

9. Ms. Williams, one of the project managers, ------- a detailed timeline for each phase.

   (A) created
   (B) create
   (C) creating
   (D) creation

10. The machines in the Orion Tech production line ------- automatically after every cycle.

    (A) stops
    (B) will stop
    (C) has been stopped
    (D) is stopping

DAY 2 | 동사

UNIT 08

태

01 수동태의 개념과 형태
02 주의해야 할 태

💬
토익 문법 문제 중에는 빈칸에 알맞은 동사가 능동태인지 수동태인지 구분하여 선택하는 유형이 자주 출제됩니다. 능동태와 수동태를 정확하게 이해하고 문장에 알맞은 태를 고르는 연습을 해야 합니다.

기본 개념 미리보기

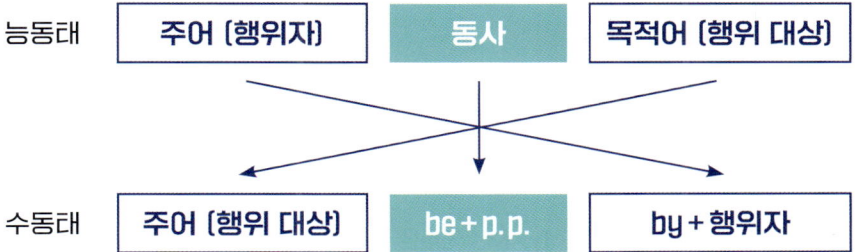

능동태와 수동태

태는 동사의 형태를 통해 주어가 행위를 하는지 또는 당하는지를 나타냅니다. 능동태는 주어가 행위를 행하는 주체인 반면, 수동태는 주어가 행위를 당하는 대상이 됩니다.

John Levine **wrote** the mystery novel.
주어 (행위의 주체) 능동태 동사 목적어

존 리바인은 추리 소설을 썼다.

The mystery novel **was written** by John Levine.
주어 (행위의 대상) 수동태 동사 수식어

추리 소설은 존 리바인에 의해 쓰였다.

수동태의 시제와 수

「be동사 + p.p.」의 수동태는 p.p.가 아닌 be동사를 통해 시제와 수를 일치시킵니다. 시제마다 다른 수동태의 형태에 유의해야 합니다.

The cars **were repaired** by the mechanics last week.
복수 주어   과거

자동차들은 지난주에 정비사들에 의해 수리되었다.

POINT 01 수동태의 개념과 형태

1 수동태의 개념과 특징

기본 개념에서 살펴봤듯이 수동태는 동사의 행위를 받는 대상이 주어로 오는 문장 형태입니다. 즉, 능동태 문장의 목적어가 주어로 오면서 동사가 「be동사 + 과거분사(p.p.)」로 바뀌는 것이 수동태입니다.

Ms. Dale / **reviewed** / the report / yesterday.　　　　　[능동태]
　주어　　　동사　　　　목적어
Dale 씨는 / 검토했다 / 보고서를 / 어제

The report / **was reviewed** / by Ms. Dale / yesterday.　　[수동태]
　주어　　　동사 (be + p.p.)
그 보고서는 / 검토되었다 / Dale 씨에 의해 / 어제

❗ 문맥상 행위자가 명확하지 않거나 중요하지 않은 경우 「by + 목적격」은 생략할 수 있습니다.

The report / **was reviewed** / yesterday.
그 보고서는 / 검토되었다 / 어제

토익 출제 패턴 능동태 vs. 수동태

A new policy / ------- / by the CEO / during the conference.
　주어　　　　동사　　└목적어 ✗

(A) announced　　　(B) was announced
　타동사: ~을 발표하다

새로운 정책이 / 발표되었다 / CEO에 의해 / 회의 중에

레벨업 TIP

수동태 문장의 특징

능동태와 수동태를 구별하는 핵심적인 요소가 되므로 반드시 암기해 둡니다.

1. 「be동사 + p.p.」의 동사 형태를 가집니다.
2. 목적어가 없습니다. → 능동태의 타동사 뒤에는 목적어(명사)가 있어야 합니다.
3. 해석할 때 '~하다'가 아닌 '~되다/받다/당하다'라는 의미로 해석됩니다.

2 수동태의 형태

수동태의 기본 형태는 「be동사 + p.p.」이며 be동사를 통해 시제와 수를 나타냅니다. 토익 동사 문제에서 수동태를 한눈에 알아볼 수 있으면 많은 시간을 단축할 수 있습니다.

수동태의 시제와 수

		능동태	수동태
단순 시제	현재	review/reviews	is/are reviewed
	과거	reviewed	was/were reviewed
	미래	will review	will be reviewed
진행 시제	현재	is/are reviewing	is/are being reviewed
	과거	was/were reviewing	was/were being reviewed
	미래	will be reviewing	will be being reviewed
완료 시제	현재	has/have reviewed	has/have been reviewed
	과거	had reviewed	had been reviewed
	미래	will have reviewed	will have been reviewed

❗ 동사구가 길어지더라도 끝에 「be동사 + p.p.」 형태가 있으면 수동태라는 점을 기억합니다!

The report / **is being reviewed** / by the manager / right now.
　　　　　　　　be + p.p.
그 보고서는 / 검토되고 있다 / 관리자에 의해 / 지금

토익 출제 패턴　수동태의 형태

New safety regulations / ------- / across the industry.
　　　주어　　　　　　　　동사　　목적어 ✗

새로운 안전 규정이 / 채택되었다 / 업계 전반에 걸쳐

(A) will be adopting　(B) have been adopted
　　be+-ing → 능동태　　be+p.p. → 수동태

adopt 채택하다

토익 유형 연습하기

정답과 해설 p.30

다음 문장을 읽고, (A)와 (B) 중에서 알맞은 것을 고르세요.

1. The committee / ------- / a decision / on the proposal / after thorough discussion.

   (A) makes　　　　　　(B) was made

   주어가 동사 행위의 주체
   thorough 철저한
   make a decision 결정하다

2. Several complaints / ------- / by customers / regarding delays in delivery.

   (A) received　　　　　(B) have been received

   주어가 동사 행위의 대상
   complaint 불만, 항의
   regarding ~에 대하여

3. Our inquiry / has been ------- / to Mr. Watson / at the Watson Fishing Company.

   (A) sending　　　　　(B) sent

   목적어가 없는 동사 자리
   inquiry 문의

4. The technicians / are ------- / the equipment / to ensure it operates correctly.

   (A) testing　　　　　 (B) tested

   목적어가 있는 동사 자리
   ensure 반드시 ~하게 하다
   correctly 제대로

5. Due to heavy rain, / the company picnic / ------- / until September 13.

   (A) will be postponed　(B) is postponing

   능동태 vs. 수동태의 형태
   postpone 연기하다

6. The personnel manager / ------- / the company policies / to the new hires.

   (A) is being explained　(B) explained

   능동태 vs. 수동태의 형태
   personnel manager 인사 담당 관리자
   hire 신입 사원; 고용하다

POINT 02 주의해야 할 태

1 자동사의 태

목적어가 없는 자동사, 즉 1형식과 2형식 동사는 수동태로 쓸 수 없습니다. 토익 빈출 자동사를 반드시 암기해 두도록 합니다. (p.19 '1형식, 2형식 동사' 참고)

The shipment / will **arrive** / tomorrow morning.   will be arrived ✗
　　주어　　　　　　자동사 → 능동태
배송품은 / 도착할 것이다 / 내일 오전에

The building / **remains** / empty / after the renovation.   will be remained ✗
　　주어　　　자동사 → 능동태
건물은 / 남아 있다 / 비어 있는 채로 / 수리 후에도

토익 출제 패턴 자동사 vs. 타동사

The seminar / will ------- / at the new training　　세미나는 / 열릴 것이다 / 새 교육
　주어　　　　동사　　　목적어 ✗　　　　　　　　　센터에서 / 다음 주 월요일에
center / next Monday.

(A) occur 자동사　　　　(B) provide 타동사
　　　　　　　　　　　　　　　　　└ 목적어(명사) 필요

2 뒤에 명사가 있는 수동태

수동태 뒤에 무조건 명사가 올 수 없는 것은 아닙니다. 4형식과 5형식 동사를 수동태로 쓸 때는 목적어, 보어로 쓰인 명사가 남으므로 주의합니다.

• 4형식 문장의 수동태

「주어 + 동사 + 간접목적어 + 직접목적어」 구조의 4형식 문장에서 간접목적어가 주어로 쓰이면 수동태 동사 뒤에 직접목적어, 즉 명사가 그대로 남습니다. (p.20 '4형식 동사' 참고)

The IT Department / sent / the staff / a message.　　　　[능동태]
　　　　　　　　　　동사　간접목적어　직접목적어

→ The staff / **was sent** / **a message** / by the IT Department.　　[수동태]
　　　　　　　be + p.p.　　　명사
직원은 / 받았다 / 메시지를 / IT부서에 의해

• **5형식 문장의 수동태**

「주어 + 동사 + 목적어 + 목적격보어」 구조의 5형식 문장에 쓰이는 동사를 수동태로 바꿀 때 뒤에 목적격보어로 쓰인 명사나 형용사가 남을 수 있습니다. (p.20 '5형식 동사' 참고)

The company / appointed / Ms. Park / the new director.   [능동태]
　　　　　　　동사　　　목적어　　　목적격보어(명사)

→ Ms. Park / was appointed / the new director / by the company.   [수동태]
　　　　　　be + p.p.　　　　　명사

박 씨는 / 임명되었다 / 새로운 이사로 / 회사에 의해

The team / made / the project / successful.   [능동태]
　　　　　동사　　목적어　　　목적격보어(형용사)

→ The project / was made / successful / by the team.   [수동태]
　　　　　　　be + p.p.　　형용사

프로젝트는 / 되었다 / 성공적으로 / 팀에 의해

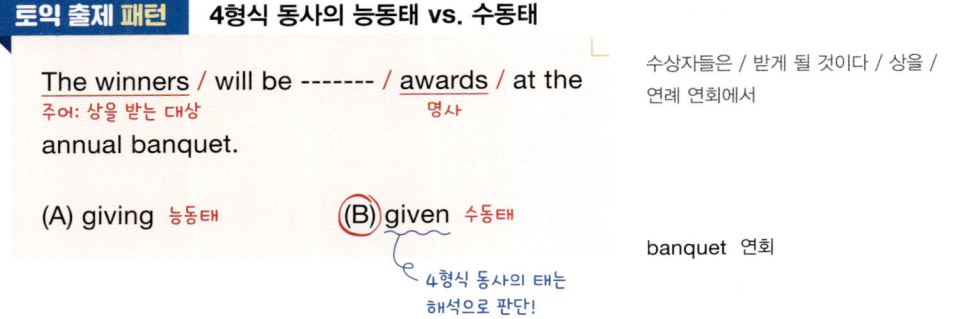

수상자들은 / 받게 될 것이다 / 상을 / 연례 연회에서

banquet 연회

3 by 이외의 전치사를 쓰는 수동태

일부 동사들은 수동태에서 「by + 목적격」이 아닌 특정 전치사와 함께 쓰입니다. p.p. 또는 전치사가 빈칸으로 출제될 수 있으니 관용 표현처럼 반드시 암기하도록 합니다.

be pleased with	~에 만족하다	be equipped with	~을 갖추다
be committed to	~에 헌신하다	be dedicated to	~에 전념하다, 헌신하다
be interested in	~에 관심이 있다	be involved in	~에 관련되다
be concerned about	~에 대해 걱정하다	be informed of	~에 대해 통지받다

Consumers / are pleased / with the new product design.
소비자들은 / 만족한다 / 새로운 제품 디자인에

토익 유형 연습하기

정답과 해설 p.31

다음 문장을 읽고, (A)와 (B) 중에서 알맞은 것을 고르세요.

1. The employees at Macro Systems / are ------- / an extra week of vacation.

   (A) offering   (B) offered

   4형식 동사의 수동태
   extra 추가의
   vacation 휴가

2. The customer service team / usually ------- / to all inquiries / within 24 hours.

   (A) responds   (B) answers

   자동사의 태

3. The marketing strategy / ------- / effective / by various analysts.

   (A) found   (B) was found

   5형식 동사의 수동태
   analyst 분석가

4. The applicants / ------- / several questions / by the interviewers.

   (A) have asked   (B) were asked

   4형식 동사의 수동태
   applicant 지원자

5. All company vehicles / are equipped / ------- GPS tracking devices.

   (A) with   (B) by

   by 이외의 전치사를 쓰는 수동태
   tracking device 추적 장치

6. If you / ------- / in receiving the monthly newsletter, / check / the box / on the form.

   (A) are interested   (B) were interesting

   by 이외의 전치사를 쓰는 수동태
   newsletter 소식지

토익 실전 대비하기

다음 문제를 실제 시험을 보듯이 제한시간 안에 풀어 보세요. 그런 다음 해설을 보면서 다시 한번 정리해 보세요.

1. Since James Kim's latest novel was ------- last month, it has received many positive reviews.

    (A) release
    (B) released
    (C) releasing
    (D) releases

2. The new product was ------- a breakthrough in renewable energy technology.

    (A) consider
    (B) considering
    (C) considered
    (D) consideration

3. To attract more users, Enox Electronics ------- customers a free trial of the new software.

    (A) offering
    (B) offered
    (C) being offered
    (D) was offered

4. The client was quite ------- with the service provided by our support team.

    (A) advised
    (B) confused
    (C) pleased
    (D) interested

5. The use of smartphones and other wireless gadgets ------- during takeoff and landing.

    (A) prohibiting
    (B) to prohibit
    (C) prohibits
    (D) is prohibited

6. The campaign to promote natural skincare items ------- in late summer.
   (A) will be launched
   (B) launching
   (C) launch
   (D) has been launching

7. The new research facility at Genovia Biotech is ------- to developing advanced medical treatments.
   (A) dedicating
   (B) dedicated
   (C) dedicate
   (D) dedication

8. The unexpected power outage ------- during the middle of the international business conference.
   (A) scheduled
   (B) caused
   (C) occurred
   (D) held

9. Customers with an original receipt ------- any defective item for a full refund within 30 days of purchase.
   (A) returning
   (B) are returned
   (C) may return
   (D) should be returned

10. The building designs for the Apton Shopping Center ------- after a series of evaluations and revisions.
    (A) approved
    (B) are approving
    (C) have approved
    (D) have been approved

DAY 2 | 동사

UNIT 09

시제

01 단순 시제
02 진행 시제
03 완료 시제

💬
동사의 형태를 고르는 문제에서는 동사의 종류뿐만 아니라 수 일치, 태 그리고 시제까지 살펴야 합니다. 파트 6와 달리 파트 5의 시제 문제는 문장에 확실한 단서가 제시되는 경우가 많습니다. 특정 시제와 함께 쓰이는 표현들을 반드시 익혀 두도록 합니다.

기본 개념 미리보기

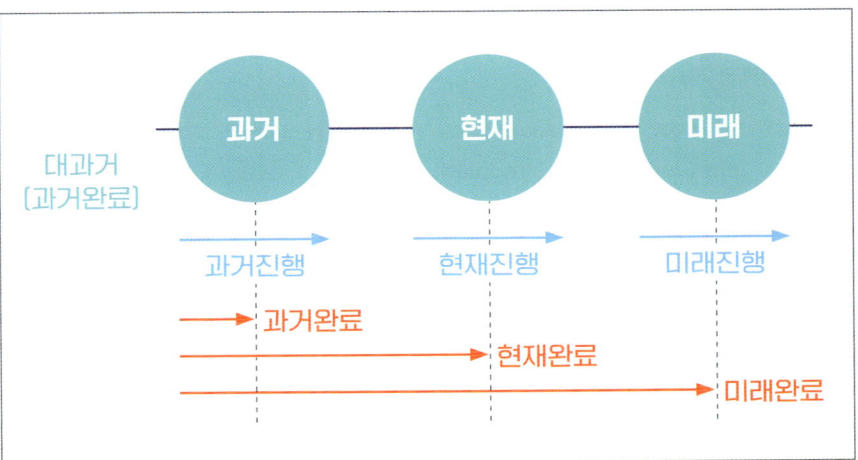

시제와 시간 표현

시제는 동사가 나타내는 행위나 사건, 상황이 발생한 때를 알려줍니다. 동사의 시제는 문장에서 시간을 나타내는 표현과 일치해야 합니다.

He **runs** along the river **every morning**.
　　현재　　　　　　　　　　반복적인 행위

그는 매일 아침 강가를 따라 달린다.

She **was shopping** at the supermarket **yesterday**.
　　과거진행　　　　　　　　　　　　과거 시간 표현

그녀는 어제 슈퍼마켓에서 쇼핑하고 있었다.

They **will have arrived** home **by dinnertime**.
　　미래완료　　　　　　　　미래 시간 표현

그들은 저녁식사 때쯤이면 집에 도착해 있을 것이다.

POINT 01 단순 시제

1 현재 | 동사원형 / 동사원형 + -(e)s

현재의 상태를 설명하거나, 반복적으로 일어나는 일이나 습관, 일반적인 사실에 대해 이야기할 때 사용합니다.

현재 시제와 함께 쓰이는 표현
currently 현재   now 지금   always 항상   usually 보통   sometimes 가끔
often 자주   frequently 자주   regularly 정기적으로   every + 시간 명사 매~

❗ 현재 시제는 주로 반복되는 일을 나타내므로 '빈도'를 나타내는 빈도부사와 잘 어울립니다.

The technicians / **regularly check** / the equipment / for safety.
기술자들은 / 정기적으로 점검한다 / 장비를 / 안전을 위해

The sales team / **organizes** / a meeting / **every week**.
영업팀은 / 주최한다 / 회의를 / 매주

2 과거 | 동사원형 + -(e)d

과거 특정 시점에 일어난 일이나 상태를 나타낼 때 사용합니다. 동사의 과거형은 보통 어미에 -(e)d를 붙여 만들지만, went(갔다), became(되었다)처럼 형태가 변하는 불규칙 동사도 있습니다.

과거 시제와 함께 쓰이는 표현
yesterday 어제   once 한때   previously 이전에   recently 최근에 (현재완료 시제도 가능)   ~ ago ~ 전에
last ~ 지난 ~에   in + 과거 연도 ~년에 / ~에

The city / **became** / a popular tourist destination / **in 2021**.
그 도시는 / 되었다 / 인기 있는 관광지가 / 2021년에

토익 출제 패턴 현재 vs. 과거

Last Friday, / the company / ------- / its 50th anniversary / with a special event.
단서: 과거 시점   동사   목적어

(A) celebrates 현재   (B) celebrated 과거

지난 금요일에 / 회사는 / 축하했다 / 50주년 기념일을 / 특별한 행사로

3 미래 | will + 동사원형 / be going to + 동사원형

미래에 일어날 일이나 앞으로 할 일에 대해 이야기할 때 사용합니다.

미래 시제와 함께 쓰이는 표현				
tomorrow 내일	soon 곧	shortly 곧	later 나중에	next ~ 다음 ~에
this ~ 이번 ~에	in the future 미래에			

Mr. Tanaka / **will go** / on a business trip / **next Tuesday**.
타나카 씨는 / 갈 것이다 / 출장을 / 다음 화요일에

The winners / **are going to be announced** / **soon**.
수상자들은 / 발표될 것이다 / 곧

토익 출제 패턴 — 문맥상 알맞은 시제

We / plan to / open a new branch [that ------- /
  plan to: (미래) ~할 계획이다   동사
additional jobs / in the community].
  목적어

(A) provided 과거   (B) will provide 미래

우리는 / 계획이다 / [지역 사회에 추가 일자리를 제공할] 새로운 지점을 열

→ 단서가 없는 경우 해석으로 판단
→ 계획은 미래의 일

branch 지점
community 지역 사회

레벨업 TIP

시간/조건의 부사절에서 미래를 나타내는 현재 시제

when, while, once, if, unless 등이 이끄는 부사절에서는 현재 시제가 미래 시제를 대신합니다. 즉, 「부사절 접속사+주어+현재 시제, 주어+미래 시제」 구조가 됩니다.

When the hotel (**opens** / ~~will open~~) next month, it **will offer** special discounts.
                              미래 시점
그 호텔은 다음 달에 문을 열면 특별 할인을 제공할 것이다.

→ 부사절이 next month로 미래를 의미하지만 현재 시제를 사용해야 합니다.

토익 유형 연습하기

정답과 해설 p.34

다음 문장을 읽고, (A)와 (B) 중에서 알맞은 것을 고르세요.

1. The Hanmin Culture Center / ------- to add studios / to the main theater / six months ago.

   (A) decided   (B) decides

   과거를 나타내는 **ago**
   add 추가하다

2. The company / currently ------- / more than 500 workers worldwide.

   (A) employed   (B) employs

   현재를 나타내는 **currently**
   employ 고용하다

3. Next month, / Ms. Han, our lead stylist, / ------- / her collection of acclaimed works.

   (A) will exhibit   (B) exhibited

   미래를 나타내는 **next**
   acclaimed 호평받은
   exhibit 전시하다

4. The cafeteria / ------- opens / at 7:00 A.M. / to serve breakfast to employees.

   (A) recently   (B) usually

   현재 시제와 쓰이는 부사
   cafeteria 구내 식당

5. If the company ------- the new policy next week, / overall sales / will increase.

   (A) implements   (B) will implement

   조건 부사절과 주절의 시제
   overall 전체의
   implement 시행하다

6. Customers / ------- / a confirmation e-mail / when the payment is completed.

   (A) received   (B) will receive

   시간 부사절과 주절의 시제
   confirmation 확인(서)

7. All airport expansion construction work / ------- / by the end of this year.

   (A) finished   (B) will be finished

   문맥상 알맞은 시제
   expansion 확장

POINT 02 진행 시제

1. 현재진행 | am / are / is -ing

현재 진행 중인 일이나 가까운 미래의 예정/계획을 이야기할 때 사용합니다.

The store / **is currently offering** / free delivery / on all orders.
상점은 / 현재 제공하고 있다 / 무료 배송을 / 모든 주문에 대해

The actors / **are attending** / the movie awards ceremony / **tomorrow**.
배우들은 / 참석할 것이다 / 영화 시상식에 / 내일

2. 과거진행과 미래진행 | was / were -ing & will be -ing

과거의 특정 시점에 진행하고 있던 일, 미래의 어느 시점에 진행하고 있을 일을 이야기할 때 사용합니다.

They / **were having** / a meeting / **yesterday afternoon**.
그들은 / 하고 있었다 / 회의를 / 어제 오후에

The CEO / **will be giving** / the keynote speech / **at this time tomorrow**.
CEO는 / 하고 있을 것이다 / 기조 연설을 / 내일 이 시간에

토익 유형 연습하기

정답과 해설 p.35

다음 문장을 읽고, (A)와 (B) 중에서 알맞은 것을 고르세요.

1. The CEO / ------- / the new strategy / at next week's press conference.

   (A) announces   (B) is announcing

   > 가까운 미래의 계획
   > press conference 기자 회견

2. The products [you recently ordered] / ------- / later today.

   (A) will be arriving   (B) have arrived

   > 미래를 나타내는
   > later today

POINT 03 완료 시제

1 현재완료 | has / have p.p.

과거의 일이 현재까지 계속되는 상황(계속), 과거의 일을 막 완료한 상태(완료), 과거에 어떤 일을 해 본 경우(경험) 등을 표현할 때 사용합니다.

현재완료와 함께 쓰이는 표현		
계속	for + 기간 ~동안 since + 과거 시점 ~이래로 (부사구)	for/over/during the last[past] + 기간 지난 ~동안 since + 주어 + 과거 시점 ~했던 이래로 (부사절)
완료	just 막, 방금 already 이미 yet 아직 recently 최근에	

The building / **has stood** empty / **for the past two years**. [계속]
건물은 / 비어 있었다 / 지난 2년 동안

He / **has just left** / the office / for the day. [완료]
그는 / 방금 나갔다 / 사무실을 / 하루를 마치고

We / **have visited** / the headquarters in Berlin / **before**. [경험]
우리는 / 방문한 적이 있다 / 베를린에 있는 본사를 / 이전에

2 과거완료 | had p.p.

과거의 어떤 시점보다 더 이전에 일어난 일을 나타낼 때 사용합니다. 토익에서는 일반적으로 기준이 되는 과거 시점이 문장 내에 제시됩니다.

과거완료와 함께 쓰이는 표현	
before + 주어 + 과거 시제 ~하기 전에	by the time + 주어 + 과거 시제 ~했을 무렵

Before the system **went down**, / the IT team / **had backed up** /
　　　　　　　과거 (기준 시점)　　　　　　　　　　　더 이전의 과거

the important data.
시스템이 다운되기 전에 / IT팀은 / 백업해 두었다 / 중요한 데이터를

3 미래완료 | will have p.p.

미래의 특정 시점까지 어떤 일이 완료될 것임을 나타낼 때 사용합니다.

미래완료와 함께 쓰이는 표현

by + 미래 시점 ~까지   by the time + 주어 + 현재 시제 ~할 무렵

By the time she **returns**, / her inbox / **will have filled** / with messages.
그녀가 돌아올 때쯤이면, / 그녀의 수신함은 / 가득 차 있을 것이다 / 메시지로

토익 출제 패턴 과거 vs. 현재완료

Aria Bistro / ------- consistently / positive
　주어　　　　동사 자리
reviews / since its opening.
　목적어　　단서: ~ 이래로

(A) earned 과거　　　　(B) has earned 현재완료

아리아 비스트로는 / 꾸준히 받아 왔다 /
긍정적인 평가를 / 개업 이래로

consistently 꾸준히

토익 유형 연습하기

정답과 해설 p.36

다음 문장을 읽고, (A)와 (B) 중에서 알맞은 것을 고르세요.

1. Management / ------- / the final decision / on the merger / by the end of the month.

   (A) has made　　　　(B) will have made

   by + 미래 시점
   management 경영(진)
   merger 합병

2. The application / ------- / several times / since it was first released.

   (A) has been updated　　(B) was updated

   since + 주어 + 과거 시제
   release 출시하다

3. By the time the store opened, / customers ------- up / outside its doors.

   (A) had lined　　　　(B) will have lined

   by the time + 주어 + 과거 시제
   line up 줄 서다

토익 실전 대비하기

다음 문제를 실제 시험을 보듯이 제한시간 안에 풀어 보세요. 그런 다음 해설을 보면서 다시 한번 정리해 보세요.

1. Mr. Yoon regularly ------- stationery from an online store on Fridays.

    (A) orders
    (B) ordered
    (C) ordering
    (D) to order

2. The symphony orchestra ------- at the Grand Theater this upcoming Saturday.

    (A) will be performed
    (B) is performing
    (C) performed
    (D) has performed

3. The hotel has maintained a five-star rating ------- its grand opening in 2005.

    (A) for
    (B) during
    (C) since
    (D) when

4. Starting next month, residents of Hanul Apartments ------- higher maintenance fees.

    (A) being charged
    (B) will be charged
    (C) to charge
    (D) charged

5. Once the renovation work ------- next year, the National Museum will reopen to the public immediately.

    (A) finished
    (B) finishes
    (C) is finishing
    (D) will finish

6. Titan Auto SUVs were ------- recalled because of some safety concerns.
(A) closely
(B) thoroughly
(C) recently
(D) exactly

7. Aurex, Inc. ------- luxury watches in Geneva for more than a century.
(A) is manufacturing
(B) manufactures
(C) has manufactured
(D) will have manufactured

8. Last week's meeting ------- on the company's budget plan and future investment strategies.
(A) focuses
(B) was focused
(C) focused
(D) had focused

9. By this time next month, Halverson Manufacturing ------- two new facilities in Central Europe.
(A) will have opened
(B) will be opened
(C) has opened
(D) has been opened

10. After Ms. Wong ------- the project successfully, she was promoted to the head of the department.
(A) completing
(B) had completed
(C) was completed
(D) completes

DAY 2 — ACTUAL TEST

1. Entries for the design contest should ------- in the mail before June 1.
   (A) receipt
   (B) receive
   (C) be received
   (D) have received

2. The two competing firms ------- an agreement on a future business collaboration a month ago.
   (A) reach
   (B) will reach
   (C) reached
   (D) have reached

3. The training schedule for remote employees ------- the manager's approval for changes.
   (A) requires
   (B) require
   (C) requirement
   (D) requiring

4. The updated project documents will ------- easily through the internal network.
   (A) to share
   (B) being shared
   (C) be sharing
   (D) be shared

5. Customers ------- to use the mobile app to place orders in advance.
   (A) encourage
   (B) are encouraged
   (C) are encouraging
   (D) will encourage

6. Employee training programs ------- in both traditional and online formats.
   (A) are offered
   (B) being offered
   (C) will offer
   (D) offering

7. The warehouse will ship the order when the quality team ------- the final check this afternoon.
   (A) is completed
   (B) completes
   (C) will complete
   (D) have completed

8. If you have any inquiries regarding your medicine, please ------- your pharmacist.
   (A) contact
   (B) speak
   (C) talk
   (D) discuss

9. Ms. Alvarez is ------- the budget proposal to reflect the new estimates.
   (A) revise
   (B) revised
   (C) revising
   (D) revision

10. Every company must ------- with the new environmental standards to maintain its license.
    (A) comply
    (B) follow
    (C) authorize
    (D) reach

11. The spokesperson ------- that the results of the product testing would be made public soon.
    (A) announce
    (B) announced
    (C) announcing
    (D) to announce

12. The music festival ------- place at the same venue in early August for the past five years.
    (A) take
    (B) taking
    (C) has taken
    (D) will be taking

13. Anyone who ------- out after noon will be charged an additional fee.
    (A) check
    (B) was checked
    (C) checks
    (D) is checked

14. Later today, the Golden Table Catering staff ------- the tables for the banquet at City Hall.
    (A) has been arranging
    (B) will be arranging
    (C) is being arranged
    (D) was arranged

15. Verda Consulting ------- in providing financial advice to small retail businesses.
    (A) explains
    (B) interests
    (C) establishes
    (D) specializes

16. The local public library ------- with state-of-the-art facilities since its opening.
    (A) will be equipped
    (B) equipped
    (C) has equipped
    (D) has been equipped

DAY 3 | 준동사

UNIT 10

to부정사

01 to부정사의 역할
02 to부정사의 빈출 표현

💬
토익에서 to부정사는 출제 비율이 높지 않고 난이도도 어렵지 않아, 정답을 놓치면 아쉬운 유형입니다. 주로 to부정사가 명사, 형용사, 부사로 쓰일 때 문장에서의 역할(자리)을 묻는 문제가 많으므로, 품사 자리를 정확히 확인하면 쉽게 해결할 수 있습니다.

기본 개념 미리보기

무료 동영상

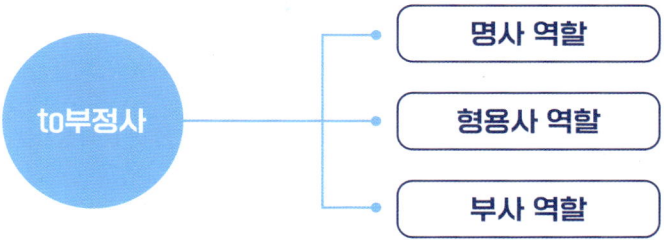

to부정사의 역할

「to + 동사원형」 형태의 to부정사는 문장에서 명사, 형용사, 부사 역할을 하며 다양한 자리에 쓰일 수 있습니다.

I like **to exercise**.   나는 운동하는 것을 좋아한다.
운동하는 것 → 동사 like의 목적어로 쓰인 '명사'

I need time **to exercise**.   나는 운동할 시간이 필요하다.
운동할 → 명사 time을 수식하는 '형용사'

I go to the park **to exercise**.   나는 운동하기 위해 공원에 간다.
운동하기 위해 → 목적을 나타내는 '부사'

to부정사의 특징

준동사로서 to부정사는 문장에서 동사 역할을 할 수 없지만, 동사의 성질을 가지고 있어 목적어나 보어, 수식어를 취할 수 있습니다.

She wants **to learn** acting.   그녀는 연기를 배우기를 원한다.
                        목적어

She hopes **to become** an actress.   그녀는 여배우가 되기를 희망한다.
                            보어

She plans **to move** to Hollywood.   그녀는 할리우드로 이사할 계획이다.
                            수식어

POINT 01 to부정사의 역할

1 명사 역할

to부정사는 명사 역할을 하므로 문장에서 주어, 목적어, 보어로 쓰일 수 있습니다. 이때 to부정사는 '~하는 것', '~하기'라는 의미를 나타냅니다.

- **주어** | to부정사가 주어로 쓰이는 경우, 보통 가주어 It을 사용하고 진주어 to부정사는 뒤로 보냅니다.

  To follow instructions carefully / **is** essential.
  　　주어　　　　　　　　　단수 동사　*to부정사 주어는 단수 취급합니다.

  → **It** / is essential / **to follow** instructions carefully.
  　가주어　　　　　　　　　　진주어
  　지시를 주의 깊게 따르는 것은 / 필수적이다

- **목적어** | 모든 동사가 to부정사를 목적어로 가질 수 있는 것은 아닙니다. to부정사를 목적어로 취하는 동사를 반드시 암기합니다. (p.115 '동사 + to부정사' 참고)

  The supervisor / **decided** / **to hire** additional staff members.
  　　　　　　　　　동사　　　　목적어
  감독관은 / 결정했다 / 추가 직원을 고용하기로

  ❗ to부정사는 전치사의 목적어, 즉 전치사 뒤에는 쓸 수 없는 데 주의합니다. 이때는 동명사를 사용합니다.

  The supervisor / is responsible / **for** (to hire / **hiring**) additional staff members.
  감독관은 / 책임이 있다 / 추가 직원을 고용하는 것에

- **보어** | to부정사는 주격 보어와 목적격 보어 자리에 올 수 있습니다. 특히 to부정사를 목적격 보어로 취하는 동사를 반드시 암기합니다. (p.115 '동사 + 목적어 + to부정사' 참고)

  Our goal / **is** / **to improve** customer satisfaction.
  　　　　　동사　　　　주격 보어
  우리의 목표는 / ~이다 / 고객 만족도를 향상시키는 것

  Mr. Ward / **encouraged** / employees / **to share** new ideas.
  　　　　　　동사　　　　　목적어　　　　목적격 보어
  워드 씨는 / 격려했다 / 직원들이 / 새로운 아이디어를 공유하도록

2 형용사 역할

to부정사는 명사를 뒤에서 수식할 수 있으며, 이때 to부정사는 '~할', '~하는'이라는 의미로 해석됩니다. to부정사의 수식을 잘 받는 명사를 암기합니다. (p.116 '명사 + to부정사' 참고)

Ms. Takano / has / **the ability [to communicate** effectively].

타카노 씨는 / 가지고 있다 / [효율적으로 의사소통하는] 능력을

3 부사 역할

to부정사가 문장 앞 또는 뒤에서 부사 역할을 하면서 목적, 이유, 결과 등의 의미를 나타낼 수 있습니다. 토익에서는 '~하기 위해'라는 목적의 의미를 나타내는 역할로 주로 출제됩니다.

To submit an application, / visit / our official Web site.

지원서를 제출하기 위해 / 방문하십시오 / 자사의 공식 웹사이트를

❗ to부정사는 'in order to부정사'로 쓸 수도 있습니다.
In order to submit an application, / visit / our official Web site.

토익 출제 패턴   to부정사 자리

------ a refund, / customers / must present / the original receipt.
부사구 → to부정사 자리   주어   동사   목적어

(A) Receives   (B) To receive
                        ~하기 위해

환불을 받기 위해 / 고객들은 / 제시해야 한다 / 원본 영수증을

present 제출하다
original 원본의

레벨업 TIP

to부정사의 태 일치

동사의 성질을 가지고 있는 to부정사는 태 표현도 가능합니다. 동사와 마찬가지로 to부정사의 동사가 자동사면 능동, 타동사면 목적어의 유무에 따라 능동/수동을 구별합니다.

The shipment was packed (~~to deliver~~ / **to be delivered**) on schedule.
배송품은 일정대로 배송되기 위해 포장되었다.

→ deliver는 타동사이므로 to부정사로 쓰여도 뒤에 목적어가 와야 합니다.

토익 유형 연습하기

정답과 해설 p.42

다음 문장을 읽고, (A)와 (B) 중에서 알맞은 것을 고르세요.

1. The manager / held / a meeting / ------- the new project.

   (A) will discuss (B) to discuss

   부사 자리

2. The company / is looking / for a way [------- efficiency in the workplace].

   (A) to improve (B) improvement

   형용사 자리
   efficiency 효율(성)

3. The mobile app / allows / customers / ------- payments securely.

   (A) make (B) to make

   목적격 보어 자리
   securely 안전하게

4. Apex Motors Co. / plans / ------- / production / this quarter.

   (A) increase (B) to increase

   목적어 자리
   production 생산량

5. ------- improve customer satisfaction, / the store / extended / its hours of operation.

   (A) In order to (B) Due to

   to부정사구
   extend 연장하다

6. All safety equipment / ------- in the factory / should be inspected.

   (A) to use (B) to be used

   to부정사의 태
   inspect 점검하다

114

POINT 02 to부정사의 빈출 표현

1 동사 + to부정사

want to do ~하기를 원하다	hope to do ~하기를 바라다	need to do ~할 필요가 있다
plan to do ~하기를 계획하다	expect to do ~하기를 기대하다	intend to do ~하기를 의도하다
decide to do ~하기로 결정하다	agree to do ~하기로 동의하다	refuse to do ~하기를 거절하다

Management / **plans** / **to introduce** flexible working hours next year.
경영진은 / 계획한다 / 내년에 유연 근무제를 도입할 것을

❗ 동명사를 목적어로 취하는 동사와 구별해야 합니다. (p.124 '동사 + 동명사' 참고)

토익 출제 패턴 — to부정사를 목적어로 갖는 동사

The store clerks / ------- / to work overtime
주어   동사   목적어
during the peak season.

점원들은 / 동의했다 / 성수기 동안 초과 근무하기로

(A) agreed   (B) suggested

동명사, that절을 목적어로 취함

2 동사 + 목적어 + to부정사

expect A to do A가 ~할 것을 기대[예상]하다	ask A to do A가 ~할 것을 요청하다
require A to do A가 ~할 것을 요구하다	permit A to do A가 ~하도록 허락하다
allow A to do A가 ~하도록 허락하다	advise A to do A가 ~하도록 조언하다
encourage A to do A가 ~하도록 격려하다	urge A to do A가 ~할 것을 촉구하다
remind A to do A가 ~할 것을 상기시키다	invite A to do A가 ~하도록 권하다
enable A to do A가 ~할 수 있게 하다	

The city government / **expects** / traffic / **to increase** during the weekend.
시 정부는 / 예상한다 / 교통량이 / 주말 동안 증가할 것으로

❗ 「동사 + 목적어 + to부정사」는 「be p.p. + to부정사」 형태의 수동태로도 자주 출제됩니다.

Traffic / **is expected** / **to increase** during the weekend.
교통량은 / 예상된다 / 주말 동안 증가할 것으로

3 명사 + to부정사

time to do ~할 시간	plan to do ~할 계획	way to do ~하는 방법
ability to do ~하는 능력	chance to do ~할 기회	opportunity to do ~할 기회
decision to do ~하려는 결정	attempt to do ~하려는 시도	effort to do ~하려는 노력

They / will have / **a chance** [**to ask** questions after the presentation].
그들은 / 가질 것이다 / [발표 후에 질문할] 기회를

4 be동사 + 형용사 + to부정사

be able to do ~할 수 있다	be likely to do ~할 것 같다
be willing to do 기꺼이 ~하다	be eligible to do ~할 자격이 있다
be eager to do ~하기를 갈망하다	be reluctant to do ~하기를 꺼리다
be ready to do ~할 준비가 되다	be pleased to do ~하게 되어 기쁘다

Customers / will **be able** / **to track** their orders online at any time.
고객들은 / 할 수 있을 것이다 / 언제든지 온라인으로 주문품을 추적하는 것을

❗ to부정사의 to를 전치사 to와 혼동하지 않도록 주의합니다.

토익 출제 패턴   be동사 + 형용사 + to부정사

We / are pleased / to ------- you to the
       be pleased to + 동사원형
annual shareholders' meeting.

(A) invite   (B) inviting

우리는 / 기쁩니다 / 귀하를 연례
주주 회의에 초청하게 되어

shareholder 주주

토익 유형 연습하기

정답과 해설 p.43

다음 문장을 읽고, (A)와 (B) 중에서 알맞은 것을 고르세요.

1. The software company / ------- / to attract more users with its new app.

   (A) expects   (B) recommends

   동사+to부정사
   attract 끌어들이다

2. Cloud technology / enables / employees / ------- files from anywhere.

   (A) will access   (B) to access

   동사+목적어+to부정사

3. Now / is / the perfect time [------- the office space for our employees].

   (A) renovating   (B) to renovate

   명사+to부정사

4. All visitors / are ------- / to wear safety helmets inside the factory.

   (A) protected   (B) required

   be p.p.+to부정사
   safety helmet
   안전모

5. Blue Leaf Coffee / is always ------- / to serve fresh coffee to its customers.

   (A) ready   (B) delicious

   be동사+형용사+to부정사

6. The sales representative / is accustomed / to ------- abroad frequently.

   (A) travel   (B) traveling

   be동사+형용사+전치사 to
   be accustomed to
   ~에 익숙하다

UNIT 10 to부정사   117

토익 실전 대비하기

다음 문제를 실제 시험을 보듯이 제한시간 안에 풀어 보세요. 그런 다음 해설을 보면서 다시 한번 정리해 보세요.

1. The Greenfield Library allows patrons ------- up to five books at once.
   (A) borrowed
   (B) to borrow
   (C) will borrow
   (D) borrow

2. The downtown shopping mall is ------- to be crowded on Friday evenings.
   (A) convenient
   (B) likely
   (C) capable
   (D) recent

3. Lotus Bay Resort offers free dinner ------- in the guest's room upon request.
   (A) serves
   (B) will be served
   (C) to be served
   (D) serving

4. ------- attract more public attention, the advertisement used bold colors and images.
   (A) Because of
   (B) So that
   (C) In order to
   (D) Unless

5. Ms. Johansen, the senior designer, intends ------- a sportswear brand in the near future.
   (A) to launch
   (B) launching
   (C) is launching
   (D) launched

6. Delivery drivers are advised ------- regular breaks during long trips.

(A) taking
(B) taken
(C) to take
(D) can take

7. Taurus Rentals requires every rental car ------- with a full tank of gas.

(A) returns
(B) to return
(C) is returned
(D) to be returned

8. The old furniture is being sold at low prices ------- space for the latest models.

(A) creation
(B) to create
(C) created
(D) will create

9. The committee ------- to hold another vote before it announced the final results.

(A) invited
(B) decided
(C) enjoyed
(D) advised

10. In an ------- to reduce electricity consumption, please turn off the lights when leaving the office.

(A) output
(B) instance
(C) account
(D) effort

DAY 3 | 준동사

UNIT 11

동명사

01 동명사의 역할
02 동명사의 빈출 표현

💬
동명사는 동사에서 만들어진 '명사'입니다. 토익에서는 동명사가 수행하는 명사적 역할과 일반 명사와의 구별이 중요한 출제 포인트가 됩니다. 동명사의 명사적 기능과 동사의 특성을 이해하고 있으면 문제를 보다 쉽게 해결할 수 있습니다.

기본 개념 미리보기

동명사의 역할

「동사원형 + -ing」 형태의 동명사는 문장에서 명사 역할을 합니다. 특히 전치사의 목적어로 쓰인 동명사가 가장 자주 출제됩니다.

<u>Watching movies</u> <u>is</u> fun.   영화 보는 것은 재미있다.
　　　주어

I <u>enjoy</u> <u>watching movies</u>.   나는 영화 보는 것을 즐긴다.
　　　　　동사의 목적어

I am interested <u>in</u> <u>watching movies</u>.   나는 영화 보는 것에 흥미가 있다.
　　　　　　　　　　　전치사의 목적어

동명사의 특징

준동사로서 동명사는 문장에서 동사 역할을 할 수 없지만, 동사의 성질을 가지고 있어 목적어나 보어, 수식어를 취할 수 있습니다.

His job is <u>providing</u> legal advice.   그의 직업은 법률 조언을 제공하는 것이다.
　　　　　　　　　　목적어

<u>Becoming</u> a lawyer takes time.   변호사가 되는 것은 시간이 걸린다.
　　보어

He prefers <u>working</u> at home.   그는 집에서 일하는 것을 선호한다.
　　　　　　　　수식어

POINT 01 동명사의 역할

1 명사 역할

동명사는 명사 역할을 하므로 문장에서 주어나 목적어 자리에 들어갈 수 있으며, '~하는 것'이라는 의미를 나타냅니다.

- **주어** | 동명사 주어는 단수 취급하여 단수 동사와 함께 사용합니다.

  Making a good impression during the interview / **is** important.
  　　　주어　　　　　　　　　　　　　　　　　　　　단수 동사

  면접 중에 좋은 인상을 만드는 것은 / 중요하다

- **타동사의 목적어** | to부정사를 목적어로 취하는 동사와 구별하여 동명사를 목적어로 취하는 타동사를 암기해야 합니다. (p.115 '동사 + to부정사' 참고)

  Andy / **enjoys** / **reading** business magazines in his free time.
  　　　타동사　　　목적어

  앤디는 / 즐긴다 / 여가 시간에 비즈니스 잡지를 읽는 것을

- **전치사의 목적어** | to부정사와 달리 동명사는 전치사의 목적어 역할을 할 수 있습니다. 동명사와 자주 출제되는 전치사를 익혀 둡니다. (p.124 '전치사 + 동명사' 참고)

  The software / is highly effective / **for managing** large amounts of data.
  　　　　　　　　　　　　　　　　　　　전치사　　목적어

  그 소프트웨어는 / 매우 효과적이다 / 대량의 데이터를 관리하는 데에

토익 출제 패턴 | 동명사 자리

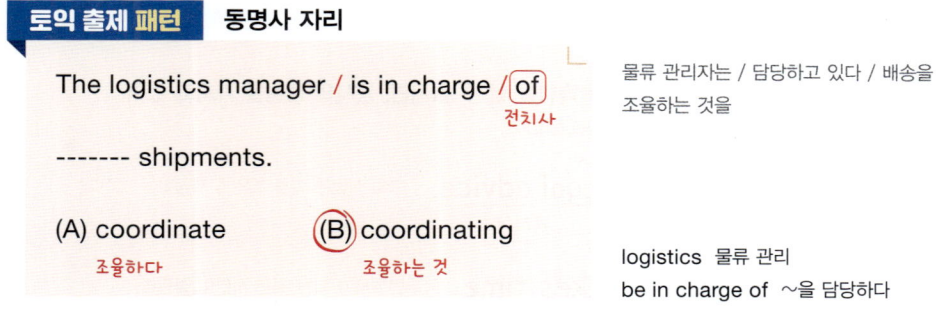

The logistics manager / is in charge / **of** ------- shipments.

(A) coordinate 조율하다
(B) coordinating 조율하는 것

물류 관리자는 / 담당하고 있다 / 배송을 조율하는 것을

logistics 물류 관리
be in charge of ~을 담당하다

2 동명사 vs. 명사

토익에서는 동명사와 명사를 구별하는 유형이 자주 출제됩니다. 동명사는 동사의 성질을 지니고 있어 목적어나 보어, 수식어를 동반할 수 있으며, 부사의 수식을 받을 수도 있습니다.

빈칸 뒤에 목적어가 있으면 '동명사'

Reducing unnecessary costs / benefits / the entire company.
동명사 + 목적어

불필요한 비용을 줄이는 것은 / 이익이 된다 / 회사 전체에

빈칸 앞에 관사 a(n), the가 있으면 '명사'

Fresh Choice / launched / an online service / for **the delivery** of goods.
관사 + 명사

프레시 초이스 사는 / 출시했다 / 온라인 서비스를 / 상품 배송을 위한

부사가 수식하면 '동명사' / 형용사가 수식하면 '명사'

Regularly exercising / is important / for maintaining good health.
부사 + 동명사

정기적으로 운동하는 것은 / 중요하다 / 건강을 유지하는 데에

토익 유형 연습하기

정답과 해설 p.46

다음 문장을 읽고, (A)와 (B) 중에서 알맞은 것을 고르세요.

1. Experts / recommend / ------- your computer for viruses regularly.

   (A) check (B) checking

   타동사의 목적어
   expert 전문가

2. The researcher / obtained / accurate results / by ------- multiple tests.

   (A) performance (B) performing

   동명사 vs. 명사
   obtain 얻다
   accurate 정확한

3. The company / published / a special ------- / to celebrate its 50th anniversary.

   (A) edition (B) editing

   동명사 vs. 명사
   publish 출판하다

4. Mr. Tao / is in charge / of ------- new employees.

   (A) training (B) trained

   전치사의 목적어

UNIT 11 동명사

POINT 02 동명사의 빈출 표현

1 동사 + 동명사

enjoy -ing ~하는 것을 즐기다	consider -ing ~하는 것을 고려하다
suggest -ing ~하는 것을 제안하다	recommend -ing ~하는 것을 추천하다
include -ing ~하는 것을 포함하다	involve -ing ~하는 것을 수반하다
avoid -ing ~하는 것을 피하다	postpone -ing ~하는 것을 미루다
quit -ing ~하는 것을 그만하다	discontinue -ing ~하는 것을 중단하다

The manager / avoided / giving a direct answer to the question.
관리자는 / 피했다 / 그 질문에 직접적인 답변을 하는 것을

❗ to부정사를 목적어로 취하는 동사와 구별해야 합니다. (p.115 '동사+to부정사' 참고)

토익 출제 패턴 동명사를 목적어로 취하는 동사

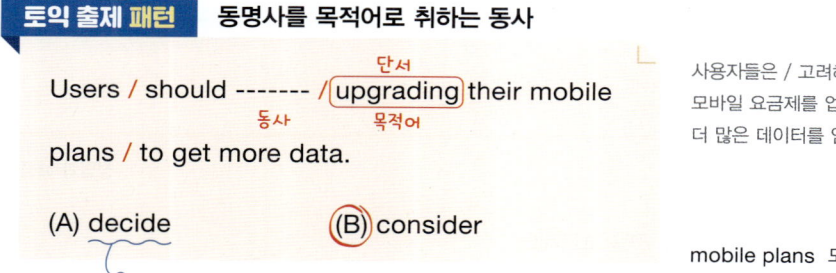

사용자들은 / 고려해야 한다 / 모바일 요금제를 업그레이드하는 것을 / 더 많은 데이터를 얻기 위해

mobile plans 모바일 요금제

2 전치사 + 동명사

for -ing ~하기 위해서	in -ing ~함에 있어서	by -ing ~함으로써
on[upon] -ing ~하자마자	before -ing ~하기 전에	after -ing ~한 후에
without -ing ~하지 않고	instead of -ing ~하는 대신에	

On[Upon] entering the hotel lobby, / the guests / received / a warm welcome / from the staff.
호텔 로비에 들어서자마자, / 손님들은 / 받았다 / 따뜻한 환영을 / 직원들로부터

3 전치사 to + 동명사

to로 끝나는 관용 표현은 to부정사의 to인지, 전치사 to인지 구별해야 합니다. 전치사 to 뒤에 -ing를 붙여서 암기하도록 합니다.

look forward to -ing ~하기를 고대하다	contribute to -ing ~하는 데 기여하다
be committed to -ing ~하는 데 전념하다	be dedicated to -ing ~하는 데 헌신하다
be used to -ing ~하는 것에 익숙하다	be accustomed to -ing ~하는 것에 익숙하다
object to -ing ~하는 것에 반대하다	be opposed to -ing ~하는 것에 반대하다

We / **look forward to meeting** / you / at the conference / next month.
저희는 / 만나기를 고대하고 있습니다 / 당신을 / 회의에서 / 다음 달에

토익 출제 패턴 전치사 to vs. to부정사 to

Sales representatives / are used / to ------- (전치사, be used to+동명사)
with different types of customers.

영업 사원들은 / 익숙하다 / 다양한 고객을 상대하는 데

(A) deal 　(B) dealing 　different types of 다양한 종류의

토익 유형 연습하기

정답과 해설 p.47

다음 문장을 읽고, (A)와 (B) 중에서 알맞은 것을 고르세요.

1. Check / your luggage tags carefully / before ------- the airport.

   (A) leave　　　(B) leaving

   전치사+동명사
   luggage tag 수하물 표

2. The volunteers / are committed / to ------- food and shelter for the homeless.

   (A) provide　　(B) providing

   전치사 to+동명사
   shelter 보호소

3. The admission fee / ------- / using the museum café.

   (A) includes　　(B) plans

   동사+동명사
   admission fee 입장료

4. Please avoid / ------- noise / during the meeting.

   (A) making　　(B) to make

   동사+동명사
   noise 소음

토익 실전 대비하기

다음 문제를 실제 시험을 보듯이 제한시간 안에 풀어 보세요. 그런 다음 해설을 보면서 다시 한번 정리해 보세요.

1. The board members postponed ------- the budget until the next meeting.

    (A) to discuss
    (B) discussing
    (C) discuss
    (D) discussion

2. ------- customer feedback helps companies develop better products.

    (A) Collect
    (B) Collecting
    (C) Collection
    (D) Collects

3. Thank you for ------- your application for the open position at Next Media Group.

    (A) submit
    (B) submitted
    (C) submitting
    (D) submission

4. Reading various professional journals ------- helpful for staying updated in your field.

    (A) are
    (B) is
    (C) being
    (D) to be

5. ------- updating your password regularly, you can keep your personal information safe.

    (A) By
    (B) To
    (C) Over
    (D) For

6. Some employees are opposed to ------- the company to another city.

   (A) relocate
   (B) relocating
   (C) relocated
   (D) relocation

7. ------- for the hotel lobby create a warm and welcoming atmosphere.

   (A) Decorate
   (B) Decorated
   (C) Decorating
   (D) Decorations

8. Bella Bistro decided to add vegetarian options to its menu after ------- the customer survey.

   (A) completion
   (B) completed
   (C) completing
   (D) complete

9. The navigation app ------- using a detour route due to heavy traffic on Highway 23.

   (A) suggested
   (B) required
   (C) discovered
   (D) avoided

10. Dr. Nabil Fahmy is known for ------- studying the daily lives of ancient Egyptians.

    (A) extensive
    (B) extensively
    (C) extension
    (D) extending

UNIT 12

DAY 3 | 준동사

분사

01 분사의 개념과 역할
02 현재분사 vs. 과거분사
03 분사구문

분사는 동사에서 파생된 '형용사'이며, 현재분사와 과거분사 두 가지가 있습니다. 토익에서는 현재분사와 과거분사를 구별하는 문제가 종종 출제되므로, 각각의 특징과 구별 방법을 반드시 익혀 두어야 합니다. 또한 분사구문은 부사절을 대신하는 '부사구'이지만, 실제 출제 포인트는 분사구문을 이끄는 분사에 맞추어지므로 함께 알아 둡니다.

기본 개념 미리보기

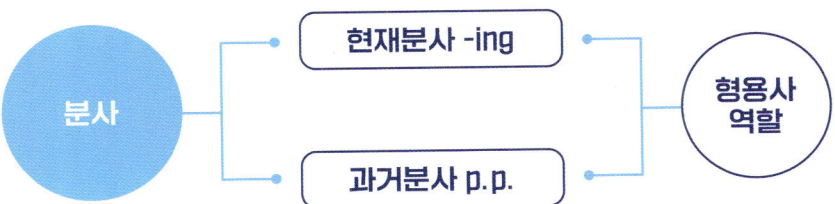

분사의 역할

분사는 동사에 -ing를 붙인 형태(현재분사)나 p.p.형태(과거분사)를 활용하여 동사를 형용사로 바꾼 것입니다. 따라서 명사를 수식하거나 보어로 사용될 수 있습니다.

K-pop is a **leading** trend. 케이팝은 선도하는 트렌드이다.
                명사 수식

The K-pop idol group is **renowned**. 그 케이팝 아이돌 그룹은 유명하다.
                        보어 역할

현재분사 vs. 과거분사

분사가 수식하거나 보충 설명하는 명사와 능동 관계면 현재분사를, 수동 관계면 과거분사를 사용합니다.

My **missing** baggage has been found **damaged**.
    수하물이 사라지다(능동)   수하물이 손상되다(수동)

내 분실된 수하물이 손상된 상태로 발견되었다.

POINT 01 분사의 개념과 역할

1 분사의 개념과 형태

분사는 형태에 따라 현재분사와 과거분사로 나눌 수 있습니다. 현재분사는 동사에 -ing를 붙여 만들며, '~하는', '~하고 있는'이라는 능동·진행의 의미를 나타냅니다. 과거분사는 동사의 p.p. 형태로, '~된', '~되어진'이라는 수동·완료의 의미를 표현합니다.

falling leaves 떨어지고 있는 나뭇잎들
현재분사: 능동·진행

fallen leaves 떨어진 나뭇잎들
과거분사: 수동·완료

2 분사의 역할

분사는 동사를 형용사적으로 바꿔 쓰는 말로, 명사를 수식하거나 보어로 쓰일 수 있습니다. 즉, 형용사 자리에 쓰일 수 있습니다.

- **명사 앞에서 수식** | 형용사처럼 명사를 앞에서 수식할 수 있습니다.

  MediCore / is a **leading** company / in medical device manufacturing.

  메디코어 사는 / 선도하는 기업이다 / 의료기기 제조업에서

  Attached files / can be found / at the end of this e-mail.

  첨부된 파일은 / 확인할 수 있습니다 / 이 이메일의 마지막 부분에서

- **명사 뒤에서 수식** | 분사 뒤에 목적어 또는 부사, 전치사구 등의 수식어가 붙어서 길어지면 명사 뒤에서 수식합니다.

  The team [**developing** a new product] / expects / high sales.
  목적어

  [신제품을 개발하고 있는] 팀은 / 기대한다 / 높은 매출을

  The hotel / offers / rooms [**equipped** with free Wi-Fi].
  수식어

  호텔은 / 제공한다 / [무료 와이파이가 갖춰진] 객실을

- **보어 역할** | 주어의 상태를 보충 설명하는 주격 보어나 목적어의 상태를 보충 설명하는 목적격 보어로 쓰일 수 있습니다.

The job interview / was **challenging**.
　　　　　　　　　　　주격 보어 → 주어 The job interview의 상태
면접은 / 까다로웠다

We / kept / **all employees** / **informed** of the schedule.
　　　　　　　　　　　　　　목적격 보어 → 목적어 all employees의 상태
우리는 / 계속 ~했다 / 모든 직원들이 / 일정에 대해 알도록

토익 출제 패턴 　분사 자리

Napoli House / is a restaurant [------- in Italian cuisine].
　　　　　　　동사　　　　　　명사 수식 → 분사 자리

(A) specializes 동사　　(B) specializing 현재분사
　　　　　　문장의 동사는 is

나폴리 하우스는 / [이탈리아 요리를 전문으로 하는] 레스토랑이다

cuisine 요리
specialize in ~을 전문으로 하다

토익 유형 연습하기

정답과 해설 p.49

다음 문장을 읽고, (A)와 (B) 중에서 알맞은 것을 고르세요.

1. The keynote speaker / made / a strong impression / with her ------- story.

   (A) inspiring　　　(B) inspiration

   명사를 앞에서 수식하는 분사 자리
   impression 인상
   inspiring 영감을 주는

2. Flexible working hours / are ------- / by most employees in the company.

   (A) favorite　　　(B) favored

   보어 역할의 분사 자리
   flexible working hours 유연 근무제

3. The Web site [------- local restaurants and cafés] / has become very popular.

   (A) review　　　(B) reviewing

   명사를 뒤에서 수식하는 분사 자리

UNIT 12 분사　**131**

POINT 02 현재분사 vs. 과거분사

1 현재분사 vs. 과거분사

토익에서는 현재분사와 과거분사를 구별하는 문제가 자주 출제됩니다. 수식 받는 명사와의 관계, 분사 뒤 목적어가 있는지 없는지 등에 따라 현재분사와 과거분사를 구별할 수 있습니다.

- **수식 받는 명사와의 관계** | 수식 받는 명사와 분사의 관계가 능동(~하다)이면 현재분사, 수동(~되다)이면 과거분사를 사용합니다.

    The **designing tool** / creates / floor plans. 설계 도구는 / 만든다 / 평면도를
    도구가 설계하다(능동)

    The **designed product** / will be launched / soon. 설계된 제품은 / 출시될 것이다 / 곧
    제품이 설계되다(수동)

- **분사 뒤 목적어의 유무** | 뒤에 목적어가 있으면 현재분사, 목적어가 없으면 과거분사가 주로 답이 됩니다.

    The researcher [**conducting** the experiment] / discovered / an error.
    현재분사 + 목적어
    [실험을 수행하고 있는] 연구자가 / 발견했다 / 오류를

    The survey [**conducted** by the company] / received / over 1,000 responses.
    과거분사 + 수식어
    [회사에 의해 실시된] 설문 조사는 / 받았다 / 1,000개 이상의 응답을

레벨업 TIP

자동사의 현재분사

수동태가 없는 자동사는 현재분사로만 쓰이는 데 유의합니다. 또한 자동사는 목적어를 갖지 않으므로 현재분사 뒤에 「전치사+명사」나 부사가 나옵니다.

빈출 자동사의 현재분사

| rising 상승하는 | remaining 남아 있는 | emerging 새로 생긴, 떠오르는 |
| growing 증가하는 | lasting 지속되는 | existing 기존의, 현재 있는 |

The report analyzed trends (**emerging** / emerged) among young consumers.
그 보고서는 젊은 소비자들 사이에서 떠오르는 트렌드를 분석했다.
→ emerge는 자동사이므로 현재분사로만 쓰입니다.

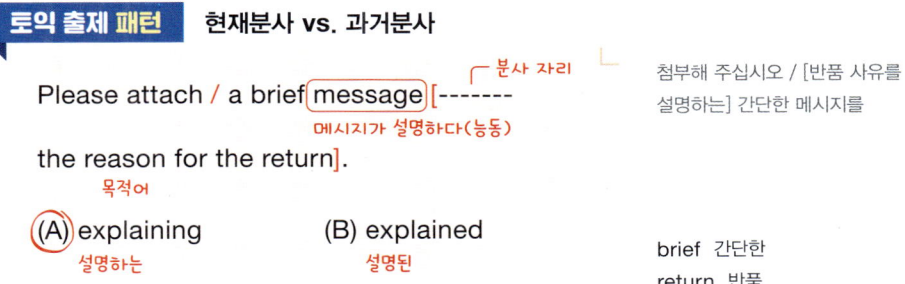

2 감정 동사의 분사

수식 받는 명사 또는 보충 설명하는 명사가 감정을 일으키는 원인이면 현재분사, 감정을 느끼는 주체면 과거분사를 사용합니다.

현재분사		과거분사	
satisfying	만족스러운	satisfied	만족한
exciting	신나는	excited	신이 난
interesting	흥미로운	interested	흥미를 가진
surprising	놀라운	surprised	놀란
disappointing	실망스러운	disappointed	실망한
annoying	짜증나게 하는	annoyed	짜증난
frustrating	좌절감을 주는	frustrated	좌절한

❗ 주로 현재분사는 사물과, 과거분사는 사람과 어울립니다.

The **interesting** lecture / attracted / students.   그 흥미로운 강의는 / 끌어모았다 / 학생들을
감정을 일으키는 원인 (사물)

The **students** / were **interested** / in the lecture.   학생들은 / 흥미를 느꼈다 / 그 강의에
감정을 느끼는 주체 (사람)

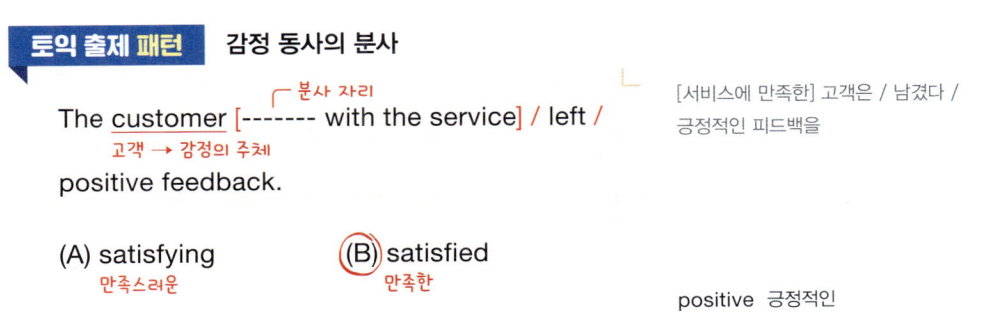

positive 긍정적인

토익 유형 연습하기

정답과 해설 p.50

다음 문장을 읽고, (A)와 (B) 중에서 알맞은 것을 고르세요.

1. The results of the experiment / were ------- / to the research team.

   (A) surprising   (B) surprised

   감정 동사의 분사
   experiment 실험

2. Only authorized personnel / are allowed / to enter the ------- area.

   (A) restricting   (B) restricted

   현재분사 vs. 과거분사
   authorized 권한을 받은
   restrict 제한하다

3. The ------- audience / was waiting / for the concert / to begin.

   (A) exciting   (B) excited

   감정 동사의 분사

4. Many airlines / charge / passengers / for luggage [------- the weight limit].

   (A) exceeding   (B) exceeded

   현재분사 vs. 과거분사
   weight limit 중량 제한
   exceed 초과하다

5. Questions [------- to the new policy] / will be discussed / at the meeting.

   (A) relating   (B) related

   현재분사 vs. 과거분사

6. The mobile phone / comes / with a warranty [------- for three years].

   (A) lasting   (B) lasted

   현재분사 vs. 과거분사
   warranty 품질 보증(서)

7. The machine [------- in the production area] / needs / maintenance.

   (A) installing   (B) installed

   현재분사 vs. 과거분사
   production area
   생산 구역

POINT 03 분사구문

분사구문은 「접속사 + 주어 + 동사」의 부사절에서 ① 접속사를 생략하고, ② 주절의 주어와 동일한 주어를 생략한 뒤, ③ 분사를 이용해 부사구로 바꾼 구문입니다.

①When ②I ③reviewed the report, I noticed an error. 부사절: 접속사+주어+동사
= Reviewing the report, I noticed an error. 분사구문
보고서를 검토했을 때, 나는 오류를 발견했다.

현재분사 vs. 과거분사

토익에서는 주로 분사구문의 분사 형태를 고르는 문제가 출제됩니다. 분사의 동사가 주절의 주어와 능동 관계면 현재분사, 수동 관계면 과거분사를 사용합니다.

Watching the show, / **the audience** / should keep / their phones / turned off.
└─── 능동 관계 ───┘
공연을 보는 동안 / 관객들은 / 두어야 한다 / 휴대전화를 / 꺼진 상태로

Constructed in 1920, / **the building** / is considered / a historic landmark.
└─── 수동 관계 ───┘
1920년에 지어진 / 그 건물은 / 여겨진다 / 역사적 명소로

❗ 분사구문의 의미를 명확하게 전달하기 위해 분사 앞에 접속사가 남을 수 있습니다.
Before signing the contract, / please read / the terms / carefully.
계약서에 서명하기 전에 / 읽어 주세요 / 조건을 / 주의 깊게

토익 유형 연습하기

정답과 해설 p.51

다음 문장을 읽고, (A)와 (B) 중에서 알맞은 것을 고르세요.

1. Technicians / should note / safety issues / when ------- a report.

   (A) writing   (B) written

   분사구문: 현재분사 vs. 과거분사
   safety issue 안전 문제

2. ------- by a renowned architect, / the museum / attracts / many visitors.

   (A) Constructing   (B) Constructed

   분사구문: 현재분사 vs. 과거분사
   renowned 유명한
   architect 건축가

토익 실전 대비하기

다음 문제를 실제 시험을 보듯이 제한시간 안에 풀어 보세요. 그런 다음 해설을 보면서 다시 한번 정리해 보세요.

1. We cannot approve the plan ------- the deadline without valid reasons.

    (A) extending
    (B) extended
    (C) extensive
    (D) extends

2. ------- to invest in product development, SODA Foods reduced its advertising expenses.

    (A) Preference
    (B) Preferring
    (C) Preferred
    (D) Prefer

3. Videos ------- to the Halton Media Festival must not exceed 10 minutes in length.

    (A) submitting
    (B) submitted
    (C) are submitted
    (D) submission

4. The company outing was postponed due to ------- weather conditions.

    (A) worsening
    (B) worst
    (C) worsens
    (D) worsen

5. Our staff members are highly ------- to provide professional customer service in various situations.

    (A) interested
    (B) available
    (C) capable
    (D) qualified

6. Please return the tickets ------- after the event to the office.

    (A) remain
    (B) remainder
    (C) remained
    (D) remaining

7. Despite strong sales, the company's profits were ------- during the last quarter.

    (A) disappoint
    (B) to disappoint
    (C) disappointing
    (D) disappointed

8. As ------- in the contract, the tenants must pay rent on the first day of every month.

    (A) state
    (B) stated
    (C) stating
    (D) statement

9. Exposure to direct sunlight may cause ------- damage to the Bellagio leather sofa.

    (A) lasting
    (B) covering
    (C) existing
    (D) repeating

10. Cosmo Airlines offered the ------- brochure to inform passengers of the recent policy changes.

    (A) allowed
    (B) updated
    (C) advanced
    (D) limited

DAY 3 ACTUAL TEST

1. Please accept the ------- gift voucher for subscribing to our premium service.
   (A) enclose
   (B) enclosed
   (C) enclosing
   (D) enclosure

2. The flexible schedule allows employees ------- a better work-life balance.
   (A) enjoyable
   (B) enjoy
   (C) to enjoy
   (D) are enjoying

3. ------- production costs, EZM Manufacturing has introduced new automated machines.
   (A) To reduce
   (B) Reduce
   (C) Reduces
   (D) Having reduced

4. Xpeed Logistics is committed to ------- products on time and in perfect condition.
   (A) delivery
   (B) deliver
   (C) delivered
   (D) delivering

5. ------- process an exchange, the defective product must be inspected first.
   (A) Given that
   (B) In order to
   (C) Owing to
   (D) By the time

6. Attendees ------- online in advance receive a confirmation e-mail within minutes.
   (A) register
   (B) to register
   (C) registering
   (D) registration

7. The research division ------- to develop a more energy-efficient model by the end of the year.
   (A) announces
   (B) predicts
   (C) plans
   (D) considers

8. Passengers are ------- to fasten their seatbelts and to turn off their electronic devices during takeoff and landing.
   (A) considered
   (B) suggested
   (C) explained
   (D) expected

9. Customers found the new online payment system ------- at first, but they became used to it over time.
   (A) confused
   (B) confusing
   (C) confusion
   (D) confuse

10. After ------- herself to the committee, Ms. Moreau began her presentation at the business forum.
    (A) introduce
    (B) introducing
    (C) introduced
    (D) introduction

11. Wander Plus reserves the right ------- promotional rates at any time without prior notice.
    (A) to adjust
    (B) adjusting
    (C) adjustment
    (D) is adjusting

12. The supervisor recommended ------- the safety guidelines thoroughly before beginning the task.
    (A) review
    (B) reviewing
    (C) reviewed
    (D) to review

13. The marketing team is in the process of ------- advertisements for the upcoming campaign.
    (A) design
    (B) designed
    (C) designing
    (D) designer

14. ------- employee performance usually takes place at the end of each quarter.
    (A) Evaluate
    (B) Evaluation
    (C) Evaluating
    (D) To evaluate

15. While they were staying at the resort, guests were ------- with the quality of the hotel's service.
    (A) checked
    (B) discovered
    (C) accomplished
    (D) impressed

16. After completing the training course, interns are ------- to apply for full-time positions.
    (A) beneficial
    (B) eligible
    (C) responsible
    (D) capable

DAY 4 | 전치사와 부사절 접속사

UNIT 13

시간/장소의 전치사

01 전치사의 개념과 역할
02 시간 전치사
03 장소 전치사

💬
전치사(preposition)는 말 그대로 앞에(pre-) 위치(position)하는 말입니다. 명사 앞에 위치하여 문장에 시간, 장소, 이유, 목적 등 다양한 추가 정보를 알려 줍니다. 이렇듯 전치사는 수식어를 이끌며, 접속사와의 쓰임 비교 등 토익에서 빠지지 않고 출제됩니다.

기본 개념 미리보기

시간 전치사

전치사에 따라 다양한 시간 단위 및 명사와 결합하여, 특정 시점이나 기간을 나타냅니다.

The subway line will open `in` 2030. 그 지하철 노선은 2030년에 개통될 것이다.
　　　　　　　　　　　　　시점 (~에)

Sales increased `during` the holidays. 판매가 연휴 동안 증가했다.
　　　　　　　　　기간 (~ 동안)

장소 전치사

전치사에 따라 다양한 공간 단위 및 명사와 결합하여, 특정 위치, 범위, 방향 등을 나타냅니다.

There is a big crowd `at` the stadium. 경기장에 많은 사람이 있다.
　　　　　　　　　　　위치 (~에)

The train runs `from` Seoul `to` Busan.
　　　　　　　　방향 (~에서 ~까지)
그 기차는 서울에서 부산까지 운행한다.

POINT 01 전치사의 개념과 역할

1 전치사의 개념

전치사는 명사 앞에 위치해서 「전치사 + 명사(구)」 덩어리로 시간, 장소, 이유 등 여러 가지 뜻을 나타내는 말입니다. 전치사 뒤에는 명사, 대명사, 동명사구가 올 수 있습니다.

전치사+명사(구)	**on** arrival 도착하자마자	**in** the building 건물에서
전치사+대명사	**with** them 그들과 함께 목적어 자리이므로 목적격을 써요.	**like** this 이처럼
전치사+동명사구	**before** leaving the office 사무실을 나가기 전에 동사는 쓸 수 없어요.	

2 전치사의 역할

「전치사 + 명사(구)」 덩어리를 전치사구라고 하며, 문장에서 형용사나 부사 역할을 합니다.

형용사	He prepared a report **for the client**.	그는 고객을 위한 보고서를 준비했다. [명사 수식]
	The report is **on the desk**.	그 보고서는 책상 위에 있다. [주격 보어]
부사	The report was sent **by e-mail**.	그 보고서는 이메일로 보내졌다. [동사 수식]
	They are familiar **with the software**.	그들은 그 소프트웨어에 익숙하다. [형용사 수식]
	In my opinion, the price is high.	내 생각에, 가격이 높다. [문장 수식]

토익 유형 연습하기

정답과 해설 p.57

다음 문장을 읽고, (A)와 (B) 중에서 알맞은 것을 고르세요.

1. The company / will announce / a new product line / ------- the press conference.

   (A) at   (B) soon

   전치사+명사
   announce 발표하다

2. Ms. Garcia / is responsible / for ------- a technical manual.

   (A) write   (B) writing

   전시차+동명사
   responsible 책임지고 있는

142

POINT 02 시간 전치사

1 전치사 at/on/in

at	정확한 시각 또는 시점	at 9 o'clock 9시에	at midnight 자정에
on	요일, 날짜, 특정일	on Friday 금요일에	on December 25 12월 25일에
in	월, 분기, 계절, 연도, 오전/오후/저녁	in March 3월에 in 2026 2026년에	in summer 여름에 in the morning 오전에

토익 출제 패턴 시간 전치사 at/on/in

The fitness center / opens / for hotel guests / ------- 7:00 A.M. every morning.
정확한 시간

피트니스 센터는 / 문을 연다 / 호텔 투숙객들을 위해 / 매일 아침 7시에

(A) at   (B) on

2 시점 전치사

from ~부터 since ~ 이후로 by ~까지 after/following ~ 후에 before/prior to ~ 전에 until ~까지	+ 시점 표현

• **from/since**

from은 시작하는 시점 자체를 강조하고, since는 과거의 시작 시점 이후의 경과를 강조합니다.

Discounts / are available / **from tomorrow**.
할인은 / 가능합니다 / 내일부터

The service / has been unavailable / **since last month**.
　　　　　　　has/have p.p.　　　　　　since + 과거 시점
서비스는 / 이용할 수 없습니다 / 지난달부터

❗ 현재완료 시제가 쓰인 경우, 전치사 자리에는 since가 정답일 확률이 높습니다.

• by / until

by는 동사의 행위가 완료되는 시점을 나타낼 때, until은 동사의 행위가 해당 시점까지 지속될 때 사용합니다. by와 until을 구별하는 문제가 자주 출제되므로 확실히 구별할 수 있도록 합니다.

Please submit / your application / by next Friday.
제출해 주세요 / 지원서를 / 다음 금요일까지

❗ by와 어울리는 동사   finish 끝내다   complete 완료하다   submit 제출하다   deliver 배달하다

The exhibition / will continue / until next Friday.
전시회는 / 계속될 것입니다 / 다음 금요일까지

❗ until과 어울리는 동사   last 지속하다   continue 계속하다   postpone 연기하다   be open 열려 있다   be available 이용할 수 있다   be valid 유효하다

토익 출제 패턴   by vs. until

The contractor / will ⟨complete⟩ / the road
　　　　　　　　　　完了 동사
construction / ------- December.
　　　　　　　　　　시간 표현

(A) by　　　　　(B) until

도급업체는 / 완료할 것이다 / 도로 공사를 / 12월까지

contractor 도급업체

---

③ 기간 전치사

| for ~ 동안 | during ~ 동안 | over ~에 걸쳐서 | within ~ 이내에 | + 기간 표현 |
| throughout ~(동안) 내내 | | in ~ 후에/~만에 | | |

• for / during

둘 다 '~ 동안'을 의미하지만, for는 two hours처럼 숫자로 나타내는 시간 명사와 함께 쓰이고, during은 기간/사건/행사 등을 나타내는 명사와 함께 쓰입니다.

The weekly meeting / lasted / for two hours.
주간 회의는 / 지속되었다 / 2시간 동안

Many flights / are fully booked / during the holiday season.
많은 항공편이 / 매진된다 / 휴가철 동안

토익 출제 패턴 for vs. during

The supermarket chain / has offered / free delivery / ------- three years.

슈퍼마켓 체인은 / 제공해 왔다 / 무료 배달을 / 3년 동안

숫자 기간

(A) for   (B) during

during은 숫자와 나란히 사용 X

토익 유형 연습하기

정답과 해설 p.58

다음 문장을 읽고, (A)와 (B) 중에서 알맞은 것을 고르세요.

1. The company newsletter / is expected / to be distributed / ------- July 12.

   (A) in   (B) on

   시간 전치사
   distribute 배포하다

2. Joyful Land / has attracted / thousands of visitors / ------- last summer.

   (A) from   (B) since

   시점 전치사

3. The refund / will be issued / ------- three business days of purchase.

   (A) within   (B) during

   기간 전치사
   issue 발급[지급]하다

4. *Hidden Echo*, the current play at the Lakeshore Theater, / will end / ------- ten weeks.

   (A) in   (B) later

   기간 전치사
   current 현재의

5. Safety instructions / will be provided / ------- the flight's departure.

   (A) first   (B) prior to

   시점 전치사
   safety instructions
   안전 수칙

UNIT 13 시간/장소의 전치사 **145**

POINT 03 장소 전치사

1 전치사 at / in / on

at	특정한 지점	at the store 상점에서	at the bus stop 버스 정류장에서
in	넓은 장소, 공간 내부	in the city 도시에서	in the office 사무실에서
on	표면 위 (접촉)	on the first floor 1층에	on the desk 책상 위에

토익 출제 패턴 장소 전치사 at / in / on

Guests / can find / a copy of a city map / ------- the information booth.

손님들은 / 찾을 수 있다 / 도시 지도 사본을 / 안내 부스 안에서

실내 장소

(A) in   (B) on

on은 물리적 표면 위를 의미함

2 위치 전치사

next to	~ 옆에 (= by, beside)	next to the entrance 출입구 옆에
in front of	~ 앞에	in front of the restaurant 레스토랑 앞에
behind	~ 뒤에	behind the counter 계산대 뒤에
opposite	~ 맞은편에	opposite the hotel 호텔 맞은편에
between	(둘) 사이에	between Seoul and Busan 서울과 부산 사이에
among	(셋 이상) 사이에	among the crowd 군중 사이에
near	~ 근처에	near the city center 도심 근처에
throughout	~ 전체에 걸쳐	throughout the nation 전국에 걸쳐

토익 출제 패턴 위치 전치사

The city / is building / a parking garage / ------- the city's central station.

시는 / 짓고 있다 / 주차장을 / 시의 중앙역 근처에

건설 중인 위치

(A) into   (B) near

parking garage (건물형) 주차장

3 방향 전치사

from	~에서(부터)	**from** the airport to the hotel 공항에서 호텔까지
to	~로, ~에게	be sent **to** customers 고객들에게 전달되다
toward	~을 향해	**toward** the suburbs 교외를 향해
into	~ 안으로	**into** the water 물속으로
through	~을 통해	**through** the tunnel 터널을 통해
along	~을 따라	**along** the waterfront 해안을 따라
across	~을 가로질러	**across** the street 길을 가로질러

토익 유형 연습하기

정답과 해설 p.58

다음 문장을 읽고, (A)와 (B) 중에서 알맞은 것을 고르세요.

1. Security cameras / have been installed / ------- the building.

   (A) within   (B) throughout

   위치 전치사
   install 설치하다

2. Dream Bookstore / is located / ------- the corner of Main Street and Pine Avenue.

   (A) at   (B) between

   장소 전치사
   corner 모퉁이

3. Fresh seafood / will now be delivered / ------- the central market in Hillcrest.

   (A) on   (B) to

   방향 전치사
   central 중앙의

4. The sign ------- the elevator / shows / the emergency exit route.

   (A) next to   (B) up to

   위치 전치사
   emergency exit 비상구

토익 실전 대비하기

다음 문제를 실제 시험을 보듯이 제한시간 안에 풀어 보세요. 그런 다음 해설을 보면서 다시 한번 정리해 보세요.

1. Office rents are generally higher when located ------- central business districts.

    (A) from
    (B) down
    (C) of
    (D) in

2. The Riverdale Outdoor Market operates ------- noon to sunset on weekends.

    (A) over
    (B) next
    (C) from
    (D) like

3. All departments must submit performance evaluation reports ------- 4:00 P.M. today.

    (A) until
    (B) to
    (C) over
    (D) by

4. Please renew your membership ------- the next 30 days to avoid service interruption.

    (A) within
    (B) about
    (C) until
    (D) following

5. Peter Mann's film was selected to be ------- the finalists at the international film festival.

    (A) from
    (B) upon
    (C) among
    (D) beyond

6. Tourists can find souvenir shops ------- Beach Road near the seaside hotels.
   (A) through
   (B) here
   (C) inside
   (D) along

7. Because of maintenance, the train will pass ------- Riverside Station without stopping.
   (A) toward
   (B) through
   (C) with
   (D) along

8. Rental vehicles must be dropped off at the correct location ------- regular business hours.
   (A) during
   (B) down
   (C) like
   (D) than

9. ------- relocating to London, Mr. Carter had worked as a curator at the Paris History Museum.
   (A) Before
   (B) Since
   (C) Although
   (D) Without

10. All documents submitted to the Human Resources Department will be stored ------- the end of this year.
    (A) until
    (B) by
    (C) during
    (D) when

DAY 4 | 전치사와 부사절 접속사

UNIT 14

기타 전치사

01 다양한 의미의 전치사
02 동사/명사와 함께 쓰이는 전치사

💬 전치사는 시간, 장소 이외에도 다양한 의미를 전달할 수 있습니다. 또한 전치사 중에는 단어 하나로 이루어진 단순 전치사 이외에도 2개 이상의 단어가 짝을 이루어 전치사 기능을 하는 구전치사가 있습니다. 다양한 전치사에 익숙해지도록 합니다.

기본 개념 미리보기

무료 동영상

다양한 의미의 전치사

다양한 의미를 나타내는 전치사를 알아 둡니다.

Many employees commute **by** public transportation.
　　　　　　　　　　　　　수단 (~로)
많은 직원들이 대중교통으로 출퇴근한다.

The report **about** market trends was useful.
　　　　　주제 (~에 관하여)
시장 동향에 관한 그 보고서는 유용했다.

Production suddenly stopped **due to** a power outage.
　　　　　　　　　　　　　　원인 (~ 때문에)
정전 때문에 생산이 갑자기 멈췄다.

In spite of the heavy rain, the game continued.
양보 (~에도 불구하고)
많은 비에도 불구하고, 경기는 계속되었다.

POINT 01 다양한 의미의 전치사

1 다양한 의미의 전치사

시간, 장소 외에도 다양한 의미를 나타내는 전치사들이 있습니다.

분류	전치사	예시
수단/방법	by ~로, ~함으로써 through ~을 통해 with ~와 함께, ~을 가지고	**by** adjusting the volume 음량을 조절함으로써 **through** the survey 설문 조사를 통해 **with** the ticket 티켓을 가지고
목적	for ~을 위해	**for** more information 더 많은 정보를 위해
자격	as ~로서	**as** a manager 관리자로서
주제/출처	about, on, over ~에 대하여 according to ~에 따르면	information **about** the event 행사에 대한 정보 a presentation **on** sales 매출에 관한 발표 **according to** research 연구에 따르면
원인/결과	for ~로 인하여 due to, because of ~ 때문에 as a result of ~의 결과로	**for** safety reasons 안전상의 이유로 **due to** bad weather 악천후 때문에 **as a result of** the merger 합병의 결과로
양보	despite, in spite of ~에도 불구하고 regardless of ~에 상관없이	**despite** the opposition 반대에도 불구하고 **in spite of** the efforts 노력에도 불구하고 **regardless of** size 크기에 상관없이
조건	in the event of, in case of ~의 경우에	**in the event of** an emergency 비상시에는
대체	instead of ~ 대신에	**instead of** driving 운전하는 것 대신에
제외	except (for) ~을 제외하고 without ~ 없이	**except (for)** that issue 그 문제를 제외하고 **without** permission 허가 없이
첨가	besides ~ 외에도 in addition to ~에 더하여	**besides** quality 품질 외에도 **in addition to** the fee 수수료에 더하여
예시	like ~처럼 / unlike ~와 달리 such as ~와 같은	**unlike** other competitors 다른 경쟁업체들과 달리 benefits **such as** health insurance 건강 보험과 같은 혜택

토익 출제 패턴 　주제 전치사

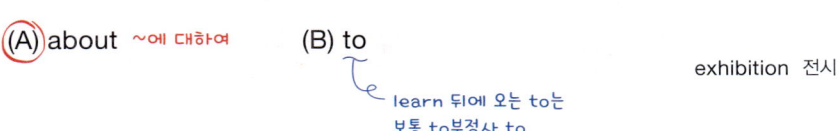

Visitors / can learn / ------- the company's history / at the exhibition hall.

방문객들은 / 알 수 있습니다 / 회사의 역사에 대해 / 전시관에서

(A) about ~에 대하여　(B) to

learn 뒤에 오는 to는 보통 to부정사 to

exhibition 전시

2 분사형 전치사

「동사 + -ing」 형태로 현재분사와 같은 형태이지만 명사 앞에서 전치사 역할을 하는 단어들이 있습니다. 자주 출제되는 분사형 전치사를 익혀 두도록 합니다.

following	~ 후에 (= after)	**following** the luncheon 오찬 후에
regarding / concerning	~에 관하여	a question **regarding** the schedule 일정표에 관한 질문
considering	~을 고려하면	**considering** the situation 상황을 고려하면
including	~을 포함하여	**including** tax 세금을 포함하여

토익 유형 연습하기

정답과 해설 p.61

다음 문장을 읽고, (A)와 (B) 중에서 알맞은 것을 고르세요.

1. ------- using eco-friendly materials, / the manufacturer / attracted / more customers.

   (A) By　　　　　　(B) To

   수단 전치사
   eco-friendly 친환경의
   material 소재, 재료

2. Customers / are asked / to accept electronic invoices / ------- paper ones.

   (A) due to　　　　(B) instead of

   대체 전치사
   invoice 청구서

3. The train / will depart / at 10:30 A.M. / ------- a brief delay.

   (A) follows　　　　(B) following

   분사형 전치사
   brief 잠시 동안의

UNIT 14 기타 전치사　**153**

POINT 02 동사/명사와 함께 쓰이는 전치사

1 자동사 + 전치사

with	comply with ~을 따르다 deal with ~을 다루다	collaborate with ~와 협력하다 proceed with ~을 진행하다
in	enroll in ~에 등록하다 participate in ~에 참가하다	invest in ~에 투자하다 specialize in ~을 전문으로 하다
to/into	belong to ~에 속하다 refer to ~을 참조하다	contribute to ~에 공헌하다 expand into ~로 확장하다
for	account for ~을 설명하다 prepare for ~을 준비하다	apply for ~에 지원하다 search for ~을 찾다
of	consist of ~로 구성되다	dispose of ~을 처분하다
from	differ from ~와 다르다	refrain from ~을 삼가다

The researchers / **collaborated** / **with** a local hospital / to conduct the study.
연구자들은 / 협력했다 / 지역 병원과 / 연구를 수행하기 위해

The company / **is searching** / **for** a new office location / downtown.
회사는 / 찾고 있다 / 새 사무실 위치를 / 도심에

2 타동사 + 목적어 + 전치사

with	compare A with B A를 B와 비교하다 provide A with B A에게 B를 제공하다	equip A with B A에게 B를 갖추게 하다 replace A with B A를 B로 대체하다
to/into	add A to B A를 B에 더하다 offer A to B A를 B에게 제공하다	extend A to B A를 B까지 연장하다 convert A into B A를 B로 전환하다
of	inform A of B A에게 B를 알리다	remind A of B A에게 B를 상기시키다
from	obtain A from B B로부터 A를 얻다	prevent A from B A가 B하지 못하게 하다

The mechanic / **replaced** the broken part / **with** a new one.
정비공은 / 고장 난 부품을 교체했다 / 새 것으로

The travel agency / **informed** customers / **of** the flight delay.
여행사는 / 고객들에게 알렸다 / 비행기 지연을

3 명사 + 전치사

to	access to ~에(의) 접근	alternative to ~에 대한 대안
	approach to ~에(의) 접근법	proximity to ~에 대한 근접성
on	emphasis on ~에 대한 강조	impact on ~에 대한 영향
in	increase/rise in ~의 증가	decrease/fall in ~의 감소
with	problem with ~의 문제	concern with ~에 대한 우려
for	approval for ~에 대한 승인	demand for ~에 대한 요구
	requirement for ~을 위한 조건	substitute for ~의 대용품

Rising fuel prices / led / to **an increase in** transportation costs.
연료비 상승은 / 이어졌다 / 운송비의 증가로

토익 출제 패턴 명사 + 전치사

The membership / provides / ------- to exclusive online content.
　　　　　　　　　　동사　　　　　정답 단서

회원권은 / 제공한다 / 독점 온라인 콘텐츠에 대한 접근을

(A) approval
　　승인

(B) access ✓
　　접근

exclusive 독점적인

토익 유형 연습하기

정답과 해설 p.62

다음 문장을 읽고, (A)와 (B) 중에서 알맞은 것을 고르세요.

1. For more details about the event, / please ------- / to the official Web site.

   (A) refer　　　　　　　(B) present

   자동사+전치사
   details 세부 사항

2. Blue Ocean Hotel / offered complimentary drinks / ------- its guests.

   (A) with　　　　　　　(B) to

   타동사+목적어+전치사
   complimentary 무료의

토익 실전 대비하기

다음 문제를 실제 시험을 보듯이 제한시간 안에 풀어 보세요. 그런 다음 해설을 보면서 다시 한번 정리해 보세요.

1. The safety policy applies to all employees ------- position or seniority.

    (A) regardless of
    (B) in addition
    (C) despite
    (D) according to

2. There are several factors to consider when preparing ------- a presentation.

    (A) for
    (B) on
    (C) up
    (D) over

3. The package addressed to Ms. O'Connor was delivered ------- anyone checking the contents.

    (A) along
    (B) without
    (C) until
    (D) inside

4. The cafeteria ------- disposable cups with reusable ones to reduce waste.

    (A) removed
    (B) replaced
    (C) stored
    (D) purchased

5. The gallery store sells replicas of artwork by famous regional artists, ------- Hana Lee and Thomas Park.

    (A) included
    (B) include
    (C) including
    (D) to include

6. ------- the increase in demand, the factory will extend its operating hours.

    (A) With
    (B) Beyond
    (C) At
    (D) Near

7. Customers were requested to refrain ------- bringing outside food into the theater.

    (A) from
    (B) by
    (C) against
    (D) yet

8. Concerns ------- the environmental impact have delayed the approval process for the factory construction.

    (A) excluding
    (B) during
    (C) following
    (D) regarding

9. All visitors to the laboratory must ------- with the safety guidelines posted at the entrance.

    (A) attend
    (B) comply
    (C) apply
    (D) enter

10. The manager's ------- for remote work requests is required before employees change their schedules.

    (A) suggestion
    (B) approval
    (C) favor
    (D) opinion

DAY 4 | 전치사와 부사절 접속사

UNIT 15

부사절 접속사

01 접속사 vs. 전치사
02 시간/조건의 부사절 접속사
03 이유/양보의 부사절 접속사

💬
토익에서 부사절 접속사는 문맥에 따라 시간, 이유, 조건, 양보 등 다양한 의미를 더하는 절(부사절)을 이끌며, 뒤에 주어와 동사를 갖춘 완전한 문장을 동반하는 접속사를 말합니다. 부사절의 다양한 의미와 문장 구조를 학습합니다.

기본 개념 미리보기

시간/조건의 부사절

주절의 행위가 일어나는 시점, 주절의 행위가 발생하기 위한 조건을 나타냅니다.

She checked her e-mail **after** she arrived at the office.
　　　　　　　　　　　　시간 (~한 후에)
그녀는 사무실에 도착한 후에 그녀의 이메일을 확인했다.

If you need help, please call the front desk.
조건 (만약 ~하면)
만약 도움이 필요하시면, 안내 데스크로 전화해 주세요.

이유/양보의 부사절

주절의 행위가 일어나는 원인, 주절의 내용과 반대되는 상황을 나타냅니다.

The report was revised **because** it contained errors.
　　　　　　　　　　　　　이유 (~하기 때문에)
그 보고서는 오류가 있었기 때문에 수정되었다.

Even though he was tired, he kept working.
양보 (비록 ~하지만)
비록 그는 피곤했지만, 계속 일했다.

POINT 01 접속사 vs. 전치사

1 접속사 vs. 전치사

토익에는 부사절 접속사와 전치사, 부사 자리를 구별하는 문제가 자주 출제됩니다. 부사절 접속사는 절(주어 + 동사)을 연결하고, 전치사는 명사를 연결하며, 부사는 혼자 쓰이는 수식어임을 기억합니다.

Traffic is congested / **due to** road construction.
　　　　　　　　　　　　 전치사　　　　명사

교통이 혼잡하다 / 도로 공사 때문에

Traffic is congested / **because** the road is under construction.
　　　　　　　　　　　　 접속사　　 주어　　동사

교통이 혼잡하다 / 도로가 공사 중이기 때문에

The road is **currently** under construction, / so traffic is congested.
　　　　　　　　 부사

도로는 현재 공사 중이다 / 그래서 교통이 혼잡하다

2 의미가 비슷한 접속사 vs. 전치사

의미		접속사	전치사
시간	~ 동안	while	for, during
	~까지	until	by, until
이유	~ 때문에	because, as, since, now that	because of, due to, owing to
양보	~에도 불구하고, 비록 ~이지만,	although, though, even if, even though	despite, in spite of

토익 출제 패턴　접속사 vs. 전치사

Customers can wait in the lounge / [------]
　주어　　　　동사　　　　　　　　　　　접속사 자리
the car is being serviced.
　주어　　　동사

(A) during 전치사　　(B) while 접속사

전치사 뒤에는 명사(구)가 나와야 함

고객들은 라운지에서 기다릴 수 있다 / 차량이 정비되는 동안

3 접속부사

접속부사는 접속사가 아닌 '부사'로 문장을 연결할 수 없습니다. 부사절 접속사, 전치사와 의미가 비슷해서 보기에 자주 출제되므로 주의합니다.

therefore 그러므로	however 그러나	moreover 게다가
in addition 추가로, 게다가	otherwise 그렇지 않으면	nevertheless 그럼에도 불구하고
meanwhile 그동안, 한편	as a result 그 결과	instead 대신에

토익 출제 패턴 접속사 vs. 접속부사

The patent application was rejected / ------- it was incomplete.
(주어) (동사) (접속사 자리) (주어) (동사)

(A) because 접속사
(B) however 접속부사 — 접속부사는 절을 연결 ✗

특허 신청서는 반려되었다 / 그것이 불완전했기 때문에

patent 특허

토익 유형 연습하기

정답과 해설 p.64

다음 문장을 읽고, (A)와 (B) 중에서 알맞은 것을 고르세요.

1. ------- the weather was bad, / the outdoor event took place as planned.

   (A) Despite (B) Although

   접속사 vs. 전치사
   take place 개최되다

2. The concert was canceled / ------- unexpected technical problems.

   (A) because of (B) because

   접속사 vs. 전치사
   unexpected 예기치 않은

3. ------- the store was crowded, / customers had to wait in line outside.

   (A) Because (B) Meanwhile

   접속사 vs. 접속부사
   crowded 붐비는

UNIT 15 부사절 접속사 **161**

POINT 02 시간/조건의 부사절 접속사

1 시간의 부사절 접속사

when ~할 때	before ~하기 전에	after ~한 후에	as soon as ~하자마자
while ~하는 동안	since ~한 이래로	until ~할 때까지	by the time ~할 때쯤

The employees were relieved / when the system was restored after the outage.
직원들은 안도했다 / 정전 후에 시스템이 복구되었을 때

Since the Sunset Grill introduced a new menu, / its weekend sales have increased.
선셋 그릴이 새 메뉴를 도입한 이래로 / 주말 매출이 증가해 왔다

❗ since는 '과거에 ~한 이래로 (지금까지)'를 의미하므로 「since+주어+과거동사 ~, 주어+has/have p.p. ~」의 구조로 쓰입니다.

토익 출제 패턴 시간의 부사절 접속사

------- the meeting ends, / all participants must return their visitor passes.
　　　　주어　　동사　　　　주어　　　　　　　　동사

(A) Always 부사　　　(B) When 접속사

회의가 끝날 때 / 모든 참가자는 그들의 방문증을 반납해야 한다

visitor pass 방문증

---

2 조건의 부사절 접속사

if 만약 ~하면	unless ~하지 않으면	provided/providing (that) 만약 ~하면
once 일단 ~하면	in case ~할 경우에	as long as ~하는 한

We will offer an alternative item / if the product is sold out.
우리는 대체품을 제공할 것입니다 / 그 제품이 품절이면

As long as the weather is good, / the event will include outdoor activities.
날씨가 좋은 한 / 행사는 야외 활동을 포함할 것이다

❗ 시간과 조건의 부사절에서는 현재 시제로 미래를 나타냅니다. (p.101 '레벨업 TIP' 참고)

토익 출제 패턴 — 조건의 부사절 접속사

Please inform the front desk / ------- you lose your room key.
알리다 / 만약 ~하면 / 분실하다

안내 데스크에 알려 주세요 / 객실 열쇠를 분실하시면

(A) if 만약 ~ 하면
(B) though 비록 ~하지만

보기가 모두 접속사이면 해석으로 구별

토익 유형 연습하기

정답과 해설 p.65

다음 문장을 읽고, (A)와 (B) 중에서 알맞은 것을 고르세요.

1. Profits have doubled / ------- online sales have increased significantly.

    (A) since (B) once

    시간 접속사
    double 두 배가 되다
    significantly 크게

2. Refunds will not be provided / ------- the returned items are inspected.

    (A) until (B) because

    시간 접속사
    returned 반품된
    inspect 검사하다

3. The warranty will not be valid / ------- the product is registered online.

    (A) unless (B) although

    조건 접속사
    warranty 보증
    valid 유효한

4. ------- the guests arrived, / dinner was served in the banquet hall.

    (A) Next (B) After

    시간 접속사
    banquet hall 연회장

5. Customers will receive free shipping / ------- their order exceeds $50.

    (A) in spite of (B) as long as

    조건 접속사
    exceed 초과하다

POINT 03 이유/양보의 부사절 접속사

1 이유의 부사절 접속사

| because ~ 때문에 | since ~ 때문에 | as ~ 때문에 |
| now that ~이므로, ~이니까 | | |

Because the report was incomplete, / the board requested additional data.
보고서가 불완전했기 때문에 / 이사회가 추가 자료를 요청했다

The negotiation was difficult / **since** both sides had different priorities.
협상은 어려웠다 / 양측이 우선순위가 달랐기 때문에

❗ since가 접속사로 쓰일 때는 이유(~ 때문에)와 시간(~ 이래로)의 의미를 나타낼 수 있지만, 전치사로 쓰일 때는 시간(~ 이래로)의 의미만 나타낼 수 있습니다.

토익 출제 패턴 — 이유의 부사절 접속사

The lobby renovations were delayed / ------- the light fixtures arrived late.
지연되었다   ~ 때문에   늦게 도착했다

(A) as ✓   (B) though

로비 보수 공사가 지연되었다 / 조명 기구가 늦게 도착했기 때문에

light fixture 조명 기구

2 양보/대조의 부사절 접속사

| although 비록 ~하지만 | though 비록 ~하지만 | even if 비록 ~할지라도 |
| even though 비록 ~할지라도 | while ~인 반면 | whereas ~인 반면 |

Although the product is expensive, / many customers find it worthwhile.
비록 제품이 비싸지만 / 많은 고객들이 그것이 가치 있다고 생각한다

While the design is simple, / the product is highly functional.
디자인은 단순한 반면 / 제품은 매우 기능적이다

3 기타 부사절 접속사

> so that / in order that ~할 수 있도록
> so + 형용사/부사 + that + 주어 + 동사 너무 ~해서 …하다

The company hired extra staff members / **so that** customer service would not be delayed.
회사는 추가 직원을 고용했다 / 고객 서비스가 지연되지 않도록

The client was **so satisfied** / **that** he immediately placed another order.
그 고객은 너무 만족해서 / 즉시 추가 주문을 했다

토익 유형 연습하기

정답과 해설 p.66

다음 문장을 읽고, (A)와 (B) 중에서 알맞은 것을 고르세요.

1. ------- Mr. Choi is on vacation, / please contact Ms. Lee for assistance.

   (A) Unless   (B) Since

   이유 접속사
   assistance 도움

2. The old system was slow and inefficient / ------- the new one is fast and reliable.

   (A) whereas   (B) otherwise

   양보/대조 접속사
   inefficient 비효율적인
   reliable 믿을 만한

3. A new café is opening / ------- there are several others nearby.

   (A) even though   (B) regardless of

   양보/대조 접속사
   nearby 인근에

4. The road was ------- narrow / that two cars could not pass at the same time.

   (A) just   (B) so

   so + 형용사 + that

토익 실전 대비하기

다음 문제를 실제 시험을 보듯이 제한시간 안에 풀어 보세요. 그런 다음 해설을 보면서 다시 한번 정리해 보세요.

1. ------- Mr. Jenkins applied for the position last week, he has not received a response yet.

    (A) Even though
    (B) Whereas
    (C) Instead of
    (D) Nevertheless

2. Some customers prefer shopping online ------- others still enjoy visiting stores.

    (A) unless
    (B) because
    (C) while
    (D) whether

3. ------- the rain stops by noon, the afternoon outdoor event will take place indoors.

    (A) Except
    (B) Unless
    (C) Because
    (D) Rather

4. ------- unexpected delays in production, the launch of the new model has been postponed.

    (A) Furthermore
    (B) Owing to
    (C) Since
    (D) Even if

5. Please submit the application form today ------- we can process your request quickly.

    (A) instead of
    (B) so that
    (C) in order to
    (D) as if

6. The office will remain closed ------- the maintenance work is fully completed.
   (A) during
   (B) until
   (C) though
   (D) since

7. ------- your account has been created, a welcome e-mail will be sent shortly.
   (A) Because of
   (B) Instead
   (C) Now that
   (D) In fact

8. ------- receiving negative reviews, Olio Cosmetics' skincare product sold out within days.
   (A) Although
   (B) However
   (C) Otherwise
   (D) Despite

9. The company's profits have grown significantly ------- it automated several production processes.
   (A) while
   (B) during
   (C) since
   (D) for

10. The construction of the new office will start ------- the municipal permits are approved.
    (A) as well as
    (B) above all
    (C) immediately
    (D) as soon as

DAY 4 — ACTUAL TEST

1. Rest areas and information desks are located ------- the shopping mall.
   (A) among
   (B) besides
   (C) between
   (D) throughout

2. ------- the upcoming safety inspection, all staff members are required to arrive 30 minutes early this Friday.
   (A) Because
   (B) Due to
   (C) Therefore
   (D) While

3. The security guard remained on duty ------- the end of the last employee's shift.
   (A) until
   (B) by
   (C) despite
   (D) in

4. ------- you have submitted your expense report, please notify Mr. Takeda via e-mail.
   (A) In addition to
   (B) As well as
   (C) Instead of
   (D) As soon as

5. ------- previous leadership experience is preferred, it is not mandatory for the department head role.
   (A) Otherwise
   (B) Although
   (C) Despite
   (D) Regarding

6. The tour package costs $850 per person, ------- accommodations and meals.
   (A) following
   (B) alongside
   (C) within
   (D) including

7. ------- last-minute technical issues, the release of the mobile app will proceed as planned.
   (A) Prior to
   (B) However
   (C) In spite of
   (D) Yet

8. A journalist for the Kingston Herald recently interviewed Daniel Cho ------- his latest book.
   (A) among
   (B) about
   (C) like
   (D) except

9. Ms. Takahashi will begin her speech at 2:30 P.M. ------- 2:00 P.M., as originally planned.
   (A) now
   (B) on
   (C) when
   (D) instead of

10. The technician explained the procedure again ------- some employees were still confused.
    (A) so that
    (B) even though
    (C) because
    (D) unless

11. ------- the recent budget cuts, the department achieved remarkable progress.
    (A) Consider
    (B) Considering
    (C) Considered
    (D) Considers

12. The committee decided to ------- with the plans to open a new branch in Seoul.
    (A) proceed
    (B) delay
    (C) prevent
    (D) finalize

13. ------- Ms. Lin approved the proposal, Mr. Patel, the finance director, strongly opposed it.
    (A) Otherwise
    (B) Because
    (C) Whereas
    (D) Unless

14. The guest presenter ------- the Global Marketing Leaders Summit will be revealed on Tuesday, May 9.
    (A) among
    (B) for
    (C) about
    (D) by

15. Harper Home Goods rearranged its layout ------- shoppers can find items more easily.
    (A) so that
    (B) to allow
    (C) due to
    (D) in part

16. ------- you are a registered user, you will not be granted access to the company's internal database.
    (A) As if
    (B) Unless
    (C) Now that
    (D) Despite

DAY 5 | 접속사와 비교 구문

UNIT 16

등위/상관접속사와 명사절 접속사

01 등위접속사와 상관접속사
02 명사절 접속사

💬
접속사와 관련된 다양한 문법 문제가 출제됩니다. 접속사는 주로 빈칸 앞뒤 구조 또는 의미에 따라 정답이 결정되지만, 상관접속사처럼 단서만 찾으면 해결할 수 있는 1초짜리 유형도 출제됩니다. 접속사의 종류와 의미, 접속사가 이끄는 절의 구조를 익혀 두도록 합니다.

기본 개념 미리보기

등위접속사

품사가 같은 단어, 구, 절을 대등하게 연결합니다.

His new office is small but comfortable.

그의 새 사무실은 작지만 편안하다.

상관접속사

둘 이상의 단어가 짝꿍처럼 쓰여 대등한 요소를 연결합니다.

Feel free to either call or e-mail me.

언제든지 전화 주시거나 이메일 보내 주시기 바랍니다.

명사절 접속사

명사절을 이끄는 접속사로, 명사절은 문장에서 명사 역할(주어, 목적어, 보어)을 합니다.

She said that the meeting was canceled.
       목적어

그녀는 회의가 취소되었다고 말했다.

POINT 01 등위접속사와 상관접속사

1 등위접속사

등위접속사는 문법적으로 동등한 성분의 단어, 구, 절을 대등하게 연결하는 접속사입니다.

| and 그리고 | or 또는 | but / yet 그러나 | so 그래서, 그러므로 |

The new suitcase / is light and durable.   단어 + 단어
　　　　　　　　　　　형용사　　　형용사
새 여행 가방은 / 가볍고 튼튼하다

You can submit the form / by e-mail or in person.   구 + 구
　　　　　　　　　　　　　전치사구　　　전치사구
귀하는 양식을 제출할 수 있습니다 / 이메일로 또는 직접 오셔서

The road was icy, / so the drivers had to be very careful.   절 + 절
　　　　　　　　절　　　　　　　　　　절
도로가 얼어 있었다 / 그래서 운전자들은 매우 조심해야 했다

❗ so는 다른 등위접속사와 달리 절과 절만 연결하고, 단어나 구는 연결할 수 없습니다.

The suitcase is light **so** easy to carry. (✗)

The suitcase is light, **so** it is easy to carry. (○)
그 여행 가방은 가벼워서 운반하기 쉽다.

토익 출제 패턴   등위접속사 앞뒤 품사 일치

Ms. Lee's presentation on market trends /

was brief **yet** -------. 　　　　시장 동향에 관한 이 씨의 발표는 /
　　　　형용사　　　　　　　　　　짧지만 유익했다

(A) information　　　(B) informative
　　명) 정보　　　　　　　　형) 유익한

brief (시간이) 짧은

172

2 상관접속사

둘 이상의 단어가 짝을 이루는 접속사로, 짝을 이루는 단어만 확인하면 문제를 쉽게 풀 수 있습니다.

both A and B A와 B 둘 다	either A or B A 또는 B
neither A nor B A와 B 둘 다 아닌	not A but B A가 아니라 B
not only A but (also) B A뿐만 아니라 B도	

❗ 상관접속사도 등위접속사와 마찬가지로 동등한 성분을 연결합니다.

Both the marketing team **and** the design team / contributed / to the new campaign.
마케팅팀과 디자인팀 둘 다 / 기여했다 / 새 캠페인에

The training session / was **neither** exciting **nor** rewarding.
그 교육 세션은 / 흥미롭지도 보람 있지도 않았다

토익 출제 패턴 상관접속사 짝 찾기

The new policy / affects / ------- employees

but also external contractors.
단서

(A) not only   (B) neither

새 정책은 / 영향을 미친다 / 직원들뿐만 아니라 외부 계약자들에게도

external 외부의

토익 유형 연습하기

정답과 해설 p.72

다음 문장을 읽고, (A)와 (B) 중에서 알맞은 것을 고르세요.

1. We / will reward / ------- high-performing employees and those [who exceed their sales targets].

   (A) both   (B) either

   상관접속사
   high-performing 실적이 뛰어난
   exceed 초과하다

2. Please sign the document / ------- return it to Human Resources / before 5:00 P.M.

   (A) or   (B) and

   등위접속사
   return 반환하다

POINT 02 명사절 접속사

1 명사절 접속사 자리

문장에서 명사 역할을 하는 절을 이끄는 접속사를 명사절 접속사라고 합니다. 명사절은 명사 자리인 주어, 목적어, 보어 자리에 들어갑니다.

- **주어** | 동사 앞

    Whether the client will renew the contract / **remains** / unclear.
    　　　　　　　　　　명사절 주어

    고객이 계약을 갱신할 것인지는 / ~한 상태이다 / 불분명한

    ❗ 주어로 쓰인 명사절은 단수 취급하여 단수 동사와 함께 씁니다.

- **목적어** | 타동사 뒤, 전치사 뒤

    We / **believe** / **that** customer satisfaction is our top priority.
    　　　　　　　　　　　명사절 목적어

    우리는 / 믿는다 / 고객 만족이 최우선이라고

    The manager / was not satisfied / with **what** the survey suggests.
    　　　　　　　　　　　　　　　　　　　명사절 목적어

    관리자는 / 만족하지 않았다 / 설문 조사가 시사하는 것에

- **보어** | be동사 뒤

    The question / **is** / **who** will take responsibility.
    　　　　　　　　　　명사절 보어

    문제는 / ~이다 / 누가 책임을 질 것인가

토익 출제 패턴 명사절 접속사 자리

We / will soon decide / ------- the contract should be renewed.
　　　　　타동사　　　　　　주어　　　　　　　　동사

(A) whether 　(B) to
　접속사　　　　　전치사

우리는 / 곧 결정할 것이다 / 계약이 갱신되어야 하는지를

renew 갱신하다

174

2 명사절 접속사의 종류

명사절을 이끄는 접속사에는 대표적으로 that, whether/if, 의문사가 있습니다. 접속사에 따라 명사절은 완전한 절이나 불완전한 절이 될 수 있으며, 이는 토익 문제에서 답을 찾는 단서가 됩니다. 따라서 각 접속사가 이끄는 절의 구조를 확실히 익혀 두는 것이 중요합니다.

• that + 완전한 절 | ~라는 것

Mr. Diaz / explained / **that** the office would be closed during the renovation.
디아즈 씨는 / 설명했다 / 사무실이 보수 공사 동안 문을 닫을 것이라고

❗ that절이 타동사의 목적어일 때 접속사 that은 생략 가능합니다. that이 없어도 문장 구조를 파악할 수 있어야 합니다.

The report / shows / overall demand has decreased.
　　　　　　　동사　　　　명사절 목적어 (that 생략)
그 보고서는 / 보여 준다 / 전체적인 수요가 감소했음을

• whether (or not) / if + 완전한 절 | ~인지 (아닌지)

The board / discussed / **whether[if]** they should accept the proposal.
이사회는 / 논의했다 / 그 제안을 받아들여야 할지를

❗ if 명사절은 타동사의 목적어로만 쓰이며, 주어나 전치사의 목적어로는 쓰지 않습니다.

(If / **Whether**) the event will be held / depends / on the budget.
행사가 개최될지는 / 달려 있다 / 예산에

• 의문사 + 완전한 절 / 불완전한 절

when 언제	where 어디서	why 왜	how 어떻게	+ 완전한 절

The manager / is concerned / about **when** the shipment will arrive.
　　　　　　　　　　　　　　　　　　　　完전한 절
관리자는 / 걱정하고 있다 / 배송품이 언제 도착할지에 대해

How the project will be funded / is still unclear.
　　　　완전한 절
프로젝트가 어떻게 자금 지원을 받을지는 / 여전히 불확실하다

❗ how는 「how + 형용사/부사 + 주어 + 동사」 형태로, '얼마나 ~한지/~하게'라는 의미의 명사절을 이끌기도 합니다.

Please check / **how accurate** the data is.
　　　　　　　　　　　　　주어 + 동사
확인해 주세요 / 데이터가 얼마나 정확한지

| who 누구 | what 무엇 | which 어느 것[사람] | + 불완전한 절 |

The organizers / need to confirm / **who** will attend the meeting.
　　　　　　　　　　　　　　　　주어가 없는 불완전한 절
주최 측은 / 확인해야 한다 / 누가 회의에 참석할 것인지

The manual / explains / **what** users should do first.
　　　　　　　　　　　목적어가 없는 불완전한 절
설명서는 / 설명한다 / 사용자가 먼저 무엇을 해야 하는지

| whose 누구의 | what 무슨 | which 어느 | + 명사 + 불완전한 절 |

We / will check / **which room** is available for the meeting.
　　　　　　　　　　명사 + 불완전한 절
우리는 / 확인할 것이다 / 어느 방이 회의에 이용 가능한지

❗ 의문형용사가 명사절을 이끄는 경우 「의문형용사 + 명사(+ 주어) + 동사」의 구조를 취합니다. 이때 명사 뒤에 동사가 이어져 완전한 절처럼 보일 수 있으므로 주의합니다.

whether/의문사 + to부정사

whether와 의문사가 이끄는 명사절은 to부정사로 쓸 수도 있습니다. 단, 의문사 why는 to부정사와 쓰이지 않는 데 유의합니다.

We haven't decided yet **whether to hire** additional staff members.
우리는 추가 직원을 고용할 것인지 아직 결정하지 않았다.

Ms. Gupta is thinking about **where to go** on vacation.
굽타 씨는 휴가를 어디로 갈지에 대해 생각하고 있다.

토익 출제 패턴 완전한 절 vs. 불완전한 절

The engineers / are investigating / ------- caused the machine failure.
- 타동사 / 목적어 자리 / 불완전한 절

(A) that + 완전한 절
(B) what + 불완전한 절

엔지니어들은 / 조사하고 있다 / 무엇이 기계 고장을 초래했는지

investigate 조사하다
failure 고장, 실패

토익 유형 연습하기

정답과 해설 p.73

다음 문장을 읽고, (A)와 (B) 중에서 알맞은 것을 고르세요.

1. The group leader / didn't mention / ------- the project would be extended.
   (A) because   (B) whether

   명사절 접속사 자리
   extend 연장하다

2. Ms. Pritchett and her team / are discussing / ------- to adjust the budget.
   (A) how   (B) why

   의문사+to부정사
   adjust 조정하다
   budget 예산

3. The handbook / explains / ------- new employees should do on their first day.
   (A) that   (B) what

   완전한 절 vs. 불완전한 절
   handbook 안내서

4. The survey / shows / ------- product was the most popular last year.
   (A) whether   (B) which

   의문사+명사+동사

5. The contract / states / ------- payment must be made within 30 days.
   (A) that   (B) when

   문맥에 알맞은 명사절 접속사
   contract 계약(서)
   state 명시하다

UNIT 16 등위/상관접속사와 명사절 접속사 177

토익 실전 대비하기

다음 문제를 실제 시험을 보듯이 제한시간 안에 풀어 보세요. 그런 다음 해설을 보면서 다시 한번 정리해 보세요.

1. Customers are welcome to either call our hotline for assistance ------- reach out via e-mail.

    (A) and
    (B) or
    (C) but
    (D) nor

2. Ms. Novak asked ------- the staff had reviewed the materials before the meeting.

    (A) when
    (B) which
    (C) what
    (D) whose

3. It is Mr. Priestly's job to verify ------- the submitted documents are authentic or not.

    (A) why
    (B) whatever
    (C) whether
    (D) what

4. The instructions were very unclear, ------- the technician fixed the problem without difficulty.

    (A) so
    (B) rather than
    (C) and
    (D) but

5. Mayfair Hospital's groundbreaking ceremony was attended by ------- stakeholders but also community members.

    (A) either
    (B) both
    (C) not only
    (D) neither

6. ------- causes frequent delays at the factory is the outdated equipment.

   (A) That
   (B) Whether
   (C) What
   (D) Whichever

7. The training session will focus on ------- to communicate effectively in the workplace.

   (A) how
   (B) that
   (C) where
   (D) why

8. ------- the finance department and the legal team will participate in the upcoming negotiations.

   (A) Each
   (B) Either
   (C) Both
   (D) What

9. The final project report, which included a detailed analysis, was comprehensive yet ------- to understand.

   (A) easy
   (B) easily
   (C) easiness
   (D) ease

10. The record shows that the machines on the fifth floor ------- more efficiently after the upgrade.

    (A) operates
    (B) operating
    (C) operation
    (D) operate

DAY 5 | 접속사와 비교 구문

UNIT 17

형용사절 접속사

01 관계대명사
02 전치사 + 관계대명사
03 관계부사

💬
토익에서 형용사절 접속사(= 관계사)는 자주 출제되지 않지만, 출제 포인트가 명확하므로 한 번 알아 두면 문제 풀이에 곧장 적용시킬 수 있습니다. 관계사는 PART 5 문법뿐 아니라 독해에 매우 중요한 부분으로 PART 6, 7 지문 해석에 큰 도움이 됩니다.

기본 개념 미리보기

관계대명사

관계대명사는 선행사인 명사(구)와 뒤에 오는 절을 연결합니다. 이때 절은 선행사를 수식하는 형용사 역할을 합니다.

They hired the **lawyer** [**who** we recommended].
　　　　　　　선행사　　관계대명사　　불완전한 절

그들은 우리가 추천한 변호사를 고용했다.

관계부사

관계부사 또한 뒤의 절이 앞의 선행사를 수식하도록 연결하는 접속사 역할을 하지만, 시간, 장소, 이유, 방법 등 부사의 기능을 하기 때문에 생략 가능합니다.

That is the **reason** [**why** the budget was increased].
　　　　　선행사　　관계부사　　　　완전한 절

그것이 예산이 늘어난 이유이다.

POINT 01 관계대명사

1 관계대명사의 역할

관계대명사는 하나의 절이 명사를 수식할 때, 명사와 절을 연결하는 접속사 역할과 명사를 대신하는 대명사 역할을 합니다. 따라서 관계대명사 뒤에는 주어, 목적어, 또는 소유격이 빠진 불완전한 절이 이어집니다.

I read a book, / **and it** was very interesting.   접속사 + 대명사
나는 책을 읽었다 / 그리고 그것은 매우 흥미로웠다

→ I read / a book [**which** was very interesting].   관계대명사: a book 수식
나는 읽었다 / [매우 흥미로운] 책을

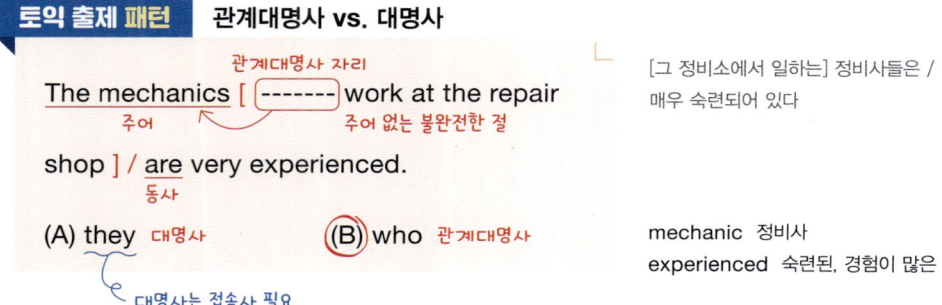

[그 정비소에서 일하는] 정비사들은 / 매우 숙련되어 있다

mechanic 정비사
experienced 숙련된, 경험이 많은

2 관계대명사의 종류

선행사가 사람인지 사물인지에 따라, 그리고 관계사절 내에서 어떤 역할을 하는지에 따라 관계대명사의 형태가 달라집니다.

선행사	주격	목적격	소유격
사람	who	whom/who	whose
사물	which	which	whose
사람/사물	that	that	whose

• **주격 관계대명사**

Guests [**who** stayed at the hotel last week] / received / a discount.
　　　　　　주어가 없는 불완전한 절
[지난주에 호텔에 투숙한] 손님들은 / 받았다 / 할인을

- **목적격 관계대명사**

  The board / rejected / **the proposal** [**which** Mr. Loren submitted].
  　　　　　　　　　　　　　　　　　　　목적어가 없는 불완전한 절

  이사회는 / 거절했다 / [로렌 씨가 제출한] 제안서를

  ❗ 목적격 관계대명사는 생략 가능합니다. 관계대명사가 없어도 문장 구조를 파악할 수 있어야 합니다.

  The proposal [Mr. Loren submitted] / was rejected.

  [로렌 씨가 제출한] 제안서는 / 거절되었다

- **소유격 관계대명사**

  The company / manufactures / **furniture** [**whose** design is modern].
  　　　　　　　　　　　　　　　　　　　　　　　　　명사

  그 회사는 / 제조한다 / [디자인이 현대적인] 가구를

  ❗ whose 뒤에는 명사가 이어지며, 관사나 소유격이 붙지 않습니다.

토익 출제 패턴 　알맞은 관계대명사의 격

The store / delivered / the goods [------- the
　　　　　　　　　　　　선행사

client purchased online].
　　　　타동사 → 목적어 필요

(A) whose　　　　(B) which
　소유격 관계대명사　　목적격 관계대명사

매장은 / 배송했다 / [고객이 온라인으로 구매한] 상품을

purchase 구매하다

레벨업 TIP

관계대명사절 동사의 수 일치

주격 관계대명사 뒤에 위치하는 동사는 선행사와 수 일치시킵니다. 선행사가 단수면 절의 동사도 단수, 선행사가 복수면 절의 동사도 복수를 사용합니다.

Employees signed the contract [that **states** the new working hours].
　　　　　　　　　단수 선행사　　　　　단수 동사

직원들은 [새로운 근무 시간을 명시하고 있는] 계약서에 서명했다.

토익 유형 연습하기

정답과 해설 p.75

다음 문장을 읽고, (A)와 (B) 중에서 알맞은 것을 고르세요.

1. The e-mail [------- the employees received this morning] / contains / the schedule.

   (A) who (B) that

   목적격 관계대명사
   contain 포함하다

2. The lawyer / reviewed / a contract [------- includes several new clauses].

   (A) which (B) who

   주격 관계대명사
   clause 조항

3. The inn / provides / discounts to guests [who ------- for more than three nights].

   (A) stays (B) stay

   주격 관계대명사절 동사의 수 일치
   inn 여관

4. The candidate [------- was selected for the position] / will start work / next Monday.

   (A) which (B) who

   주격 관계대명사
   candidate 지원자, 후보자
   position 직책

5. We / visited / a museum [------- collection includes rare historical artifacts].

   (A) which (B) whose

   소유격 관계대명사
   rare 희귀한
   artifact 유물, 공예품

6. The company / fixed / some errors [------- discovered during the software test].

   (A) that (B) it

   관계대명사 vs. 대명사
   fix 고치다
   discover 발견하다

7. Our store / sells / medical equipment [------- meets international safety standards].

   (A) that (B) but

   관계대명사 vs. 접속사
   meet 충족하다
   safety standards 안전 기준

184

POINT 02 전치사 + 관계대명사

결합하는 두 문장의 공통된 명사가 두 번째 문장에서 전치사의 목적어로 쓰였을 때, 「전치사 + 관계대명사」 형태로 두 문장을 연결할 수 있습니다. 이때 관계사는 목적격 관계대명사입니다.

The box has been misplaced. + The documents were stored **in the box**.
상자가 분실되었다. + 서류가 상자 안에 보관되어 있었다.

→ **The box** [**which** the documents were stored **in**] / has been misplaced.

→ **The box** [**in which** the documents were stored] / has been misplaced.
서류가 보관되어 있던 상자가 / 분실되었다

❗ 관계대명사절 끝에 전치사가 남는 경우, 전치사는 보통 관계대명사 앞에 씁니다.
전치사 뒤에 관계대명사 that은 쓸 수 없습니다.

토익 출제 패턴   전치사 뒤 관계대명사

We / reviewed / the project [about ------- Ms. Lim talked / at the meeting].

사물 선행사 / 전치사 + 관계대명사

우리는 / 검토했다 / [임 씨가 회의에서 이야기한] 프로젝트를

(A) whom — 사람 선행사와 사용
(B) **which**

talk about
~에 대해 이야기하다

토익 유형 연습하기

정답과 해설 p.77

다음 문장을 읽고, (A)와 (B) 중에서 알맞은 것을 고르세요.

1. Mr. Mori / has / the key to the storage room [in ------- the office supplies are kept].

   (A) which   (B) that

   전치사+관계대명사
   storage room 창고, 저장고
   office supplies 사무용품

2. The Web site [from ------- customers can download the software] / is / currently offline.

   (A) where   (B) which

   전치사+관계대명사
   currently 현재

UNIT 17 형용사절 접속사   **185**

POINT 03 관계부사

1 관계부사의 종류

관계부사는 장소, 시간, 이유, 방법 등을 나타내는 특정 선행사와 함께 사용합니다. 어떤 관계부사가 적절한지는 선행사나 문장의 전후 맥락을 보고 결정해야 합니다.

의미	선행사	관계부사
장소	the place, the building 등	where
시간	the time, the year, the day 등	when
이유	the reason	why
방법	(the way) ❗ the way와 how는 함께 쓸 수 없고, 둘 중 하나만 씁니다.	how

장소 We / relocated / to **a new office** [**where** the facilities are more modern].
우리는 / 이전했다 / [시설이 더 현대적인] 새 사무실로

시간 I / remember / **the year** [**when** I joined the company].
나는 / 기억한다 / [내가 회사에 입사한] 해를

이유 We / didn't know / **the reason** [**why** the schedule suddenly changed].
우리는 / 알지 못했다 / [일정이 갑자기 변경된] 이유를

방법 The technician / explained / **how** the machine works.
기술자는 / 설명했다 / 그 기계가 어떻게 작동하는지

2 관계대명사 vs. 관계부사

관계대명사는 대명사를 대신하므로 뒤에 불완전한 절이 오는 반면, 관계부사는 부사를 대신하므로 뒤에 완전한 절이 따릅니다.

The city / renovated / **the museum** [**which** was built 100 years ago].
관계대명사 + 불완전한 절

시는 / 보수했다 / [100년 전에 지어진] 박물관을

The museum / is located / in **the town** [**where** the artist spent his childhood].
관계부사 + 완전한 절

박물관은 / 위치해 있다 / [그 예술가가 어린 시절을 보낸] 도시에

토익 출제 패턴 관계대명사 vs. 관계부사

The first day of every month / is the day [------- tenants pay rent].
　　　　　　　　　　　　　　　　　시간 명사　　　　　완전한 절

(A) when　　　　　　(B) which
　관계부사　　　　　　관계대명사

매월 1일은 / [세입자들이 임대료를 지불하는] 날이다

tenant 세입자
rent 임대료

토익 유형 연습하기

정답과 해설 p.77

다음 문장을 읽고, (A)와 (B) 중에서 알맞은 것을 고르세요.

1. Her report / outlines / the reasons [------- the project was delayed].

    (A) why　　　　　　(B) how

    이유 관계부사
    outline 서술하다
    delay 지연시키다

2. The manual / describes / [------- the software should be installed].

    (A) how　　　　　　(B) that

    방법 관계부사
    describe 설명하다
    install 설치하다

3. Istanbul / is / a city [------- offers both modern attractions and traditional culture].

    (A) where　　　　　(B) which

    관계대명사 vs. 관계부사
    attraction 명소
    traditional 전통적인

4. The seminar / will take place / in the main hall [------- the annual meeting was held].

    (A) that　　　　　　(B) where

    관계대명사 vs. 관계부사
    take place 개최되다, 발생하다
    annual 연례의

토익 실전 대비하기

다음 문제를 실제 시험을 보듯이 제한시간 안에 풀어 보세요. 그런 다음 해설을 보면서 다시 한번 정리해 보세요.

1. The railway station ------- was built in the 19th century is still in use today.

    (A) there
    (B) which
    (C) where
    (D) each

2. Participants who ------- the workshop can download the lecture notes online.

    (A) attends
    (B) attendance
    (C) to attend
    (D) attend

3. Members ------- have completed the orientation will receive their certificates tomorrow.

    (A) those
    (B) they
    (C) ones
    (D) who

4. Virgo Comics will send reminders to customers ------- subscriptions have expired.

    (A) which
    (B) their
    (C) whose
    (D) when

5. The historical site ------- we visited last summer is now closed for restoration work.

    (A) that
    (B) whether
    (C) what
    (D) and

6. The warehouse in ------- the company stores raw materials requires additional security.
   (A) where
   (B) that
   (C) which
   (D) what

7. EQ Metro Rail operates in a region ------- public transportation is not well developed.
   (A) where
   (B) that
   (C) or
   (D) with

8. The report that you submitted yesterday contains several sections ------- require revision.
   (A) what
   (B) that
   (C) where
   (D) how

9. Free admission is granted to ------- who purchase tickets online in advance.
   (A) those
   (B) anyone
   (C) someone
   (D) other

10. Central General Hospital uses a system ------- patient records are updated automatically.
    (A) each
    (B) in which
    (C) that
    (D) which

UNIT 18

DAY 5 | 접속사와 비교 구문

비교 구문

01 원급 비교
02 비교급과 최상급

💬 비교 구문은 형용사 또는 부사의 원급, 비교급, 최상급을 이용하여 두 개 이상의 대상을 비교하는 것으로, 비교 대상을 구별하고 이에 맞는 원급, 비교급, 최상급의 비교 형태를 선택하는 것이 중요합니다.

기본 개념 미리보기

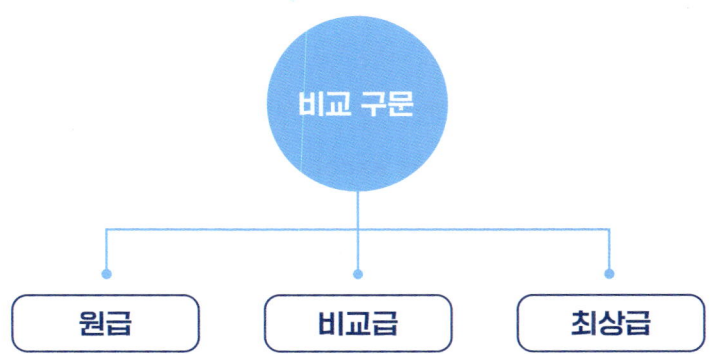

원급

두 대상이 동등함을 나타낼 때 사용합니다.

This product is **as** useful **as** the previous model.

이 제품은 이전 모델만큼 유용하다.

비교급

두 대상 중 하나가 다른 것보다 더 ~함을 나타낼 때 사용합니다.

This product is **more** useful **than** the previous model.

이 제품은 이전 모델보다 더 유용하다.

최상급

셋 이상의 대상 중 하나가 가장 우월함을 나타낼 때 사용합니다.

This product is **the most** useful of all models.

이 제품은 모든 모델들 중에서 가장 유용하다.

POINT 01 원급 비교

'A가 B만큼 ~하다'라는 비교 표현입니다. 토익에서는 as ~ as 사이에 형용사나 부사가 들어갈지 묻는 문제가 자주 나오며, 이때는 빈칸 앞뒤의 as와 뒤의 비교 대상을 지우고 정답을 판단하면 됩니다.

• 원급 형태: as + 형용사/부사 + as

문장에 보어가 필요하면 형용사, 문장이 완전하면 부사가 들어갑니다.

The service at the restaurant / **is as excellent** / as its fine cuisine.
　　　　　　　　　　　　　　　　　보어 역할을 하는 원급 형용사
그 레스토랑의 서비스는 / 훌륭하다 / 그곳의 고급 요리만큼

The new software / **runs as smoothly** / as the old version.
　　　　　　　　　　　동사를 수식하는 원급 부사
새 소프트웨어는 / 원활하게 작동한다 / 이전 버전만큼

• 원급 표현

| as 원급 as possible 가능한 한 ~한[하게] | the same (명사) as ~와 같은 |

The hiring process / will begin / **as soon as possible**.
채용 절차는 / 시작될 것이다 / 가능한 한 빨리

Ms. Gilmore / ordered / **the same dish as** before / at the restaurant.
길모어 씨는 / 주문했다 / 이전과 같은 음식을 / 레스토랑에서

토익 유형 연습하기

정답과 해설 p.79

다음 문장을 읽고, (A)와 (B) 중에서 알맞은 것을 고르세요.

1. The new electronic car / is considered as ------- / as a gasoline-powered vehicle.

   (A) safe　　　　　　　(B) safety

   as+원급+as
   consider 여기다

2. Please / review / the document / as ------- as possible / to avoid errors.

   (A) careful　　　　　　(B) carefully

   형용사 vs. 부사
   avoid 피하다

POINT 02 비교급과 최상급

1 비교급

'A가 B보다 더 ~하다'라는 비교 표현입니다. 형용사/부사에 -(e)r을 붙이거나 more를 앞에 두어 만들며, 보통 than과 함께 씁니다. 특히, 비교급 강조 부사가 자주 출제됩니다.

• 비교급 형태: -er than / more ~ than

문장에 보어가 필요하면 비교급 형용사, 문장이 완전하면 비교급 부사가 들어갑니다.

The hotel / **is busier** during the holiday season / **than** on weekends.
　　　　　　　　보어 역할을 하는 비교급 형용사
그 호텔은 / 휴가철 동안 더 붐빈다 / 주말보다

Mr. Lloyd / **handles** tasks **more professionally** / **than** his colleagues.
　　　　　　　　　　　　동사를 수식하는 비교급 부사
로이드 씨는 / 업무를 더 전문적으로 처리한다 / 그의 동료들보다

• 비교급 강조 부사

| much / even / still / far / a lot 훨씬 | significantly / considerably 상당히 |

The project / was completed / **much faster** / **than** we had expected.
프로젝트는 / 완료되었다 / 훨씬 더 빨리 / 우리가 예상했던 것보다

❗ very, so, highly는 비교급을 강조할 수 없습니다.

토익 출제 패턴 비교급 강조 부사

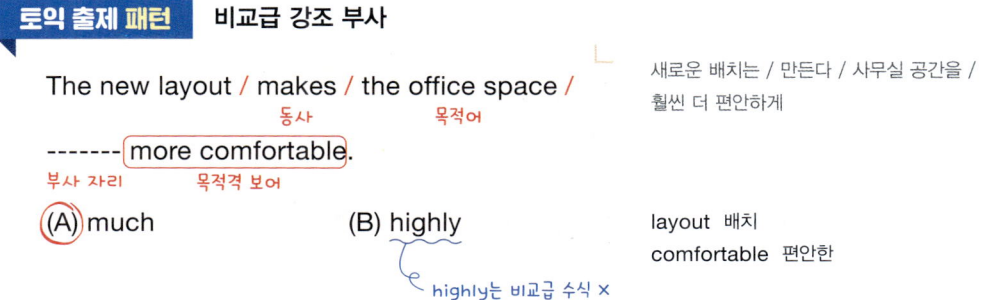

The new layout / makes / the office space /
　　　　　　　　　　동사　　　　　목적어
　　　　　-------[more comfortable].
　　　　　부사 자리　　목적격 보어
　(A) much　　　　　　　(B) highly

새로운 배치는 / 만든다 / 사무실 공간을 / 훨씬 더 편안하게

layout 배치
comfortable 편안한

• **비교급 표현**

more than ~보다 더	the 비교급 ~, the 비교급 … 더 ~할수록 더 …하다
no later than 늦어도 ~까지는	no longer 더 이상 ~ 아닌

The more you practice, / **the better** your performance becomes.
더 많이 연습할수록 / 실력이 더 좋아진다

The package / is guaranteed / to arrive **no later than** tomorrow.
소포는 / 보장된다 / 늦어도 내일까지 도착하도록

2 최상급

셋 이상의 대상 중 'A가 가장 ~하다'라는 비교 표현입니다. 최상급과 함께 잘 쓰이는 전치사, 부사 표현이 단서가 되므로 잘 익혀 두도록 합니다.

• **최상급 형태: the -est / the most ~**

특정 범위 내에서 최고를 나타내므로, 범위를 지정하는 in(~에서), among(~ 사이에서), of all (모든 ~ 중에서), ever(이제까지) 등의 표현과 함께 사용합니다.

The branch / achieved / **the highest** sales / **in** the region.
그 지점은 / 달성했다 / 가장 높은 매출을 / 그 지역에서

Of all applicants, / Ms. Rivera / is **the most qualified**.
모든 지원자들 중에서 / 리베라 씨가 / 가장 적격이다

• **최상급 표현**

at least 최소한, 적어도	at the latest 늦어도
one of the 최상급 + 복수 명사 가장 ~한 사람[것]들 중 하나	

The concert / was **one of the most impressive** shows / I have ever seen.
그 콘서트는 / 가장 인상적인 공연들 중 하나였다 / 내가 지금까지 본 것 중에서

Reservations / must be canceled / **at least** a day in advance.
예약은 / 취소되어야 한다 / 적어도 하루 전에

토익 출제 패턴 최상급 vs. 비교급

Mr. Silva / received / the ------- feedback /
                        (최상급 자리)
out of all the presenters.
(모든 발표자들 중에서)

(A) most positive   (B) more positive

실바 씨는 / 받았다 / 가장 긍정적인 피드백을 / 모든 발표자들 중에서

presenter 발표자

토익 유형 연습하기

정답과 해설 p.80

다음 문장을 읽고, (A)와 (B) 중에서 알맞은 것을 고르세요.

1. Since the holiday season started, / Daytona Toys / has become ------- / than before.

   (A) busy   (B) busier

   비교급+than

2. The new software / runs ------- faster / than the previous one, / thus improving productivity.

   (A) much   (B) very

   비교급 강조
   productivity 생산성

3. La Verona Restaurant / serves / ------- meals / than most other places in town.

   (A) finer   (B) finest

   비교급 vs. 최상급
   serve (음식 등을) 제공하다
   fine 훌륭한

4. Our new product / has become / one of the ------- items / on the market.

   (A) most popularly   (B) most popular

   부사 vs. 형용사

5. It will take / ------- 45 minutes / to get to the airport / during rush hour.

   (A) as much   (B) at least

   최상급 표현
   rush hour (출퇴근) 혼잡 시간대

UNIT 18 비교 구문

토익 실전 대비하기

다음 문제를 실제 시험을 보듯이 제한시간 안에 풀어 보세요. 그런 다음 해설을 보면서 다시 한번 정리해 보세요.

1. The GPS system is as ------- as more expensive models on the market.

    (A) accurate
    (B) accurately
    (C) accuracy
    (D) more accurate

2. The building design is ------- more attractive to look at in person than in photos.

    (A) just
    (B) further
    (C) much
    (D) any

3. Guests are requested to check out no ------- than 11:00 A.M. in order to avoid additional charges.

    (A) late
    (B) later
    (C) lateness
    (D) latest

4. Of all the solutions proposed during yesterday's meeting, Mr. Matson's was by far the -------.

    (A) practical
    (B) more practical
    (C) practically
    (D) most practical

5. The company reduced advertising costs, yet its brand awareness grew even -------.

    (A) strong
    (B) stronger
    (C) strongly
    (D) strongest

6. ------- than one-third of the city's residents use public transportation daily.

   (A) Many
   (B) Much
   (C) More
   (D) Most

7. The survey indicates that customers who receive quick responses are more satisfied with their purchases ------- those who wait longer.

   (A) as
   (B) than
   (C) because
   (D) while

8. Please confirm your attendance as ------- as possible to secure a seat at the seminar.

   (A) long
   (B) soon
   (C) highly
   (D) well

9. Our delivery truck now runs much ------- with the newly installed engine.

   (A) smooth
   (B) smoothly
   (C) most smooth
   (D) more smoothly

10. O'Neil Delivery's service is ------- more reliable than that of smaller competitors in the industry.

    (A) far
    (B) very
    (C) rather
    (D) highly

DAY 5   ACTUAL TEST

1. Mr. Schneider's proposal is interesting, ------- it needs more data to support it.
   (A) so
   (B) also
   (C) even
   (D) but

2. The accounting team will ------- approve the budget report or request revisions.
   (A) both
   (B) either
   (C) rather
   (D) neither

3. Please let us know ------- the new policy will affect current contract holders.
   (A) although
   (B) if
   (C) unless
   (D) since

4. The C-3000 microwave ------- has recently completed testing meets the required safety standards.
   (A) that
   (B) what
   (C) in which
   (D) whose

5. After the recent redesign, the Web site performs much ------- than before.
   (A) efficiently
   (B) efficient
   (C) more efficiently
   (D) most efficient

6. The management team at Lyden Apparel is determining ------- stores will open overseas next year.
   (A) any
   (B) which
   (C) other
   (D) each

7. This version of the software is ------- updated of all the packages available online.
   (A) much
   (B) the most
   (C) more
   (D) many

8. Mr. Singh revised the document carefully and ------- it to the review board on time.
   (A) submits
   (B) submitting
   (C) submitted
   (D) has submitted

9. We are not sure ------- the CEO will attend the seminar or send a representative.
   (A) whether
   (B) which
   (C) because
   (D) where

10. The interns completed their assignments ------- as the full-time personnel.
    (A) quicker
    (B) as quick
    (C) more quickly
    (D) as quickly

11. Ms. Noblezada's strategy is not only cost-effective ------- easy to implement across all departments.
    (A) so that
    (B) but also
    (C) and
    (D) yet

12. All workers were asked to carefully examine ------- caused the delay in production.
    (A) what
    (B) how
    (C) which
    (D) that

13. The second proposal by Nexo Tech was ------- more detailed than the first and was swiftly approved.
    (A) very
    (B) usually
    (C) highly
    (D) far

14. ------- the director and her assistant will be joining the meeting later this afternoon.
    (A) Not only
    (B) Both
    (C) Either
    (D) Between

15. Among all the presentations given at the conference, Dr. Kwan's was one of the -------.
    (A) information
    (B) informative
    (C) most informative
    (D) most informatively

16. Human Resources found a candidate ------- experience matched the job description perfectly.
    (A) who
    (B) whose
    (C) whoever
    (D) to whom

추가 학습

토익 고득점 유형
토익 품사별 필수 어휘

토익 고득점 유형

❶ 알맞은 한정사 고르기

명사 앞에 쓰여 그 의미를 한정하는 말을 한정사라고 하며, 관사, 소유격, 지시형용사, 수량형용사가 있습니다. 토익에 알맞은 한정사를 고르는 문제가 종종 출제되며, 주로 명사의 수에 알맞은 수량형용사를 찾는 문제가 출제됩니다.

one 하나의	each 각각의	every 모든	another 또 하나의	가산 단수 명사
each [**member** / ~~members~~]			every [**product** / ~~products~~]	
many 많은	several 몇몇의	a few 약간의	few 거의 없는	가산 복수 명사
many [~~applicant~~ / **applicants**]			few [~~review~~ / **reviews**]	
much 많은	a little 약간의	little 거의 없는		불가산 명사
[**much** / ~~many~~] information			[**a little** / ~~a few~~] experience	
all 모든	some 약간의	other 다른	most 대부분의	복수/불가산 명사
[**all** / ~~every~~] employees			[**some** / ~~many~~] money	
any 어떤 ~든/전혀 ~없는		no 하나도[조금도] 없는		모든 명사
[any **question** / **questions**]			any **time**	

토익 PRACTICE

정답과 해설은 본책 p.210에서 확인할 수 있습니다.

1. Staff training materials will be distributed before ------- session begins.

   (A) all (B) each (C) those (D) some

2. Before the update, be sure to back up ------- important data stored on your computer.

   (A) every (B) what (C) any (D) until

❷ 준동사와 구/절을 수식하는 부사

부사는 동사, 형용사, 다른 부사 외에도 동사의 성질을 그대로 가지고 있는 준동사(to부정사, 동명사, 분사), 그리고 구와 절을 수식할 수 있습니다.

준동사 수식

The building **recently constructed near the park** won an architecture award.
　　　　　　　　　└──↑ 분사구 수식

최근 공원 근처에 지어진 그 건물은 건축상을 받았다.

구 수식

All complaints will be forwarded **directly to customer service**.
　　　　　　　　　　　　　　　　　　└──↑ 전치사구 수식

모든 불만 사항은 고객 서비스 부서로 직접 전달될 것입니다.

절 수식

The lights went out **shortly after the movie started**.
　　　　　　　　　　　└──↑ 부사절 수식

영화가 시작된 직후에 불이 꺼졌다.

> ❗ shortly, immediately, directly, soon 등은 「before/after + 명사(구)」 또는 「before/after + 주어 + 동사」를 수식해 '~ 직전에/~ 직후에'라는 의미를 나타내는 빈출 부사입니다.

토익 PRACTICE

3. The employees were rewarded for ------- completing the challenging project.

    (A) succeed　　(B) succeeded　　(C) successful　　(D) successfully

4. The company published a surprise merger announcement ------- before the press conference.

    (A) immediately　　(B) recently　　(C) originally　　(D) lately

③ 사람 목적어를 취하는 동사

토익에 출제되는 문제 유형 중에 사람 목적어를 취하는 동사를 묻는 유형이 있습니다. 다음은 뒤에 반드시 사람 목적어가 쓰여야 하는 동사들이며, 특정 문장 구조와 함께 암기해 둡니다.

| inform 알리다, 통지하다 | notify 알리다, 통지하다 | remind 상기시키다 | + 사람 + | that절 |
| assure 보장하다, 확신시키다 | convince 확신시키다 | advice 조언하다 | | of + 명사 |

Please **notify** me **of** any updates as soon as possible.
　　　　　　　　　　　　명사

가능한 한 빨리 어떤 변경 사항이든 저에게 알려 주세요.

The company **assured** its customers **that** their personal information was safe.
　　　　　　　　　　　　　　　　　　　　　　주어 + 동사

회사는 고객들에게 그들의 개인 정보가 안전하다고 안심시켰다.

토익 PRACTICE

5. We would like to ------- you that your order has been shipped.

(A) explain　　(B) inform　　(C) announce　　(D) describe

6. The team members were ------- of upcoming project deadlines during the weekly meeting.

(A) discussed　　(B) mentioned　　(C) shared　　(D) reminded

④ should 생략 구문

주장, 요구, 명령, 제안의 동사나 필요함, 중요함을 나타내는 형용사 뒤에 이어지는 that절은 주로 '~해야 한다'(should + 동사원형)는 당위성을 나타냅니다. 이때 일반적으로 should를 생략하고 동사원형만 씁니다.

주장, 요구, 명령, 제안의 동사

insist 주장하다	urge 권고하다	require 요구하다	+ that + 주어
request 요청하다	ask 요청하다	order 명령하다	+ (should) 동사원형
suggest 제안하다	recommend 추천하다		

The board **proposed** that the new policy **apply** to all departments.
_{applies}
이사회는 새 정책이 모든 부서에 적용되어야 한다고 제안했다.

필요함, 중요함을 나타내는 형용사

| It + be동사 + | necessary 필요한 | essential 필수적인 | + that + 주어 |
| | important 중요한 | critical 중대한 | + (should) 동사원형 |

It is necessary that the documents **be reviewed** carefully.
_{are reviewed}
서류가 신중히 검토되는 것이 필요하다.

토익 PRACTICE

7. It is important that every staff member ------- the training session.

   (A) attendance   (B) attends   (C) attending   (D) attend

8. To protect your personal information, we ------- that your password be changed every three months.

   (A) consider   (B) recommend   (C) indicate   (D) remind

5 「접속사 + 과거분사」 관용 표현

다음 표현들은 문장을 해석하고 문법적으로 분석해 풀려면 어려울 수 있지만, 암기해 두면 1초짜리 문제가 됩니다.

as p.p.	as stated 명시된 대로	as mentioned 언급된 대로
	as planned 계획된 대로	as scheduled 예정된 대로
	as expected 예상된 대로	as requested 요청된 대로
if p.p.	if needed 필요하면	if permitted 허용되면
unless p.p.	unless stated 명시되지 않는 한	unless noted 언급되지 않는 한
	unless specified 명시되지 않는 한	unless directed 안내되지 않는 한
than p.p.	than anticipated 예상했던 것보다	

❗ unless otherwise p.p.로 쓰면 '별도로[달리] ~되지 않는 한'이라는 의미가 됩니다.
　unless otherwise stated: 별도로 명시되지 않는 한

As mentioned earlier, all employees must complete the training by Friday.
앞서 언급된 대로, 모든 직원은 금요일까지 교육을 완료해야 합니다.

Costs increased more rapidly **than anticipated** due to inflation.
인플레이션으로 인해 비용이 예상했던 것보다 더 빠르게 증가했다.

토익 PRACTICE

9. The system maintenance was completed overnight as -------.

    (A) schedule　　(B) schedules　　(C) scheduled　　(D) scheduling

10. Unless otherwise -------, the terms and conditions apply to all current and new users of our Web site.

    (A) state　　(B) stated　　(C) stating　　(D) statement

6 that절과 함께 쓰이는 명사, 형용사

접속사 that은 특정 명사나 형용사 뒤에서 명사절을 이끌 수 있습니다. 이때 that절은 형용사절이나 부사절로 보일 수 있지만 명사절이며, 절의 속성보다는 표현 자체로 암기하는 것이 좋습니다.

명사 + that절

fact that ~라는 사실	claim that ~라는 주장	idea that ~라는 생각
alert that ~라는 경보/경고	assurance that ~라는 보장/확신	confirmation that ~라는 확인

We requested **assurance that** the payment would be made on time.
우리는 대금이 제때 지급될 것이라는 보장을 요청했습니다.

형용사 + that절

be glad/pleased that ~해서 기쁘다	be sorry that ~해서 유감이다
be likely that ~할 가능성이 높다	be aware that ~라는 것을 알고 있다
be confident that ~라고 확신하다	be sure/certain that ~임을 확신하다[확실히 하다]

Please **be sure that** the package is labeled correctly before shipping.
발송 전에 배송품에 라벨이 올바르게 붙어 있는지 확인해 주세요.

토익 PRACTICE

11. The red indicator light serves as an ------- that the machine is overheating.

    (A) alert (B) issue (C) error (D) example

12. The sales team is confident ------- this quarter's revenue will significantly exceed expectations.

    (A) in (B) about (C) that (D) well

7 명사절과 부사절로 쓰이는 「의문사 + ever」

「의문사 + ever」 형태의 복합관계사는 명사절 또는 부사절을 이끄는 접속사 역할을 합니다. 각각의 쓰임과 의미, 뒤따르는 절의 형태를 익혀 두도록 합니다.

		명사절	부사절
whoever whichever whatever	+ 불완전한 절	~하는 사람은 누구든지 ~하는 것은 어느 것이든지 ~하는 것은 무엇이든지	누가 ~하든지 어느 것이 ~하든지 무엇이 ~하든지
whenever wherever however	+ 완전한 절		언제 ~하더라도, ~할 때마다 어디서 ~하더라도, ~하는 어디든지 아무리 ~하더라도, 어떻게 ~하든지

The support team will do **whatever** is required to restore the system.
　　　　　　　　　　　　　　　명사절 (do의 목적어)
지원팀은 시스템을 복구하기 위해 필요한 것은 무엇이든 할 것이다.

Wherever customers make purchases, they can request a refund within 14 days.
　　　부사절
고객이 어디에서 구매하든, 14일 이내에 환불을 요청할 수 있습니다.

토익 PRACTICE

13. ------- enters this construction area must wear a safety helmet.

    (A) Whose　　　(B) Whoever　　　(C) Anyone　　　(D) Anything

14. You can ask for technical assistance ------- you have any trouble accessing your online account.

    (A) whether　　　(B) whenever　　　(C) whatever　　　(D) so that

⑧ 도치 구문

도치 구문은 강조하고 싶은 어구를 문장 맨 앞으로 이동시키면서 주어와 동사의 어순이 바뀌는 구조를 말합니다.
토익에서 도치 구문은 대부분 문장 맨 앞에 빈칸이 주어집니다.

보어 도치

Attached is the invoice for your recent purchase.
　보어　　동사　　주어

첨부된 것은 귀하의 최근 구매에 대한 거래내역서입니다.

부정어 도치

Never does the store manager use her phone during business hours.
　부정어　조동사　　　주어　　　　동사원형

그 매장 매니저는 영업 시간 동안 절대 휴대전화를 사용하지 않는다.

가정법 도치

Should it rain tomorrow, the company event will be postponed.
　조동사　주어　동사원형

내일 비가 온다면, 회사 행사는 연기될 것이다.

❗ 앞으로 일어날 일을 가정하는 「if + 주어 + should + 동사원형」(만약 ~한다면)에서 if를 생략하고 should가 주어 앞으로 나와 도치될 수 있습니다.

토익 PRACTICE

15. ------- are the application form and a return envelope.

    (A) Enclosed   (B) Enclosure   (C) Enclosing   (D) Enclose

16. ------- your application be approved, you will automatically receive a confirmation e-mail.

    (A) Regarding   (B) Having   (C) Should   (D) Whichever

토익 PRACTICE 정답과 해설

1. (B)

해석   각 세션이 시작되기 전에 직원 교육 자료가 배포될 것입니다.
해설   빈칸 뒤 가산 단수 명사 session을 한정하는 자리이므로 (B) each가 정답이다. (A) all과 (D) some은 복수 명사와 불가산 명사를, (C) those는 복수 명사를 수식한다.

2. (C)

해석   업데이트 전에 컴퓨터에 저장된 모든 중요한 자료를 반드시 백업해 두세요.
해설   빈칸은 important data를 한정하는 자리이므로, 불가산 명사를 수식할 수 있는 (C) any가 정답이다. any는 명사의 종류와 상관없이 모든 명사 앞에 쓸 수 있다.

3. (D)

해석   직원들은 어려운 프로젝트를 성공적으로 완수한 것에 대해 보상을 받았다.
해설   빈칸은 전치사 for와 동명사 completing 사이에서 동명사 completing을 수식하는 부사 자리이므로 (D) successfully가 정답이다.

4. (A)

해석   회사는 기자회견 직전에 깜짝 합병 발표를 공개했다.
해설   문맥상 빈칸 뒤 전치사구 before the press conference와 함께 기자회견 '직전에'라는 의미를 나타내는 것이 자연스러우므로 (A) immediately가 정답이다.

5. (B)

해석   저희는 귀하의 주문이 발송되었음을 알려 드리고자 합니다.
해설   빈칸 뒤에 사람 목적어 you와 that절이 이어지고 있으므로, 「사람 목적어 + that절」 문장 구조를 이끌 수 있는 동사 (B) inform이 정답이다.

6. (D)

해석   팀원들은 주간 회의 중에 다가오는 프로젝트 마감일에 대해 상기되었다.
해설   빈칸 앞뒤의 be동사, 전치사 of와 어울려 '~에 대해 상기되다'라는 의미를 나타내는 (D) reminded가 정답이다. 사람 주어와 함께 쓰이는 be reminded of는 「remind + 사람 + of + 명사(구)」가 수동태로 바뀐 구조이다.

7. (D)

해석   모든 직원이 교육 세션에 참석하는 것이 중요하다.
해설   빈칸은 that절의 주어 every staff member의 동사 자리이다. 단수 주어지만 중요함, 필요함을 나타내는 형용사 뒤 that절에는 should를 생략하고 동사원형을 쓰므로 (D) attend가 정답이다.

8. (B)

해석   개인 정보를 보호하기 위해, 비밀번호를 3개월마다 변경할 것을 권장합니다.
해설   빈칸 뒤 목적어로 쓰인 that절에 should가 생략된 채 동사원형 be changed가 쓰였다. 따라서 제안을 나타내는 동사 (B) recommend가 가장 적절하다.

9. (C)

해석 시스템 점검은 예정된 대로 밤새 완료되었다.
해설 빈칸에는 접속사 as와 함께 쓰여 '~된 대로'라는 의미를 만드는 과거분사가 들어가는 것이 알맞다. 따라서 as와 함께 '예정된 대로'를 뜻하는 과거분사 (C) scheduled가 정답이다.

10. (B)

해석 별도로 명시되지 않는 한, 약관은 당사 웹사이트의 기존 및 신규 사용자에게 적용됩니다.
해설 빈칸은 '별도로[달리] ~되지 않는 한'이라는 의미의 분사구문 관용 표현 unless otherwise p.p.의 과거분사 자리이다. 따라서 (B) stated가 정답이다.

11. (A)

해석 빨간 표시등은 기계가 과열되고 있음을 알리는 경고 역할을 한다.
해설 빈칸은 관사 an 뒤 명사 자리로, 뒤에 주어와 동사를 갖춘 완전한 that절이 이어지고 있다. 문맥상 that절을 이끌어 '~라는 경고'라는 의미를 나타내는 것이 적절하므로, (A) alert가 정답이다.

12. (C)

해석 영업팀은 이번 분기 매출이 기대치를 상당히 초과할 것이라고 확신하고 있다.
해설 빈칸 앞뒤에 모두 주어와 동사가 있는 절이 있으므로, 빈칸에는 절을 연결하는 접속사가 와야 한다. 형용사 confident 뒤에 쓰여 '~라고 확신하다'의 의미를 나타내는 접속사 (C) that이 정답이다.

13. (B)

해석 이 공사 구역에 들어오는 누구든지 반드시 안전모를 착용해야 한다.
해설 문장의 동사는 must wear이고, 그 앞이 주어이다. 따라서 빈칸 뒤 enters this construction area와 명사절을 이루며 '공사 구역에 들어오는 누구든지'라는 뜻을 나타내는 (B) Whoever가 정답이다.

14. (B)

해석 온라인 계정에 접속하는 데 문제가 있을 때마다 언제든지 기술적인 도움을 요청할 수 있습니다.
해설 빈칸은 앞의 완전한 절과 뒤의 완전한 절을 연결하는 부사절 접속사 자리이다. 문맥상 '문제가 있을 때마다 언제든지'라는 의미를 나타내야 자연스러우므로, (B) whenever가 정답이다.

15. (A)

해석 동봉된 것은 신청서와 반송용 봉투입니다.
해설 문장의 주어는 the application form and a return envelope, 동사는 are로 도치된 문장이다. 보어가 문장 앞으로 나와 강조된 형태로, '동봉된'을 의미하는 (A) Enclosed가 정답이다.

16. (C)

해석 귀하의 신청서가 승인되면, 자동으로 확인 이메일을 받게 될 것입니다.
해설 빈칸이 있는 절은 부사절이며, 주어 your application 뒤에 동사원형 be approved가 온 형태이다. 문맥상 '신청서가 승인되면'이라는 가정의 의미를 나타내는 것이 알맞으므로 「if + 주어 + should + 동사원형」에서 if가 생략되면서 문장 앞으로 도치된 (C) Should가 정답이다.

토익 품사별 필수 어휘

● 토익 필수 동사

단어	기본 뜻	단어	기본 뜻
acquire	얻다, 획득하다	expand	확장[확대]하다
address	(문제를) 다루다; 연설하다	expect	기대하다
adjust	조정하다, 조절하다	fulfill	수행하다; 충족시키다
affect	영향을 미치다	grant	수여하다; 승인하다
announce	발표하다	hire	고용하다
apply	신청[지원]하다; 적용하다	implement	시행하다
approve	승인하다	improve	개선하다[되다]
arrange	준비하다; 정리하다	inform	알리다
assist	돕다	inspect	점검하다, 검사하다
attend	참석하다	install	설치하다
avoid	피하다	introduce	소개하다; 도입하다
cancel	취소하다	join	가입하다; 함께하다
combine	결합하다	lead	이끌다
complete	완료하다	maintain	유지하다
conduct	실시하다, 수행하다	manage	관리하다
confirm	확인해 주다, 확정하다	meet	충족하다; (기한 등을) 지키다
consider	고려하다	operate	운영하다; 작동하다
consult	상담하다, 상의하다	organize	준비[조직]하다; 정리하다
contact	연락하다	participate	참가하다
deliver	배송하다, 전달하다	postpone	연기하다
demand	요구하다	present	제시하다; 발표하다
demonstrate	시연하다, 보여 주다	produce	생산하다
describe	설명하다, 묘사하다	receive	받다
develop	개발하다	recommend	추천하다
distribute	배포하다, 나눠 주다	reduce	줄이다
enclose	동봉하다	release	출시하다, 공개하다
encourage	장려하다, 격려하다	remind	상기시키다
ensure	확실하게 하다, 보장하다	replace	교체하다
establish	설립하다, 확립하다	require	요구하다
exceed	초과하다	submit	제출하다

토익 필수 명사

단어	기본 뜻	단어	기본 뜻
account	계좌; 계정; 설명	guideline	지침
achievement	업적, 성취	headquarters	본사
agreement	계약, 합의	host	주최자
announcement	발표, 공지	improvement	향상, 개선
applicant	지원자	income	수입, 소득
appointment	약속; 임명	increase	증가
balance	잔액; 균형	instructions	지시, 설명
benefit	혜택, (직원) 복리 후생	inventory	재고 (목록), 재고 조사
branch	지점, 지사	invoice	송장, 청구서
budget	예산	lease	임대차 계약
candidate	후보자, 지원자	location	위치
certificate	증명서, 자격증	maintenance	유지 (관리)
committee	위원회	management	경영, 경영진
complaint	불만, 항의	material	자료, 재료
contribution	기여, 공헌	participant	참가자
decision	결정	payment	지불, 납부
delivery	배송, 배달	performance	실적, 성과; 수행; 공연
department	부서	policy	정책, 방침
description	설명, 묘사	production	생산
donation	기부	receipt	영수증; 수령
efficiency	효율(성)	recommendation	추천(서)
employment	고용	refund	환불
equipment	장비	regulation	규정, 규제
estimate	견적(서), 추정(치)	replacement	교체(품), 대체(품)
expense	비용, 경비	requirement	필요 조건
facility	시설	reservation	예약
failure	실패; 고장	resource	자원
fee	요금, 수수료	responsibility	책임
foundation	토대; 설립; 재단	schedule	일정(표)
function	기능	survey	설문 조사

● 토익 필수 형용사

단어	기본 뜻	단어	기본 뜻
absent	부재 중인	former	이전의
accurate	정확한	frequent	잦은
additional	추가의	helpful	도움이 되는
advanced	고급의; 진보된	immediate	즉각적인
affordable	적당한 가격의	impressive	인상적인, 멋진
available	이용 가능한	inexpensive	저렴한
aware	알고 있는	initial	초기의
beneficial	유익한	innovative	혁신적인
brief	간결한, 짧은	interested	관심 있는
capable	할 수 있는	involved	관련된
certain	확실한	local	지역의, 현지의
competitive	경쟁력 있는	manual	수동의
complete	완전한; 완료된	mutual	상호의
confident	자신 있는, 확신하는	necessary	필요한, 필수의
convenient	편리한	numerous	수많은
current	현재의	original	원래의, 원본의
crucial	중요한, 결정적인	outstanding	뛰어난
delighted	기쁜, 즐거운	permanent	영구적인
dependent	의존하는	potential	잠재적인
distinct	뚜렷한; 별개의	previous	이전의
domestic	국내의	qualified	자격 있는
effective	효과적인	rapid	빠른, 신속한
efficient	효율적인	reasonable	합리적인, 적정한
eligible	자격이 있는	specific	특정한, 구체적인
essential	필수적인	steady	꾸준한
experienced	경험 많은, 숙련된	suitable	적합한
external	외부의	sustainable	지속 가능한
favorable	호의적인; 유리한	temporary	임시의
financial	재정의	urgent	긴급한
flexible	유연한	worthwhile	가치 있는

토익 필수 부사

단어	기본 뜻	단어	기본 뜻
abroad	해외에(서), 해외로	increasingly	점점 더
actively	적극적으로	initially	처음에
additionally	게다가, 추가로	intentionally	의도적으로
afterward(s)	나중에	largely	주로, 대체로
approximately	대략	lately	최근에
automatically	자동으로	mostly	대부분
briefly	간단히, 짧게	nearly	거의
carefully	주의 깊게	normally	보통, 일반적으로
certainly	확실히	occasionally	가끔
closely	면밀히, 밀접하게	originally	원래
completely	완전히	overseas	해외에[로]
continually	계속해서	rapidly	빠르게
currently	현재	readily	기꺼이; 쉽게
definitely	확실히	roughly	대략
deliberately	의도적으로	shortly	곧, 머지않아
directly	곧바로, 직접적으로	significantly	상당히, 현저히
eagerly	열심히, 간절히	similarly	비슷하게
effectively	효과적으로	smoothly	원활하게
entirely	완전히, 전적으로	somewhat	다소
especially	특히	specifically	구체적으로, 특히
eventually	결국	steadily	꾸준히
exactly	정확히	strictly	엄격히
fairly	상당히, 꽤; 공정하게	sufficiently	충분히
frequently	자주	typically	전형적으로
gradually	점차	ultimately	결국, 궁극적으로
greatly	대단히, 크게	unanimously	만장일치로
hardly	거의 ~않게	unexpectedly	뜻밖에
heavily	심하게, 많이	unfortunately	불행히도, 유감스럽게도
highly	매우, 대단히	usefully	유용하게
immediately	즉시	widely	널리

토익 주관사

YBM

정답과 해설

최신 기출
완벽 분석

토익에 꼭 나오는
문법 5일 완성

YBM 토익
기초영문법

김소영 지음

토익에 꼭 나오는 문법 5일 완성

YBM 토익 기초영문법

정답과 해설

DAY 1
문장의 구성과 품사
UNIT 01 문장의 구조

1 문장의 구성 요소

토익 유형 연습하기 본책 p.18

1 (A) 2 (B) 3 (B) 4 (A) 5 (B)

1 (A)
- 해석: 초대장은 고객들에게 최소 2주 전에 발송되어야 한다.
- 해설: 빈칸은 동사 must be sent의 주어 자리로 명사가 들어가야 한다. 따라서 명사 (A) Invitations가 정답이다.
- 오답: (B) Invited는 동사/과거분사이므로 주어 자리에 들어갈 수 없다.
- 어휘: invitation 초대장 client 고객

2 (B)
- 해석: 그 비타민 보충제는 추가적인 에너지원으로 작용한다.
- 해설: 빈칸 앞뒤에 주어와 as 전치사구만 있으므로 빈칸은 동사 자리이다. 따라서 동사 (B) acts가 정답이다.
- 오답: (A) action은 명사로 동사 자리에 들어갈 수 없다.
- 어휘: act as ~의 역할을 하다 source 공급원, 원천

3 (B)
- 해석: 페이지 씨는 마케팅팀의 새로운 공석을 발표했다.
- 해설: 빈칸은 동사 announced의 목적어 자리이므로 명사 (B) openings가 정답이다.
- 오답: (A) opens는 동사이므로 목적어 자리에 올 수 없다.
- 어휘: opening 공석, 일자리

4 (A)
- 해석: 그 가구 조립 설명서는 초보자가 이해하기에 쉽다.
- 해설: be동사 is 뒤에 위치한 빈칸은 보어 자리이다. 따라서 보어 역할을 할 수 있는 형용사 (A) easy가 정답이다.
- 오답: (B) easily는 부사로 보어 자리에 들어갈 수 없다.
- 어휘: furniture 가구 manual 설명서

5 (B)
- 해석: 작업자들은 공사를 일정보다 일찍 끝냈다.
- 해설: 빈칸은 동사 finished를 수식하는 부사 자리이므로 (B) quickly가 정답이다.
- 오답: (A) quick은 형용사이므로 동사를 수식할 수 없다.
- 어휘: construction 공사

2 문장의 5형식

토익 유형 연습하기 본책 p.21

1 (B) 2 (A) 3 (B) 4 (B) 5 (A)

1 (B)
- 해석: 건설 현장에서 예기치 못한 문제들이 발생했다.
- 해설: 빈칸 뒤에 목적어나 보어가 없으므로 1형식 동사인 (B) happened가 정답이다.
- 오답: (A)의 announce는 '~을 발표하다'라는 뜻으로, 뒤에 목적어가 필요한 3형식 동사이다.

2 (A)
해석 일부 좌석은 콘서트 내내 비어 있었다.

해설 빈칸은 형용사 unoccupied를 주격 보어로 취하는 동사 자리이다. 따라서 2형식 동사 (A) remained가 정답이다.

오답 (B)의 maintain은 '~을 유지하다, 관리하다'라는 뜻으로, 뒤에 목적어가 필요한 3형식 동사이다.

어휘 entire 전체의

3 (B)
해석 새 회사 정책에 대해서는 인사부에 연락해 주세요.

해설 빈칸은 Please로 시작하는 명령문의 동사 자리이다. 빈칸 뒤에 목적어 Human Resources가 있으므로 3형식 동사인 (B) contact가 정답이다.

오답 (A) speak는 '~에게 말하다'라는 의미로 쓰이는 경우, 바로 뒤에 목적어가 오지 않고 전치사 to를 쓴다.

어휘 contact 연락하다

4 (B)
해석 가이드는 투어 중에 모두에게 상세한 정보를 제공했다.

해설 빈칸 뒤에 두 개의 목적어 everyone(간접목적어)과 detailed information(직접목적어)이 이어지고 있으므로, 4형식 동사인 (B) offered가 정답이다.

오답 (A)의 provide도 '제공하다'라는 의미로 쓰이지만, 3형식 동사로 provide A with B 또는 provide B to A 구조로 쓰여 'A에게 B를 제공하다'를 의미한다.

5 (A)
해석 설문 조사에 따르면, 많은 고객들이 우리의 서비스를 유용하다고 생각했다.

해설 빈칸은 5형식 동사 find(~라고 생각하다)의 과거형 found와 목적어 뒤에 위치한 목적격 보어 자리이므로, 형용사 (A) useful이 정답이다.

오답 부사 (B) usefully는 find가 3형식 동사(~을 찾아내다)로 쓰이는 경우 목적어 뒤에서 동사를 수식하는 역할로 쓰일 수는 있지만, 문장의 의미가 통하지 않으므로 답이 되지 않는다.

토익 실전 대비하기 본책 p.22

| 1 (B) | 2 (C) | 3 (D) | 4 (B) | 5 (A) |
| 6 (C) | 7 (C) | 8 (A) | 9 (B) | 10 (B) |

1 (B) 1형식 동사 자리
해석 숙박 요금은 일반적으로 휴가철에 상승한다.

해설 보기가 모두 동사이므로 문장 구조 및 의미를 파악한다. 빈칸 뒤에 목적어 없이 전치사구가 이어지므로 1형식 동사 (B) rise가 정답이다. (A) cost, (C) pay, (D) include는 모두 목적어가 필요한 동사이다.

어휘 accommodation 숙박 rate 요금 holiday season 휴가철 cost 비용이 들다; 비용

2 (C) 수식어 자리
해석 기조 연설자는 발표가 시작되기 전에 간단하게 자기소개를 했다.

해설 빈칸은 주어 The keynote speaker와 동사 introduced 사이에 위치하여 동사를 앞에서 수식하는 부사 자리이다. 따라서 '간단하게, 짧게'를 뜻하는 부사 (C) briefly가 정답이다.
(A) briefer는 형용사의 비교급, (B) briefing은 명사, (D) brief는 형용사이다.

어휘 keynote speaker 기조 연설자 introduce 소개하다 brief 간단한, 짧은

3 (D) 목적어 자리
해석 많은 관객이 극장에서 카터 씨의 도착을 간절히 기다렸다.

UNIT 01 문장의 구조 **3**

| 해설 | 타동사 awaited와 소유격 Mr. Carter's 뒤에 위치한 빈칸은 소유격의 수식을 받으면서 동사의 목적어 역할을 하는 명사 자리이므로 (D) arrival이 정답이다.
동사 (A) arrive와 (B) arrived, to부정사 (C) to arrive는 소유격 뒤에 쓸 수 없다.
| 어휘 | audience 관객   eagerly 간절히   await 기다리다   arrival 도착

4 (B) 동사 자리
| 해석 | 셰프스 테이블은 대기 시간을 줄이기 위해 이제 온라인 예약 시스템을 사용한다.
| 해설 | 문장에 동사가 없으므로 빈칸에는 동사 (B) uses가 들어가야 한다.
(A) useful은 형용사, (C) users는 명사, (D) using은 동명사/현재분사로 동사 자리에 올 수 없다.
| 어휘 | reservation 예약   reduce 줄이다

5 (A) 주격 보어 자리
| 해석 | 열차 출발 시각은 시간표가 이용 가능해지는 대로 화면에 게시될 것이다.
| 해설 | 빈칸은 앞의 동사 becomes의 보어 자리로, 명사 또는 형용사가 올 수 있다. 문맥상 시간표의 상태를 설명해야 적절하므로 '이용 가능한, 접근 가능한'이라는 뜻의 형용사 (A) available이 정답이다.
(B) availability는 명사이지만 명사 보어는 주어(the schedule)와 동격을 이루어야 하므로 문맥상 답이 되지 않는다. (D) availably는 부사로 보어로 쓰일 수 없다.
| 어휘 | departure 출발   post 게시하다   as soon as ~하자마자   availability 이용 가능성

6 (C) 주어 자리
| 해석 | 교육 워크숍 참석은 모든 신입 사원에게 필수이다.
| 해설 | 빈칸은 동사 is 앞에 위치한 주어 자리로 명사가 와야 한다. 명사 (C) Attendance와 (D) Attendant 중에서, 문맥상 '참석이 필수이다'라는 의미가 되어야 적합하므로 '참석, 출석'을 뜻하는 (C) Attendance가 정답이다.
(D) Attendant는 '안내원'을 뜻하는 명사로 의미상 적절하지 않다.
| 어휘 | require 필요로 하다   attend 참석하다

7 (C) 3형식 동사
| 해석 | 서울에 있는 저희 신규 매장으로 오시는 길 안내를 위해서는 웹사이트를 방문해 주세요.
| 해설 | Please로 시작하는 명령문 구조로, 빈칸 뒤에 목적어 our Web site가 있으므로 타동사 (C) visit이 정답이다.
(A) go, (B) come, (D) stay는 목적어를 취할 수 없는 자동사이다.
| 어휘 | directions 길 안내

8 (A) 목적격 보어 자리
| 해석 | 환경을 깨끗하게 유지하기 위해, 자원봉사자들은 해변에 있는 쓰레기를 수거했다.
| 해설 | 빈칸은 5형식 동사 keep의 목적어 뒤에 위치하므로 목적격 보어인 형용사가 들어가야 한다. 따라서 형용사 (A) clean이 정답이다.
(C) cleanliness는 '청결'을 뜻하는 명사로 목적어와 동격을 이루어야 하므로 의미상 부적절하다.
| 어휘 | volunteer 자원봉사자   collect 수거하다, 모으다

9 (B) 4형식 동사
| 해석 | 공장 감독관은 방문객들에게 새 시설과 생산 라인을 보여주었다.
| 해설 | 빈칸은 문장의 동사 자리로, 뒤에 간접목적어 the visitors와 직접목적어 its new facilities and production line이 이어지고 있으므로 4형식 동사 (B) showed가 정답이다.
(A) opened는 1형식 또는 3형식, (C) made는 3형식 또는 5형식, (D) explained는 3형식 동사로 빈칸에 들어갈 수 없다.
| 어휘 | plant 공장   supervisor 감독관, 관리자   facility 시설   production line 생산 라인

10 (B) 5형식 동사

해석 여행객들은 올데이 호텔의 24시간 운영이 늦은 체크인에 매우 편리하다고 생각한다.

해설 빈칸은 문장의 동사 자리로, 뒤에 목적어 the Allday Hotel's 24-hour operation과 보어 very convenient가 이어지고 있으므로 5형식 동사가 들어가야 한다. 따라서 '~라고 생각하다'라는 의미의 5형식 동사 (B) find가 정답이다.
(A) feel은 '~하게 느껴지다'라는 의미를 나타낼 때 자동사로 쓰여 바로 뒤에 형용사 보어를 취한다.

어휘 operation 운영 convenient 편리한

UNIT 02 명사

1 명사의 형태와 자리

토익 유형 연습하기 본책 p.29

1 (B) 2 (B) 3 (B) 4 (A) 5 (A)
6 (B) 7 (A)

1 (B)

해석 글로벌 시장에서의 성공은 전략적인 계획을 요구한다.

해설 빈칸은 동사 requires 앞에 위치한 주어 자리이므로 명사 (B) Success가 정답이다.

오답 (A) Succeed는 동사로 주어 자리에 올 수 없다.

어휘 require 요구하다 succeed 성공하다

2 (B)

해석 지연되는 동안 여러분의 인내심에 감사합니다.

해설 빈칸은 전치사 for의 목적어 자리로, 소유격 your 뒤에는 명사가 들어가야 한다. 따라서 '인내심'을 뜻하는 (B) patience가 정답이다.

오답 (A) patient는 '참을성 있는'을 뜻하는 형용사 또는 '환자'를 뜻하는 명사이므로 적절하지 않다.

3 (B)

해석 안전 절차에 대한 제안서를 살펴보고 의견을 추가해 주세요.

해설 빈칸은 관사 the와 전치사 for 사이에 위치한 명사 자리이다. 따라서 '제안(서)'를 의미하는 명사 (B) proposal이 정답이다.

오답 (A) propose는 동사로, 관사 the 뒤에 올 수 없다.

어휘 add 추가하다 comment 의견, 언급
propose 제안하다

4 (A)

해석 블라니 제조업체는 직원들을 위한 동기 부여 수단으로 복리후생을 제공한다.

해설 빈칸은 동사 provides의 목적어 자리이므로, '복리후생, 혜택'을 뜻하는 명사 (A) benefits가 정답이다.

오답 (B) beneficial은 '유익한, 이로운'이라는 뜻의 형용사로 목적어 자리에 올 수 없다.

어휘 manufacturing 제조(업) provide 제공하다

5 (A)

해석 수석 편집자는 초안을 확인하고 정확성의 문제를 강조했다.

해설 빈칸은 전치사 of의 목적어 자리로 명사 (A) accuracy가 정답이다.

오답 (B) accurately는 부사로, 동사나 형용사 등을 수식한다.

어휘 issue 문제 accuracy 정확성
accurately 정확하게

6 (B)

해석 시설 관리팀은 정기적인 시설 점검을 책임지고 있다.

해설 빈칸은 be동사 뒤의 보어 자리로 형용사(상

태) 또는 명사(동격)가 올 수 있다. 문맥상 시설 관리팀이 책임지고 있는 상태를 나타내야 적절하므로, '책임이 있는'이라는 뜻의 형용사 (B) responsible이 정답이다.

오답 (A) responsibility는 '책임'이라는 의미의 명사로 보아 자리에 쓸 수는 있지만, 주어 The maintenance team과 동격을 이루지 않으므로 답이 되지 않는다.

7 (A)

해석 국제 회의에서 환경 관련 계획이 논의되었다.

해설 동사 was discussed 앞에 관사 An과 형용사 environmental만 있으므로 빈칸에는 주어가 들어가야 한다. 따라서 형용사 environmental의 수식을 받는 명사 (A) initiative가 정답이다. initiative는 -ive로 끝나는 형태로 인해 형용사로 혼동하기 쉽지만, '계획'이라는 의미의 토익 빈출 명사이므로 반드시 암기해 두자.

오답 (B) initiate는 동사로 주어 자리에 들어갈 수 없다.

어휘 initiate 시작하다, 착수하다

2 가산 명사와 불가산 명사

토익 유형 연습하기   본책 p.32

1 (B)   2 (B)   3 (B)

1 (B)

해석 여러 명의 초청 연사들이 내일 컨퍼런스에서 기조 연설을 할 것이다.

해설 동사 will deliver의 목적어 자리에 들어갈 명사의 수를 묻는 문제이다. 앞의 keynote와 함께 '기조 연설'이라는 뜻을 이루는 명사 speech는 셀 수 있는 가산 명사인데, 빈칸 앞에 관사나 소유격이 없으므로 복수형 (B) speeches가 정답이다.

오답 (A) speech와 같은 가산 단수 명사는 관사나 소유격 없이 절대 혼자 쓸 수 없다.

어휘 guest speaker 초청 연사

2 (B)

해석 회사는 계약 갱신을 처리하기 위해 협상가를 고용했다.

해설 빈칸은 동사 hired의 목적어 자리로, 고용 대상이 되는 것은 사람이므로 '협상가'를 의미하는 사람 명사 (B) negotiator가 정답이다.

오답 (A) negotiation은 '협상, 교섭'이라는 의미로 문맥상 빈칸에 어울리지 않는다.

어휘 handle 다루다, 처리하다

3 (B)

해석 새로운 카메라 모델들의 생산이 다음 달에 시작될 예정이다.

해설 빈칸은 동사 is scheduled 앞에 위치한 주어 자리로 명사가 들어가야 한다. 빈칸 앞에 관사나 소유격이 없으므로 '생산'을 의미하는 불가산 명사 (B) Production이 정답이다.

오답 (A) Product는 '제품'을 뜻하는 가산 명사로 관사나 소유격 없이 단독으로 쓸 수 없다.

3 복합 명사

토익 유형 연습하기   본책 p.33

1 (B)   2 (A)

1 (B)

해석 브랜드 인지도를 높이기 위해 팀은 새로운 마케팅 전략들을 개발했다.

해설 빈칸은 타동사 developed의 목적어 자리로, 개발한 대상을 나타내야 한다. marketing만으로는 개발 대상으로 어색하므로, marketing과 함께 '마케팅 전략'이라는 뜻의 복합 명사를 이루는 (B) strategies가 정답이다.

오답 (A) strategically는 '전략적으로'라는 뜻의 부사로 동사 developed를 수식할 수 있지만, 마케팅을 개발 대상으로 의미하는 문장이 구성되므로 적절하지 않다.

어휘 strategy 전략

2 (A)
해석 교육 세션은 창고 운영을 위한 안전 규정을 다루었다.

해설 빈칸은 타동사 covered의 목적어 자리이다. 빈칸의 위치로 볼 때 명사 regulations 앞에 형용사가 올 수는 있지만, 문맥상 '안전 규정'을 뜻하는 복합 명사 safety regulations를 이루는 것이 적절하다.

오답 (B) safe는 형용사로 regulations를 수식하면 '안전한 규정'이라는 의미가 되어 문맥상 부적절하다.

어휘 training session 교육 세션 cover 다루다 warehouse 창고

토익 실전 대비하기   본책 p.34

| 1 (C) | 2 (A) | 3 (A) | 4 (B) | 5 (D) |
| 6 (C) | 7 (B) | 8 (D) | 9 (B) | 10 (D) |

1 (C) 명사 자리_전치사 뒤
해석 스톤힐 은행은 신규 고객에게 두 가지 형태의 신분증을 제출하도록 요구한다.

해설 빈칸은 전치사 of의 목적어 자리로 명사가 들어가야 한다. 따라서 '신분증'을 의미하는 명사 (C) identification이 정답이다.
(A) identify와 (D) identifies는 동사, (B) identical은 형용사로 빈칸에 들어갈 수 없다.

어휘 form 형태 identify (신원 등을) 확인하다 identical 동일한

2 (A) 불가산 명사
해석 자사 제품에 대한 접근성을 확대하기 위해, 바로 푸즈는 곧 온라인 매장을 열 것이다.

해설 빈칸은 to부정사에 쓰인 타동사 expand의 목적어 자리로, 명사가 들어가야 한다. 따라서 '접근성'이라는 의미의 불가산 명사 (A) access가 정답이다.
(B) accessible은 형용사, (C) accessed와 (D) accesses는 동사로 빈칸에 들어갈 수 없다. access는 명사뿐 아니라 '접근하다, 이용하다'라는 뜻의 동사로도 쓰이는 데 유의한다.

어휘 expand 확장하다 accessible 접근 가능한, 이용 가능한

3 (A) 단수 명사 vs. 복수 명사
해석 아말피 비스트로의 주인은 주방 용품을 제조업체로부터 직접 구매하기로 결정했다.

해설 빈칸은 to부정사에 쓰인 타동사 purchase의 목적어 자리로, 가산 명사 kitchen은 관사나 소유격 없이 혼자 쓸 수 없으므로 빈칸에는 kitchen과 복합 명사를 이루는 복수 명사나 불가산 명사가 들어가야 한다. 따라서 '용품들'을 의미하는 복수 명사 (A) supplies가 정답이다.
(B) supplier는 '공급업체'라는 의미의 가산 단수 명사이고, (C) supply는 '공급'이라는 의미의 불가산 명사로도 쓰이지만 '용품, 보급품'이라는 뜻으로 쓰일 때는 가산 단수 명사이므로, 둘 모두 kitchen 앞에 관사나 소유격이 없는 상태로 복합 명사를 구성할 수 없다.

어휘 directly 직접 manufacturer 제조업체

4 (B) 명사 자리_관사 뒤
해석 애버내시 씨는 인사부의 공석에 대한 지원자들을 면접 볼 것이다.

해설 관사 an과 전치사 in 사이에 위치한 빈칸은 명사 자리이다. 따라서 '공석'을 뜻하는 명사 (B) opening이 정답이다.
(A) open은 동사/형용사, (C) opened와 (D) opens는 동사로 빈칸에 들어갈 수 없다.

어휘 applicant 지원자

5 (D) 명사 자리_소유격 뒤

해석 직원들은 컴퓨터에 소프트웨어를 설치하기 전에 릴링 씨의 승인을 받아야 한다.

해설 빈칸에는 소유격 Mr. Liling's 뒤에서 타동사 obtain의 목적어가 될 수 있는 명사가 들어가야 한다. 따라서 '승인'이라는 의미의 명사 (D) approval이 정답이다.
(C) approving은 동명사로 쓰이는 경우 명사 자리에 들어갈 수 있지만, 뒤에 무엇을 승인하는지 목적어가 와야 하므로 답이 되지 않는다.

어휘 obtain 얻다, 획득하다   install 설치하다
approve 승인하다; 찬성하다

6 (C) 단수 명사 vs. 복수 명사

해석 우리 신제품 스킨케어 라인의 판매량이 초기 예상치를 초과했다.

해설 빈칸은 동사 have exceeded 앞에서 of 전치사구의 수식을 받는 주어 자리로, 앞에 관사나 소유격이 없고 복수 동사 have exceeded가 쓰였으므로 가산 복수 명사인 (C) Sales가 정답이다.
(D) Selling은 동명사로 쓰이는 경우 명사 자리에 들어갈 수 있지만, 동명사는 단수 취급하므로 답이 되지 않는다.

어휘 exceed 초과하다   initial 초기의
expectation 예상   sales 판매(량), 매출(액)

7 (B) 단수 명사 vs. 복수 명사

해석 도밍고 보건의료의 창립자들은 다음 주 금요일 기념 행사에 참석할 것으로 예상된다.

해설 빈칸은 관사 The와 전치사 of 사이에 위치한 명사 자리이며, 복수 동사 are expected와 수 일치해야 하므로 '창립자들'을 의미하는 복수 명사 (B) founders가 정답이다.
(A) founder와 (D) foundation은 단수 명사로 복수 동사와 어울리지 않는다.

어휘 be expected to ~할 것으로 예상되다
anniversary 기념일   celebration 축하 행사   found 설립하다   foundation 설립, 창립; 재단

8 (D) 복합 명사

해석 우리의 보안 정책에 따라, IT 부서는 이메일 메시지에 계정 비밀번호를 제공하지 않을 것입니다.

해설 소유격과 명사 사이에 형용사나 명사가 들어갈 수 있지만, 문맥상 policy와 함께 '보안 정책'이라는 복합 명사를 구성하는 (D) security가 가장 적절하다.
(A) secure는 '안전한'이라는 의미의 형용사 또는 '안전하게 하다'라는 뜻의 동사로 쓰이는데, 형용사로 쓰이는 경우 명사 앞에 쓰일 수 있지만 '안전한 정책'이라는 어색한 의미를 나타낸다.

어휘 supply 제공하다   account 계정
securely 확실히, 단단히

9 (B) 불가산 명사

해석 파손된 상품은 작성된 요청서와 함께 공급업체에 반환되어야 한다.

해설 빈칸은 형용사 Damaged의 수식을 받는 주어 자리로 명사가 들어가야 하는데, Damaged 앞에 관사나 소유격이 없으므로 불가산 명사 또는 가산 복수 명사가 들어갈 수 있다. 따라서 '상품, 물품'이라는 뜻의 불가산 명사 (B) merchandise가 정답이다.
(A) service, (C) item, (D) delivery는 모두 가산 단수 명사이므로 관사 또는 소유격 없이 쓸 수 없다.

어휘 return 반환하다   completed 작성 완료된
claim form 요청서, 청구서

10 (D) 복합 명사

해석 경영진은 직원 만족도를 높이기 위해 성과 평가 절차를 검토하고 있다.

해설 보기가 모두 명사이고 빈칸 앞뒤로도 명사가 있으므로 의미가 알맞은 복합 명사를 구성해야 한다. 직원 만족도를 높이기 위해 경영진이 검토하는 대상으로는 '성과 평가 절차'가 적절하므로, 정답은 '평가'를 뜻하는 (D) evaluation이다.
(A) operation은 '운영', (B) expectation은 '예상, 기대', (C) description은 '설명'이

라는 의미로 문맥상 어울리지 않는다.

어휘 management 경영진　procedure 절차　satisfaction 만족(도)

UNIT 03 대명사

1 인칭대명사

토익 유형 연습하기　　　본책 p.41

1 (A)　2 (B)　3 (A)　4 (B)　5 (B)
6 (A)　7 (B)

1 (A)

해석 온라인 뱅킹 고객들은 언제든지 저희 웹페이지들에 접속할 수 있습니다.

해설 명사 Web pages를 앞에서 수식할 수 있는 소유격 인칭대명사 (A) our가 정답이다.

오답 소유대명사 (B) ours는 명사 역할을 하므로 명사를 수식할 수 없다.

어휘 access ~에 접근하다, 이용하다

2 (B)

해석 관리자는 백스터 씨와 계획을 공유하기 위해 그를 만날 것이다.

해설 빈칸은 전치사 with 뒤에 위치한 목적어 자리로, 사람인 Mr. Baxter를 가리키는 목적격 대명사가 필요하므로 정답은 (B) him이다.

오답 (A) his는 소유격일 때 명사와 함께 쓰이고, 소유대명사일 때 '그의 것'이라는 뜻이므로 답이 되지 않는다.

어휘 share 공유하다

3 (A)

해석 최종 보고서가 준비되는 대로, 그녀는 그것을 모든 부서장들에게 보낼 것이다.

해설 빈칸은 동사 will send 앞에 위치하는 주어 자리이므로 주격 인칭대명사 (A) she가 정답이다.

오답 (B) herself는 재귀대명사로 주어 자리에 올 수 없다.

4 (B)

해석 가이드는 관광객들에게 오전 9시까지 모이기를 원한다고 말했다.

해설 빈칸은 동사 wanted 뒤에 위치하는 목적어 자리이므로 정답은 목적격 인칭대명사 (B) them이다.

오답 (A) they는 주격 인칭대명사이므로 목적어 자리에 들어갈 수 없다.

5 (B)

해석 회사 대표인 라오 씨는 직접 입구에서 각 손님을 맞이했다.

해설 빈칸 없이도 문장이 완전하므로, 빈칸에는 부사 역할을 할 수 있는 재귀대명사 (B) himself가 들어가는 것이 적절하다. 이때 himself는 Mr. Rao를 강조하며 '직접'이라는 뜻을 나타낸다.

오답 (A) him은 목적격 인칭대명사로 목적어 자리에 들어가는데, 동사의 목적어로 each guest가 이미 있으므로 오답이다.

어휘 greet 인사하다, 맞이하다

6 (A)

해석 무거운 상자들을 내릴 때 다치지 않도록 조심하세요.

해설 빈칸은 to부정사에 쓰인 동사 hurt의 목적어 자리로, 명령문에서 생략된 주어 you와 가리키는 대상이 같아야 하므로 재귀대명사 (A) yourself가 정답이다.

오답 (B) you는 목적격 인칭대명사로, 주어와 목적어가 다를 때 사용하므로 오답이다.

어휘 take care 조심하다, 주의하다　hurt oneself 다치다

7 (B)

해석 우리 매장들은 도심에 있는 반면, 그들의 것들은 주거 지역에 위치해 있다.

해설 빈칸은 동사 are located의 주어 자리로 (A) they와 (B) theirs 둘 다 가능하므로 해석으로 판단한다. 문맥상 their stores를 대신하여 '그들의 것'이라는 뜻을 나타내는 소유대명사 (B) theirs가 정답이다.

오답 (A) they는 주격 인칭대명사로 주어 자리에 올 수 있지만, our stores를 그대로 가리키기 때문에 문맥상 적절하지 않다.

어휘 be located 위치해 있다 downtown 시내에

2 지시대명사

토익 유형 연습하기   본책 p.43

1 (B)　　2 (A)

1 (B)

해석 초대장을 받은 사람들은 참석을 확인해 주었다.

해설 빈칸 뒤의 who 관계사절과 함께 '~한 사람들'이라는 뜻을 나타내는 (B) Those가 정답이다.

오답 (A) They는 주어 자리에 올 수 있지만 관계사절과 함께 쓸 수 없으므로 오답이다.

어휘 invitation 초대장

2 (A)

해석 지난 분기의 실적은 전년도의 그것보다 더 좋았다.

해설 빈칸은 than 뒤에 위치하여 비교 대상을 나타내며, '전년도의 실적'이 비교 대상이 되어야 한다. 따라서 앞서 언급된 명사구 The performance를 대신하는 대명사 (A) that이 들어가는 것이 적절하다.

오답 (B) it은 목적어 자리에 올 수 있지만, 뒤의 of 전치사구와 함께 쓸 수 없다.

어휘 previous 이전의

3 부정대명사

토익 유형 연습하기   본책 p.45

1 (A)　　2 (A)

1 (A)

해석 만약 배지가 없다면, 프런트 데스크에서 하나를 받을 수 있습니다.

해설 빈칸은 동사 get 뒤에 위치한 목적어 자리로, 앞서 언급된 a badge에 해당하는 것 하나를 받을 수 있다는 의미를 나타내야 알맞으므로 단수 부정대명사 (A) one이 정답이다.

오답 (B) others는 '다른 것들'이라는 뜻의 복수 부정대명사로, 단수 명사를 받을 수 없다.

어휘 badge 배지, 명찰

2 (A)

해석 우리 공급업체는 제품들 중 일부가 배송 중에 손상되었다고 우리에게 말했다.

해설 「부정대명사 + of + the + 복수 명사」 구조로, 빈칸은 뒤에 쓰인 복수 동사 were와 수 일치해야 한다. 따라서 정답은 복수 명사를 나타낼 수 있는 (A) some이다.

오답 (B) one은 단수 부정대명사로 단수 동사와 쓰인다.

어휘 shipping 배송

토익 실전 대비하기   본책 p.46

| 1 (D) | 2 (D) | 3 (A) | 4 (C) | 5 (C) |
| 6 (B) | 7 (A) | 8 (B) | 9 (B) | 10 (A) |

1 (D) 소유격 인칭대명사

해석 베넷 씨는 그의 성과로 인해 승진할 것이다.

해설	빈칸은 전치사 of와 목적어인 명사 achievements 사이에 위치하여 명사를 수식할 수 있는 대명사가 들어가야 한다. 따라서 소유격 인칭대명사 (D) his가 정답이다.
어휘	promotion 승진 because of ~ 때문에 achievement 성과, 업적

2 (D) 비교 상황에서의 that vs. those

해석	이 새 계약에서 제공되는 혜택들이 이전에 제공된 것들보다 더 좋다.
해설	빈칸은 than 뒤에 위치한 비교 대상 자리로, 앞서 언급된 명사구 The benefits를 대신하는 대명사 (D) those가 들어가는 것이 적절하다. (A) that은 단수 대명사로 복수 명사 benefits를 대신할 수 없으므로 오답이다. (B) them은 목적격 인칭대명사로 전치사 뒤에 쓸 수 있지만 분사 provided 같은 수식어의 수식을 받을 수 없고, (C) these(이것들)는 비교 상황의 문장에 어울리지 않는다.
어휘	benefit 혜택 contract 계약(서) provide 제공하다 previously 이전에

3 (A) 주격 인칭대명사

해석	스카이비스타 항공사의 소유주는 새 비행기를 살 계획이라고 발표했다.
해설	타동사 announced 뒤에 목적어로 쓰인 명사절이 이어진다. 따라서 announced 뒤의 「that + 주어 + 동사」로 구성되는 명사절에서 빈칸에 주어가 쓰여야 하므로 정답은 주격 인칭대명사 (A) she이다. (B) hers는 소유대명사로 적절하지 않고, (C) herself는 재귀대명사, (D) her은 소유격 또는 목적격 대명사로 주어 자리에 올 수 없다.
어휘	owner 소유주, 주인 announce 발표하다

4 (C) 목적격 인칭대명사

해석	관리자는 인턴들에게 샘플들을 모아서 시험실에 전달하라고 요청했다.

해설	빈칸은 deliver의 목적어 자리로, 앞서 언급된 복수 명사 samples를 지칭하는 대명사가 와야 한다. 따라서 정답은 복수 목적격 대명사 (C) them이다. (D) theirs는 '그들의 것'이라는 뜻의 소유대명사로, 명사를 대신하지만 소유 관계를 나타낼 때 사용하므로 문맥상 적절하지 않다.
어휘	supervisor 관리자, 감독관 collect 모으다 deliver 전달하다 lab 실험실

5 (C) 부정대명사

해석	배달 트럭들 중 여러 대가 정비를 받고 있기 때문에, 배송이 금요일까지 지연될 수 있다.
해설	빈칸은 뒤의 of the delivery trucks와 함께 「부정대명사 + of the + 복수 명사」를 구성해야 하며, 복수 동사 are와 수 일치하는 복수 부정대명사가 들어가야 하므로 (C) several이 정답이다. (A) one과 (B) either는 단수 부정대명사로 복수 동사와 어울리지 않고, (D) much는 불가산 명사를 대신하여 단수 동사와 쓰이므로 답이 되지 않는다.
어휘	undergo 거치다, 겪다 maintenance 정비, 유지 관리

6 (B) 재귀대명사

해석	신 씨는 기술자들의 부재 때문에 고장 난 복사기를 직접 수리해야 했다.
해설	주어 Mr. Shin, 동사 had to repair, 목적어 the broken copier로 구성되어 있어 빈칸이 없어도 완전한 문장이다. 따라서 빈칸에는 명사 Mr. Shin을 강조하는 재귀대명사 (B) himself가 들어가는 것이 적절하다. (A) his own은 명사 앞에 올 때 명사를 강조하는 역할을 한다. '직접'이라는 뜻을 나타내려면 on his own이라고 표현할 수 있는데, 빈칸 앞에 on이 없으므로 오답이다. (C) his는 소유격/소유대명사, (D) him은 목적격 대명사로 적절하지 않다.
어휘	repair 수리하다 copier 복사기 technician 기술자 absence 부재

7 (A) 목적격 인칭대명사

해석 그 고객은 5년 넘게 우리와 여러 프로젝트에서 긴밀히 협력해 왔다.

해설 빈칸은 전치사 with의 목적어 자리이므로 목적격 인칭대명사 (A) us가 정답이다.
(B) we는 주격, (C) our는 소유격으로 빈칸에 들어갈 수 없고, (D) ourselves는 재귀대명사로 목적어 자리에 올 때 주어와 동일한 대상을 가리켜야 하므로 오답이다.

어휘 closely 긴밀히 multiple 다수의

8 (B) 소유격 인칭대명사

해석 브라이트웨이브 테크놀로지스의 엔지니어들은 자신들의 연례 안전 점검을 준비하고 있다.

해설 빈칸은 전치사 for와 명사구 annual safety inspection 사이에 위치하여 명사구를 앞에서 수식하는 소유격 인칭대명사 자리로, 정답은 (B) their이다.
목적격 인칭대명사 (C) them과 소유대명사 (D) theirs는 목적어로 전치사 뒤에 쓰일 수는 있지만, 빈칸 뒤에 목적어로 쓰인 명사구가 이미 있으므로 답이 되지 않는다.

어휘 engineer 기술자 annual 연례의 safety inspection 안전 점검

9 (B) 소유대명사

해석 일부 부서들이 이번 분기에 예산을 늘린 반면, 다른 부서들은 그들의 것을 줄였다.

해설 빈칸은 동사 have cut의 목적어 자리로, 앞서 언급된 명사 budgets를 대신해 '그들의 것(= 그들의 예산)'을 뜻하는 소유대명사 (B) theirs가 정답이다.
(A) themselves는 재귀대명사로 목적어 자리에 올 수 있지만 주어 others와 대상이 일치해야 하므로 오답이다. (D) them은 앞의 their budgets, 즉 some departments' budgets를 그대로 지칭하므로 답이 되지 않는다.

어휘 department 부서 increase 늘리다 budget 예산 quarter 분기

10 (A) anyone vs. those

해석 기밀 파일에 접근하기를 원하는 사람은 누구든지 인사부의 서면 허가가 필요하다.

해설 빈칸에는 뒤에 위치한 who 관계사절의 수식을 받을 수 있는 (A) Anyone과 (C) Those 중 하나가 들어가야 한다. who 관계사절의 동사 wants와 문장의 동사 needs가 단수 동사이므로 수 일치하는 단수 부정대명사 (A) Anyone이 정답이다.
(C) Those도 '~한 사람들'이라는 의미로 who 관계사절의 수식을 잘 받지만, 복수 대명사로 복수 동사와 함께 쓰이므로 답이 되지 않는다. (B) Everything은 who 관계사절과 어울리지 않고, (D) Each other는 주어 자리에 올 수 없다.

어휘 access ~에 접근하다, 이용하다 confidential 기밀의 permission 허가

UNIT 04 형용사

1 형용사의 형태와 자리

토익 유형 연습하기 본책 p.51

1 (A)   2 (A)   3 (B)

1 (A)

해석 모든 디자인에 대한 신중한 검토 후에, 그들은 첫 번째 것을 선택했다.

해설 빈칸은 전치사 After와 목적어인 명사 review 사이에 위치하여 명사를 앞에서 수식하는 형용사 자리이므로, (A) careful이 정답이다.

오답 (B) carefully는 부사로 명사를 수식할 수 없다.

어휘 review 검토 select 선택하다

2 (A)

해석 그 지원자는 직책을 감당할 수 있는 자신의 능력에 대한 자신이 있다.

해설 빈칸은 be동사 뒤의 주격 보어 자리로 주어를 설명하는 형용사 또는 명사가 올 수 있는데, 주어 The applicant의 자신감 있는 상태를 설명하는 형용사가 오는 것이 적절하므로 (A) confident가 정답이다.

오답 (B) confidence는 '자신감'이라는 뜻의 명사로, 주어 The applicant와 동격이 아니므로 오답이다.

어휘 ability 능력   handle 감당하다, 처리하다
confident 자신감 있는

3 (B)

해석 고객들은 새 모바일 앱을 사용하기에 편리하다고 여긴다.

해설 빈칸은 5형식 동사 consider와 목적어 the new mobile app 뒤의 목적격 보어 자리이므로, 정답은 형용사 (B) convenient이다.

오답 (A) conveniently는 부사로 목적격 보어로 쓸 수 없다. consider는 '~을 고려하다'라는 의미의 3형식 동사로 쓰이는 경우 목적어 뒤에 부사가 올 수도 있지만, 문맥상 어울리지 않으므로 답이 되지 않는다.

어휘 consider A B A를 B하다고 여기다
convenient 편리한

2 주의해야 할 형용사

토익 유형 연습하기 본책 p.54

1 (B)   2 (A)   3 (B)   4 (A)   5 (B)
6 (A)   7 (A)

1 (B)

해석 그 도시의 모든 거리는 연례 축제 기간 동안 특히 활기를 띤다.

해설 빈칸은 동사 become의 보어 자리로, 형용사나 명사가 올 수 있다. (A) live와 (B) lively 모두 형용사로 쓸 수 있지만, 문맥상 거리가 '활기 넘치는'이라는 의미가 되어야 자연스러우므로 (B) lively가 정답이다. lively는 -ly로 끝나지만 부사가 아닌 형용사라는 점에 유의한다.

오답 (A) live는 '살아 있는; 생방송의'라는 의미로 문맥상 어울리지 않는다.

어휘 annual 연례의

2 (A)

해석 설문 조사 결과는 우리의 신제품 라인에 호의적이다.

해설 형태가 비슷한 형용사를 구별하는 문제이다. be동사 뒤 보어로 쓰여 주어 The results를 보충 설명하는 형용사로는 '호의적인'이라는 의미의 (A) favorable이 적절하다.

오답 (B) favorite은 '가장 좋아하는'이라는 뜻의 형용사로 어울리지 않는다.

어휘 product line 제품 라인

3 (B)

해석 그 병원은 환자 치료를 개선하기 위해 자격을 갖춘 의료진을 고용했다.

해설 빈칸은 동사 hired와 목적어인 명사구 medical staff members 사이에 위치하여 명사구를 수식하는 형용사 자리이므로, '자격을 갖춘'이라는 뜻의 (B) qualified가 정답이다.

오답 (A) qualify는 '자격을 주다[얻다]'라는 뜻의 동사로, 품사상 빈칸에 들어갈 수 없다.

어휘 medical staff 의료진   improve 개선하다

4 (A)

해석 카사 베르데는 이 지역에 남아 있는 유일한 석조 건축물이다.

해설 빈칸은 부사와 명사 사이에 위치하여 명사 stone structure를 수식하는 형용사 자리로, '남아 있는'을 뜻하는 현재분사 형태의 (A) remaining이 정답이다.

오답 (B) remained는 과거형 동사 또는 과거분사인데, 과거분사 형태로 명사를 수식하지 않는다.

어휘 remain 남아 있다

5 (B)

해석 승객들은 공항 근처의 교통량 때문에 상당한 지연을 겪었다.

해설 빈칸은 명사 delays를 수식하는 형용사 자리로, 어느 정도의 지연을 겪었는지 나타내는 형용사가 오는 것이 알맞으므로 '상당한'이라는 뜻의 (B) considerable이 적절하다.

오답 (A) considerate은 '사려 깊은, 배려하는'이라는 뜻의 형용사로 문맥상 어울리지 않는다.

어휘 passenger 승객 delay 지연 traffic 교통(량)

6 (A)

해석 마케팅팀은 다가오는 무역 박람회를 위해 자료를 준비하고 있다.

해설 빈칸은 관사 the와 명사 trade show 사이의 형용사 자리이다. 현재 준비하는 중(is preparing)이라는 말은 박람회가 미래 시점에 있다는 의미이므로, '다가오는, 곧 있을'이라는 뜻의 형용사 (A) upcoming이 정답이다.

오답 (B) previous는 '이전의'라는 뜻의 형용사이다.

어휘 materials 자료

7 (A)

해석 우리의 목표는 고객들과 지속적인 관계를 구축하는 것이다.

해설 빈칸은 관사 a 뒤에서 명사 relationship을 수식하는 형용사 자리로, 문맥상 '지속되는, 오래가는' 관계를 구축한다는 의미가 되어야 자연스러우므로 (A) lasting이 적절하다.

오답 (B) last는 '마지막의'라는 뜻의 형용사 또는 '지속되다'라는 뜻의 동사로 문맥에 어울리지 않는다.

어휘 goal 목표 relationship 관계

3 be동사 + 형용사 + 전치사

토익 유형 연습하기 본책 p.55

1 (B) **2** (B)

1 (B)

해석 보안 카메라는 아주 미세한 움직임까지 감지할 수 있다.

해설 빈칸 앞의 be동사 is, 뒤의 전치사 of와 함께 '~할 수 있다, ~할 능력이 되다'라는 의미를 나타내는 형용사 (B) capable이 정답이다.

오답 (A) able도 '~할 수 있는'이라는 의미이지만 to부정사와 함께 쓰인다.

어휘 security camera 보안 카메라 even 심지어 (~까지) movement 움직임

2 (B)

해석 이 직책은 뛰어난 의사소통 능력을 지닌 지원자에게 적합하다.

해설 빈칸 앞의 suitable과 함께 '~에게 적합한'이라는 의미를 나타내는 전치사 (B) for가 정답이다.

오답 suitable은 일반적으로 (A) to와 함께 쓰지 않는다.

어휘 position 직책, 자리 skill 능력, 기술

토익 실전 대비하기 본책 p.56

1 (B) **2** (C) **3** (B) **4** (D) **5** (B)
6 (C) **7** (C) **8** (D) **9** (A) **10** (B)

1 (B) 형용사 자리_명사 수식

해석 신청에 필요한 어느 추가 서류든 제출해 주세요.

해설 빈칸은 형용사 any와 명사 documents 사이에 위치하여, any와 함께 명사를 수식하는 또 다른 형용사가 들어가야 한다. 따라서 '추

가의'라는 의미의 형용사 (B) additional이 정답이다.
(C) addition이 명사이므로 복합 명사로 생각할 수 있지만, addition은 다른 명사와 결합하여 복합 명사를 만들지 않고 '추가 OO'은 「additional + 명사」로 나타내는 데 주의한다.

어휘 submit 제출하다 application 신청(서), 지원(서) addition 추가 add 추가하다

2 (C) 형용사 자리_목적격 보어

해석 모든 직원은 근무 시간 동안 자신의 작업 공간을 정돈된 상태로 유지해야 한다.

해설 빈칸은 5형식 동사 keep과 함께 「keep + 목적어 + 목적격 보어」를 구성하는 목적격 보어 자리이므로, '정리된, 정돈된'을 뜻하는 과거분사 형태의 형용사 (C) organized가 정답이다.
(A) organizing은 현재분사/동명사, (B) organize는 동사이므로 품사상 부적절하다. (D) organization은 명사로 목적격 보어 자리에 올 수는 있지만, keep은 목적격 보어로 명사를 가질 수 없다.

어휘 keep A B A를 B한 상태로 유지하다 workspace 작업 공간 organize 정리하다; 계획하다

3 (B) 형태가 비슷한 형용사

해석 의료 기록은 엄격히 기밀이며, 서면 허가가 있어야만 접근할 수 있다.

해설 be동사 are 뒤에 부사 strictly가 있으므로 빈칸에는 부사의 수식을 받으면서 보어 역할을 하는 형용사가 들어가야 한다. 따라서 형용사 (B) confidential이 정답이다.
(A) confident는 '자신 있는'이라는 뜻의 형용사로 문맥상 어울리지 않고, (C) confidence는 '자신감'이라는 뜻의 명사로 주어와 동격 관계도 아니고 부사의 수식도 받지 못하므로 오답이다.

어휘 medical history 의료 기록, 병력 strictly 엄격하게, 철저히 written permission 서면 허가 confide (비밀 등을) 털어놓다

4 (D) -ly로 끝나는 형용사

해석 다가오는 교육 세션에 대해 모든 관리자에게 시기적절한 알림이 발송되었다.

해설 빈칸은 관사 A와 명사 reminder 사이에서 명사를 수식하는 형용사 자리이다. (D) timely가 '시기적절한'이라는 뜻의 형용사로 알림을 수식하는 표현으로 가장 적절하다.
(A) temporary는 '일시적인', (B) momentary는 '순간적인', (C) costly는 '값비싼'이라는 의미로 부적절하다.

어휘 reminder (상기시키는) 알림 supervisor 관리자, 감독관 upcoming 다가오는, 곧 있을

5 (B) be동사 + 형용사 + 전치사

해석 인사부장 남 씨는 모든 부서의 채용과 직원 관계를 책임지고 있다.

해설 빈칸은 be동사 뒤에 위치하는 보어 자리로, 빈칸 뒤 전치사 for와 함께 '책임이 있는'이라는 의미를 나타내는 형용사 (B) responsible이 정답이다.
(A) responsibly는 부사로 품사상 빈칸에 들어갈 수 없고, 명사 (C) responsibility는 Ms. Nam과 동격이 아니므로 오답이다. (D) responsive는 '반응하는'을 뜻하는 형용사이다.

어휘 be responsible for ~에 책임이 있다 recruitment 채용 relation 관계 department 부서

6 (C) -ing로 끝나는 형용사

해석 여러 스타트업 업체들이 유망한 친환경 솔루션 시장에 진입하고 있다.

해설 빈칸은 관사 a와 명사 market 사이에서 명사를 수식하는 형용사 자리로, '장래가 밝은, 유망한'이라는 뜻의 (C) promising이 정답이다.
(A) promise와 (D) promises는 동사/명사, (B) to promise는 to부정사로 품사상 빈칸에 들어갈 수 없다.

어휘 enter ~에 진입하다 eco-friendly 친환경의

7 (C) 형태가 비슷한 형용사

해석 고객들은 늘 합리적인 가격에 신뢰할 수 있는 제품을 찾고 있다.

해설 빈칸은 전치사 for와 명사 목적어 products 사이에서 명사를 수식하는 형용사 자리로, '신뢰할 수 있는 제품'이라는 뜻이 되어야 자연스러우므로 (C) reliable이 정답이다.
(D) reliant는 '의존하는'이라는 의미로 문맥상 어울리지 않는다.

어휘 look for ~을 찾다   reasonable 합리적인   rely (on) (~에) 의존하다

8 (D) 형용사 자리_목적격 보어

해석 많은 사람들이 새 소프트웨어가 이전 버전에 비해 믿을 수 있고 효율적이라고 생각한다.

해설 5형식 동사 consider의 목적격 보어로 형용사 dependable과 빈칸이 and로 연결되어 두 개의 형용사가 목적격 보어의 역할을 하는 구조이다. 따라서 형용사 (D) efficient가 정답이다.
(A) efficiency는 명사로 목적격 보어 역할을 할 수 있지만, 형용사인 dependable과 and로 연결되는 구조로 쓰일 수 없다.

어휘 consider A B A를 B하다고 생각하다   dependable 믿을 수 있는   compared to ~와 비교하여   previous 이전의   efficiency 효율(성)   efficient 효율적인

9 (A) -ly로 끝나는 형용사

해석 이스트피크 웨어는 내년에 해외 시장으로 사업을 확장할 가능성이 높다.

해설 보기가 모두 형용사이므로 의미가 알맞은 것을 찾아야 한다. 빈칸 뒤의 내용으로 볼 때 '사업 확장을 할 가능성이 있다'라는 의미를 나타내는 것이 적절하므로, '~할 것 같은, ~할 가능성이 높은'이라는 뜻의 (A) likely가 정답이다.
(B) successful은 '성공적인', (C) available은 '이용 가능한'이라는 의미로 문맥상 적절하지 않고, (D) probable은 '가능성이 높은'이라는 뜻의 형용사로 명사 앞이나 It is probable that ~ 형태로 주로 쓰인다.

어휘 expand 확장하다   operation 사업, 운영   overseas 해외의; 해외에

10 (B) -ed로 끝나는 형용사

해석 그 세미나는 이미 고급 학위를 소지하고 있는 전문가들을 위해 특별히 고안되었다.

해설 보기가 모두 -ed로 끝나는 형용사이므로 의미가 알맞은 것을 찾아야 한다. 빈칸 뒤의 명사 degrees와 어울려 어떤 학위인지 나타내는 단어로 '고급의, 상급의'이라는 뜻의 (B) advanced가 가장 적절하다. advanced degree는 '(석사 이상의) 고급 학위'를 의미하는 토익 빈출 표현이므로 기억해 두자.
과거분사 형태의 형용사인 (A) developed는 '발전된', (C) dedicated는 '헌신적인', (D) admired는 '존경받는, 찬사를 받는'이라는 뜻으로 문맥상 부적절하다.

어휘 specifically 특별히; 구체적으로   design 고안하다, 설계하다   professional 전문가   hold 소지하다, 보유하다

UNIT 05   부사

1 부사의 형태와 자리

토익 유형 연습하기   본책 p.62

1 (B)   2 (B)   3 (A)   4 (A)   5 (B)
6 (A)   7 (B)

1 (B)

해석 모든 제품은 배송 전에 신중하게 점검된다.

해설 빈칸은 수동태 구조의 be동사 are와 과거분사 inspected 사이에 위치한 부사 자리이므로, (B) carefully가 정답이다.

오답 (A) careful은 '신중한'을 뜻하는 형용사이므로 동사 are inspected를 수식할 수 없다.

어휘 shipment 배송(품)

2 (B)

해석 그 레스토랑은 상대적으로 합리적인 가격에 고급 식사를 제공한다.

해설 형용사 reasonable을 앞에서 수식하여 '상대적으로 합리적인'이라는 뜻을 나타내는 부사 (B) relatively가 정답이다.

오답 (A) relative은 '상대적인'이라는 뜻의 형용사로, 두 개의 형용사가 명사를 수식하는 구조도 가능하지만, 빈칸에는 얼마나 합리적인지 나타내는 부사가 쓰여야 알맞으므로 오답이다.

어휘 serve (음식 등을) 제공하다 high-quality 고급의

3 (A)

해석 그 호텔의 무료 셔틀버스는 공항 터미널까지 직행한다.

해설 빈칸이 없어도 완전한 문장이므로, 동사 goes를 뒤에서 수식하는 부사 (A) directly가 정답이다.

오답 (B) directions는 명사로, 동사 goes는 뒤에 전치사 없이 명사를 쓸 수 없으므로 오답이다.

어휘 airport terminal 공항 터미널 directly 직접적으로, 곧바로 directions 길 안내

4 (A)

해석 공유 폴더에서 회의록에 쉽게 접근할 수 있다.

해설 빈칸은 조동사 can과 동사 access 사이에 위치한 부사 자리로, 동사를 수식하고 '쉽게'를 뜻하는 부사 (A) easily가 정답이다.

오답 (B) ease는 명사/동사로 조동사와 동사 사이에 올 수 없다.

어휘 access ~에 접근하다 ease 쉬움; 완화하다

5 (B)

해석 ABC 항공사는 승객들에게 비행기 지연에 대해 즉시 알렸다.

해설 빈칸은 주어와 동사 사이에 위치한 부사 자리로, 동사 informed를 앞에서 수식하는 부사 (B) immediately가 정답이다.

오답 (A) immediate는 형용사로 동사를 수식할 수 없다.

어휘 passenger 승객 immediately 즉시

6 (A)

해석 창고에서 위험 물품은 따로 보관되어야 한다.

해설 수동태 동사 be stored와 빈칸으로 문장이 끝나고 있으므로, 동사 be stored를 수식해 보관되는 방법을 나타내는 부사가 빈칸에 들어가야 한다. 따라서 '따로, 분리하여'라는 뜻의 (A) separately가 오는 것이 적절하다.

오답 (B) to separate는 to부정사로, 부사 자리에 쓰인 to부정사는 '~하기 위해'라는 뜻의 목적을 나타낸다. 따라서 '분리되기 위해 보관되다'라는 의미의 어색한 의미가 되므로 오답이다.

어휘 separate 분리되다[하다]

7 (B)

해석 다행히도, 영업팀은 분기 목표를 15% 초과 달성했다.

해설 빈칸은 문장 맨 앞에서 문장 전체를 수식하는 부사 자리이다. 문장은 긍정적인 결과를 전달하고 있으므로 '다행히도'라는 뜻의 (B) Fortunately가 적절하다.

오답 (A) Rarely는 '드물게'라는 뜻으로 문맥상 적합하지 않다.

2 주의해야 할 부사

토익 유형 연습하기   본책 p.63

1 (A)　　2 (B)

1 (A)

해석 일부 직원들은 마지막 순간의 회의 때문에 늦게 퇴근했다.

해설 빈칸은 목적어 the office와 전치사 due to

UNIT 05 부사　17

사이에 위치하여 동사 left를 수식하는 부사 자리로, 문맥상 '늦게 퇴근하다'라는 의미가 되어야 적절하므로 부사 (A) late가 정답이다.

오답 (B) lately는 '최근에'라는 뜻의 부사로, 의미상 어울리지 않으며 보통 현재완료 시제와 함께 쓰인다.

어휘 due to ~ 때문에

2 (B)

해석 CEO는 곧 이사회 회의에 도착하여 브리핑을 시작할 것이다.

해설 빈칸은 미래를 나타내는 조동사 will과 동사 arrive 사이에 위치한 부사 자리이다. 따라서 '곧 도착할 것'이라는 의미를 완성하는 부사 (B) shortly가 정답이다.

오답 (A) short는 형용사이며 부사로는 쓰이지 않는다.

어휘 briefing 브리핑, 요약 보고

3 기타 주요 부사

토익 유형 연습하기	본책 p.65
1 (A)　　2 (A)	

1 (A)

해석 B-6 창고는 항구에서 대략 5킬로미터 떨어진 곳에 위치해 있다.

해설 빈칸에는 뒤의 숫자 표현 five kilometers를 수식하는 부사가 쓰여야 알맞으므로, '대략'을 뜻하는 (A) approximately가 정답이다.

오답 (B) approximate는 형용사/동사로 숫자 앞에 위치한 빈칸에 들어갈 수 없다.

어휘 approximate 근접한, 대략의; ~에 근접하다

2 (A)

해석 온라인 주문 수는 휴가철 동안 상당히 증가했다.

해설 빈칸은 증가를 나타내는 동사 increased를 수식하는 부사 자리로, '상당히 증가했다'라는 의미가 되어야 적절하므로 (A) considerably가 정답이다.

오답 (B) shortly는 '곧'이라는 뜻의 부사로, 과거 시제 동사 increased를 수식하거나 증가의 정도를 나타내기에 부적절하다.

토익 실전 대비하기				본책 p.66
1 (D)	2 (C)	3 (D)	4 (A)	5 (B)
6 (D)	7 (D)	8 (B)	9 (C)	10 (A)

1 (D) 부사 자리_다른 부사 수식

해석 신규 영업팀은 지난 분기에 특별히 좋은 성과를 냈다.

해설 빈칸은 동사 performed와 부사 well 사이에 위치하여 well을 앞에서 수식하는 부사 자리로, '특별히; 예외적으로'라는 뜻의 (D) exceptionally가 정답이다.
(A) exception은 명사, (B) except는 전치사/접속사/동사, (C) exceptional은 형용사로 부사 자리에 올 수 없다.

어휘 perform 수행하다, 성취하다　quarter 분기　exception 예외　except ~을 제외하고; 제외하다　exceptional 특출한; 예외적인

2 (C) 부사 자리_형용사 수식

해석 한 달간의 지연 끝에, 네티 소프트는 마침내 새로운 비디오 게임을 출시할 준비가 되었다.

해설 빈칸은 be동사 is와 형용사 ready 사이에 위치하여 ready를 수식하는 부사 자리로, '마침내, 드디어'라는 뜻의 (C) finally가 정답이다.
(A) finalized, (B) finalizing, (D) final 모두 be동사 뒤에 쓰일 수는 있지만, 빈칸 뒤 「형용사 + to부정사」 구조와 어울리지 않는다.

어휘 launch 출시하다　finalize 마무리짓다

3 (D) 부사 자리_동사 수식

해석 지출 보고서를 제출할 때, 직원들은 모든 영수증을 명확하게 첨부해야 합니다.

해설 빈칸 앞에 주어 employees와 동사 should attach, 그리고 목적어인 명사구 all receipts로 이어지는 3형식 문장 구조가 갖추어져 있다. 따라서 빈칸은 수식어인 부사 자리이므로 (D) clearly가 정답이다. 이때 clearly가 조동사 should와 동사 attach 사이에 들어가는 것도 가능하다.
(A) clarity는 명사, (B) clear는 형용사/동사로 품사상 오답이다.

어휘 submit 제출하다 expense 지출 attach 첨부하다; 부착하다 receipt 영수증 clarity 명확성

4 (A) 부사 자리_숫자 수식

해석 거의 만 명의 관광객이 여름철에 제주도를 방문할 것으로 예상된다.

해설 빈칸 뒤에 숫자 표현 ten thousand가 있으므로 '거의'라는 의미로 숫자 표현을 수식하는 부사 (A) Nearly가 정답이다.
(B) Near는 '가까운'이라는 뜻의 형용사 또는 '가까이'라는 뜻의 부사로, 시간상·거리상의 가까움을 나타낸다.

어휘 be expected to ~할 것으로 예상되다

5 (B) 부사 자리_증감 동사 수식

해석 하야시 우드웍스의 영업 이익은 지난 15년 동안 크게 증가해 왔다.

해설 빈칸은 동사 have increased와 전치사 over 사이에 위치해 있는데, 증가 정도를 나타내는 부사가 쓰여 동사를 수식해야 알맞으므로 '크게, 상당히'를 뜻하는 (B) significantly가 정답이다.
increase가 타동사로 쓰이는 경우 목적어를 취할 수 있지만 (D) significance는 '중요성'이라는 뜻으로 문맥상 어울리지 않는다. (A) significant는 형용사, (C) signifies는 동사로 품사상 빈칸에 들어갈 수 없다.

어휘 operating profits 영업 이익 significant 중요한, 의미 있는 signify 의미하다

6 (D) 숫자 수식 부사

해석 우리는 올해 말까지 최소한 5명의 직원을 더 고용해야 한다.

해설 보기가 모두 부사이므로 의미가 알맞은 것을 찾아야 한다. 빈칸 뒤에 숫자 five가 있으므로 '최소한, 적어도'라는 의미의 수량 부사 (D) at least가 정답이다.
(A) already는 '이미, 벌써', (B) once는 '한 때'라는 뜻의 부사로 과거에 일어난 일을 나타낼 때 사용하므로 부적절하고, (C) much는 불가산 명사만 수식할 수 있다.

어휘 hire 고용하다 by the end of ~ 말까지

7 (D) 부사 자리_be동사와 p.p. 사이

해석 핏메이트 앱은 일일 운동 활동을 추적하도록 특별히 설계되었다.

해설 빈칸은 be동사 was와 과거분사 designed 사이에 위치한 부사 자리로, '특별히, 특정하게'라는 뜻의 (D) specifically가 정답이다.
(A) specify는 동사, (B) specific은 형용사, (C) specifics는 명사로 동사를 수식할 수 없다.

어휘 design 설계하다 track 추적하다 specify 명시하다 specific 특정한, 구체적인 specifics 세부 사항

8 (B) 형태가 비슷한 부사

해석 그 문서들은 계약이 체결되기 전에 법무팀에 의해 면밀히 검토되었다.

해설 빈칸은 수동태 동사 were examined와 전치사 by 사이에 위치하여 동사를 뒤에서 수식하는 부사 자리이다. 또한 '면밀하게 검토되었다'가 자연스러운 의미이므로 '면밀하게, 주의 깊게'를 뜻하는 (B) closely가 정답이다.
(A) close도 부사로 쓰일 수 있지만, '가까이'라는 의미이므로 closely와 혼동하지 않도록 유의한다.

어휘 examine 검토하다 legal 법무의; 합법적인 contract 계약(서)

9 (C) 빈도 부사

해석 팀워크를 강화하기 위해, 산체스 씨는 팀원들로부터 피드백을 정기적으로 수집한다.

해설 보기가 모두 부사이므로 의미가 어울리는 것을 찾아야 한다. 빈칸 뒤에 현재시제 동사 collects가 있어 반복성을 나타내는 빈도 부사가 어울리며, 문맥상 '정기적으로'가 자연스러우므로 빈도 부사 (C) regularly가 정답이다.
(A) gradually는 '점차적으로'라는 의미로 증감 동사와 쓰이고, (B) lately는 '최근에'라는 뜻으로 현재완료 시제와 어울리는 부사이다. (D) rarely는 빈도 부사이지만 '드물게'라는 의미로 문맥상 부적절하다.

어휘 strengthen 강화하다   collect 수집하다

10 (A) 문맥에 어울리는 부사

해석 글로벌 지속가능성 컨퍼런스는 주로 혁신적인 친환경 기술에 초점을 맞출 것이다.

해설 동사 focus를 뒤에서 수식하는 알맞은 부사를 고르는 어휘 문제이다. '주로 초점을 두다'라는 의미를 나타내는 것이 적절하므로, '주로'라는 의미의 부사 (A) primarily가 정답이다.
(B) increasingly는 '점점 더', (C) recently는 '최근에', (D) carefully는 '주의 깊게'라는 의미로 문맥상 어울리지 않는다.

어휘 sustainability (환경 파괴 없는) 지속가능성
focus on ~에 초점을 두다, 집중하다
innovative 혁신적인   green technology 친환경 기술

DAY 1 ACTUAL TEST 본책 p.68

1 (B) 2 (D) 3 (C) 4 (B) 5 (B) 6 (D)
7 (A) 8 (A) 9 (C) 10 (D) 11 (D) 12 (C)
13 (A) 14 (C) 15 (B) 16 (C)

1 (B) 명사 자리_주격 보어

해석 발마지 갤러리의 신규 전시회 개막일은 대성공이었다.

해설 be동사 was 뒤로 관사 a와 형용사 huge만 있으므로, be동사 뒤에서 관사와 형용사의 수식을 받으면서 주격 보어로 쓰일 수 있는 '성공'이라는 뜻의 명사 (B) success가 정답이다.
(A) successful은 형용사, (C) succeed는 동사, (D) successfully는 부사로 품사상 빈칸에 들어갈 수 없다.

어휘 exhibition 전시(회)   succeed 성공하다

2 (D) 부사 자리_동사 수식

해석 도착하자마자, 손님들은 라운지에서 환영 음료를 신속히 대접받을 것이다.

해설 빈칸은 수동태 구조의 be동사와 과거분사 served 사이의 부사 자리이다. 따라서 '신속히, 즉시'라는 의미의 부사 (D) promptly가 정답이다.
빈칸 뒤에 수동태 동사구를 이루는 과거분사 served가 있으므로 현재분사 (A) prompting과 과거분사 (B) prompted, 형용사/동사로 쓰이는 (C) prompt는 답이 되지 않는다.

어휘 upon arrival 도착하자마자   serve (음식 등을) 제공하다   prompt 신속한, 즉각적인; 촉발하다

3 (C) 형용사 자리_주격 보어

해석 에버우드 퍼니싱스의 사무용 의자는 직원들이 하루 종일 앉아 있기에 편안하다.

해설 빈칸은 be동사 are 뒤에서 주어 office chairs의 상태를 보충 설명하는 보어 자리이

며, 의자의 특성을 나타내야 하므로 형용사가 들어가야 한다. 따라서 '편안한'이라는 의미의 형용사 (C) comfortable이 정답이다.
(B) comfortably는 부사로 품사상 빈칸에 들어갈 수 없고, (A) comfort는 명사로 쓰이는 경우 보어 자리에 올 수 있지만 주어와 동격을 이루지 않으므로 답이 되지 않는다. (D) comforting은 형용사로 쓰이는 경우 '위로가 되는'이라는 의미로 문맥상 적절하지 않다.

어휘 comfort 편안함, 위로; 위로하다
comfortably 편안하게

4 (B) 부사 어휘

해석 내구성이 뛰어난 소재 덕분에, 그 신형 스마트폰은 물과 먼지에 매우 강하다.

해설 보기가 모두 부사이므로 의미가 알맞은 것을 찾아야 한다. 문맥상 물과 먼지에 '매우 강하다'라는 의미가 되어야 적절하므로 '매우'라는 뜻의 (B) highly가 정답이다.
(A) rarely는 '드물게', (C) nearly는 '거의, 대략', (D) steadily는 '꾸준히'라는 의미로 문맥상 어울리지 않는다.

어휘 durable 내구성 있는   material 소재, 재료
resistant 저항하는, 잘 견디는   dust 먼지

5 (B) 인칭대명사의 격_소유격

해석 고객들은 회사 웹사이트를 통해 언제든지 자신들의 주문품을 추적할 수 있다.

해설 빈칸은 동사 track의 목적어로 쓰인 명사 orders를 수식하는 단어가 들어가야 하므로, 소유격 인칭대명사 (B) their가 정답이다.
(D) theirs는 '그들의 것'이라는 의미의 소유대명사이다.

어휘 track 추적하다   order 주문(품)
at any time 언제든지

6 (D) 사람 명사 vs. 사물 명사

해석 새로운 주차 정책은 그린 포레스트 단지의 거주자들에게만 적용된다.

해설 빈칸은 전치사 to와 of 사이의 명사 자리이다. 문맥상 '거주자에게 적용되다'라는 의미가 되어야 적절하고, 가산 명사인 사람 명사 resident는 단수인 경우 앞에 관사나 소유격이 필요하므로 복수 명사 (D) residents가 정답이다.
(A) reside는 동사로 품사상 빈칸에 들어갈 수 없고, (B) residence는 명사이지만 '거주; 거주지'라는 의미로 문맥상 어울리지 않는다.

어휘 parking policy 주차 정책   apply to ~에 적용되다   complex (아파트 등의) 단지
reside 거주하다

7 (A) 명사 어휘

해석 손님들은 체크인 후 호텔 와이파이에 대한 임시 접속 권한을 받게 될 것이다.

해설 보기가 모두 명사이므로 의미가 알맞은 것을 찾아야 한다. 손님들이 호텔 와이파이에 대한 '임시 접근 권한'을 받는다는 의미가 되어야 자연스러우므로, '접근 (권한), 이용 (권한)'을 의미하는 (A) access가 정답이다.
(B) approval은 '(계획 등의) 승인', (C) usage는 '사용', (D) invitation은 '초청'이라는 의미로 문맥상 답이 되지 않는다.

어휘 temporary 임시의, 일시적인

8 (A) 형용사 자리_명사 수식

해석 몬테로 베이 교통 체계의 버스들 중 일부는 엔진 문제로 인해 대규모 수리가 필요하다.

해설 빈칸은 동사 need와 목적어인 명사 repairs 사이에 위치하여 repairs를 수식하는 형용사 자리이다. 따라서 '대규모의, 광범위한'이라는 의미의 형용사 (A) extensive가 정답이다.
(B) extend는 동사, (C) extensively는 부사로 품사상 빈칸에 들어갈 수 없고, (D) extended는 과거분사로서 명사를 앞에서 수식하는 경우 '(기간 등이) 연장된'이라는 의미로 문맥상 어울리지 않는다.

어휘 transit system 교통 체계   repair 수리
due to ~ 때문에   extend 연장하다

9 (C) 사람 명사 vs. 사물 명사

해석 2년간의 공사 끝에, 캘빈 대로 교량이 마침내 완공되었다.

해설 빈칸은 전치사 of의 목적어 자리로 명사가 들어가야 한다. 명사인 (B) constructor와 (C) construction 중에서 문맥상 2년간의 '공사, 건설'이라는 의미가 되어야 적절하므로 정답은 (C) construction이다.
(A) constructive는 형용사, (D) constructed는 동사/과거분사로 전치사 of 뒤에 목적어로 쓰일 수 없다. (B) constructor는 명사이지만 '건설자'라는 뜻의 사람 명사로 문맥에 어울리지 않고, 가산 단수 명사인데 빈칸 앞에 관사나 소유격이 없으므로 문법적으로도 답이 되지 않는다.

어휘 boulevard 대로, 도로   complete 완성하다
constructive 건설적인

10 (D) 재귀대명사 자리

해석 파예드 씨는 혼자서 디자인 프로젝트를 시작했지만, 이후에는 팀과 함께 작업했다.

해설 빈칸은 전치사 by의 목적어 자리이므로 목적격 대명사 또는 재귀대명사가 들어갈 수 있다. but 뒤의 내용과 대조되도록 전치사 by와 함께 '혼자서, 직접'이라는 뜻의 by oneself를 구성하는 것이 적절하므로 재귀대명사 (D) himself가 정답이다.

어휘 later 후에, 나중에

11 (D) -ed로 끝나는 형용사

해석 부서 내 모든 사람들이 회의 중에 수정된 마감일을 통지받았다.

해설 관사 the와 명사 deadline 사이에 위치한 빈칸에는 명사를 수식하는 형용사 또는 deadline과 복합 명사를 이루는 명사가 들어갈 수 있다. 문맥상 '수정된' 마감일이라는 의미가 되어야 자연스러우므로 -ed로 끝나는 형용사 (D) revised가 정답이다.
(A) revise는 동사이므로 관사와 명사 사이에 들어갈 수 없고, (B) revision은 명사이지만 deadline과 복합 명사를 이루지 않으며, (C) revising은 현재분사로 형용사처럼 쓸 수는 있지만 '수정 중인 마감일'이라는 어색한 의미를 만든다.

어휘 be informed of ~을 통지받다   deadline 마감일   revise 수정하다   revision 수정

12 (C) 부사 자리_동사 수식

해석 우리 직원들 중 다수가 여러 언어로 고객들과 효과적으로 의사소통할 수 있다.

해설 빈칸은 조동사 can과 동사 communicate 사이에서 동사를 수식하는 부사 자리이다. 따라서 '효과적으로'라는 의미의 부사 (C) effectively가 정답이다.
(A) effect와 (D) effectiveness는 명사, (B) effective는 형용사로 품사상 빈칸에 들어갈 수 없다.

어휘 communicate 의사소통하다   client 고객
multiple 다수의   effect 효과

13 (A) 복합 명사

해석 회사의 최신 제품 출시는 언론의 상당한 관심을 끌었다.

해설 빈칸 뒤에 동사 attracted가 나오므로, 빈칸에는 주어 역할을 하는 명사가 와야 한다. 따라서 빈칸 앞의 명사 product와 함께 '제품 출시'라는 의미의 복합 명사를 이루는 명사 (A) launch가 정답이다.
동사/과거분사 (B) launched와 to부정사 (C) to launch는 명사 역할을 할 수 없다. (D) launching은 동명사/현재분사로, 동명사로 쓰일 경우 주어 자리에 올 수는 있지만 명사 product와 나란히 쓸 수 없으므로 오답이다.

어휘 latest 최신의   attract 끌어들이다
significant 상당한   attention 관심
launch 출시; 출시하다

14 (C) those who

해석 교육 세션에 참석하는 사람들은 수료 증명서를 받을 것이다.

해설 빈칸 뒤에 who 관계사절 who attend the training session이 이어지고 있으므로,

who 관계사절과 함께 '~한 사람들'이라는 의미를 나타내는 대명사 (C) Those가 정답이다.
(A) Theirs, (B) Them, (D) Their는 모두 who 관계사절의 수식을 받지 못한다.

어휘 attend 참석하다   certificate 수료증

15 (B) 부사 자리_동사 수식

해석 회사가 반품 정책을 업데이트한 이후로 고객 만족도가 크게 향상되었다.

해설 빈칸은 현재완료 동사 has improved의 중간에 위치하여 동사를 수식하는 부사 자리이다. 따라서 '크게, 대단히'라는 의미의 부사 (B) greatly가 정답이다.
(A) great는 형용사, (C) greater는 형용사의 비교급, (D) greatest는 형용사의 최상급으로 답이 되지 않는다.

어휘 satisfaction 만족(도)   improve 향상되다, 개선되다   return 반품

16 (C) be동사 + 형용사 + 전치사

해석 모든 고객 서비스 직원들은 문의 사항을 효율적으로 처리할 수 있어야 한다.

해설 보기가 모두 형용사이므로 문장의 의미 및 구조에 어울리는 것을 찾아야 한다. 따라서 be동사, 전치사 of와 함께 '~할 수 있다'라는 의미를 나타내는 형용사 (C) capable이 정답이다.
(A) eligible은 '자격이 있는'이라는 의미로 전치사 for와 잘 쓰이고, (B) compatible은 '호환되는'이라는 뜻으로 전치사 with와 쓰이며, (D) able은 '~할 수 있는'이라는 의미를 나타내지만 보통 「be able + to부정사」 구조로 쓰인다.

어휘 representative 직원, 대표자   handle 처리하다   inquiry 문의, 질문   efficiently 효율적으로

DAY 2
동사

UNIT 06   동사의 형태와 종류

1 동사의 형태

토익 유형 연습하기   본책 p.73

1 (A)   2 (B)   3 (B)

1 (A)

해석 우데라 퍼니처는 항상 훌륭한 고객지원 서비스를 제공한다.

해설 빈칸은 주어가 고유명사 Woodera Furniture인 문장의 동사 자리로, '항상'이라는 의미의 부사 always의 수식을 받는다. 따라서 빈칸에는 3인칭 단수 현재형이 들어가야 하므로 (A) provides가 정답이다.

오답 (B) provide는 동사원형으로 3인칭 단수 주어의 동사로 사용할 수 없다.

2 (B)

해석 존슨 박사는 과학 학술지에 여러 편의 논문을 작성해 왔다.

해설 빈칸은 빈칸 앞 has와 함께 동사구를 이루는 자리이므로 과거분사형 (B) written이 정답이다.

오답 (A) writes는 3인칭 단수 현재형 동사로 has와 함께 사용할 수 없다.

어휘 multiple 다수의   article 논문, 글

3 (B)

해석 기술자들은 문제를 확인하기 위해 현재 기계를 점검하고 있다.

해설 빈칸은 부사 currently의 수식을 받으며 be동사 are와 동사구를 이루는 자리이다. 문맥

상 '현재 ~하고 있다'라는 능동의 의미를 나타내는 현재진행형이 알맞으므로 현재분사형 (B) testing이 정답이다.

오답 (A) tested는 be동사와 함께 쓰여 '~하게 되다'라는 수동의 의미를 나타내므로, 문맥상 적절하지 않다.

어휘 engineer 기술자   currently 현재

2 자동사와 타동사

토익 유형 연습하기   본책 p.75

1 (A)   2 (A)   3 (B)

1 (A)

해석 등록된 회원만 그 대회에 참가할 수 있다.

해설 빈칸은 조동사 can과 함께 동사구를 이루는 자리이다. 빈칸 뒤에 목적어 the competition이 있으므로 빈칸에는 타동사가 들어가야 한다. 따라서 (A) enter가 정답이다.

오답 (B) participate는 자동사로 전치사 없이 바로 목적어를 취할 수 없다.

어휘 registered 등록된

2 (A)

해석 건물의 모든 구역은 화재 안전 기준을 반드시 준수해야 한다.

해설 빈칸은 자동사 comply와 목적어 fire safety standards를 이어주는 전치사 자리이다. 자동사 comply는 전치사 with와 함께 쓰여 '~을 준수하다'라는 의미로 사용되므로 (A) with가 정답이다.

오답 (B) for는 comply와 함께 쓰이지 않는다.

어휘 section 구역

3 (B)

해석 린 씨는 업무시간 이후에는 메시지에 거의 답장을 하지 않는다.

해설 빈칸은 주어 Ms. Lin의 동사 자리이고 빈칸 뒤에는 목적어 없이 to로 시작하는 전치사구가 있다. 따라서 전치사 to와 함께 '~에 응답하다'라는 의미를 나타내는 (B) replies가 정답이다.

오답 (A) contacts는 타동사로 전치사 없이 목적어를 취할 수 있으므로 뒤에 전치사 to가 있는 빈칸에 적절하지 않다.

어휘 rarely 좀처럼 …하지 않는

토익 실전 대비하기   본책 p.76

1 (C)   2 (A)   3 (D)   4 (B)   5 (C)
6 (C)   7 (D)   8 (B)   9 (B)   10 (A)

1 (C) 자동사 + 전치사

해석 아우레아 코스메틱스는 수익의 대부분을 해외 시장에 의존한다.

해설 빈칸은 문장의 동사 자리로, 빈칸 뒤 전치사 on과 함께 '해외 시장에 의존한다'는 의미가 되어야 적절하다. 따라서 '~에 의존하다'라는 의미를 나타내는 rely on의 3인칭 단수형 (C) relies가 정답이다.
(A)의 expand는 자동사일 때 '~로 확장하다'라는 의미로 전치사 into와 자주 사용되고, (B)의 invest는 '~에 투자하다'라는 의미로 전치사 in과 자주 사용되며, (D)의 enter는 타동사로 전치사와 함께 쓰이지 않는다.

어휘 overseas 해외의   revenue 수익

2 (A) 동사의 형태

해석 소렐리 스타일즈는 1955년부터 유명인사들을 위한 맞춤 정장을 제작해 오고 있다.

해설 빈칸은 빈칸 앞 has been과 함께 동사구를 이루는 자리이다. 문장의 마지막 부분에 since 1955라는 표현을 통해 과거부터 지금

까지 계속되고 있음을 알 수 있으므로, 현재완료 진행의 현재분사형 (A) making이 정답이다.
(B) made는 has been 뒤에 쓸 수 있지만, '제작되어 왔다'는 수동태를 이루기 때문에 의미상 적절하지 않다.

어휘 custom-designed 맞춤 제작된 celebrity 유명인사

3 (D) be동사 뒤

해석 오르테가 씨는 효과적인 의사소통 능력에 관한 세미나에서 연설하도록 초청될 것이다.

해설 be동사 뒤 알맞은 품사를 찾는 문제이다. 문맥상 주어인 Mr. Ortega가 연설자로 초청될 것이라는 의미의 수동태 문장이 되어야 적절하다. 따라서 과거분사형 (D) invited가 정답이다.
동사원형 (A) invite는 be동사 뒤에 쓸 수 없고, 명사 (B) invitation과 현재분사형 (C) inviting은 의미상 적절하지 않다.

어휘 effective 효과적인 communication skills 의사소통 능력 invite 초대하다 invitation 초대

4 (B) 동사의 형태

해석 사모스 섬을 방문하는 관광객 수는 지난 몇 년 동안 상당히 증가해 왔다.

해설 빈칸은 빈칸 앞 has와 함께 동사구를 이루는 자리이다. 문맥상 '지난 몇 년 동안 증가해 왔다'는 의미를 나타내는 것이 적절하므로, 현재완료를 이루는 과거분사형 (B) increased가 정답이다.

어휘 the number of ~의 수 significantly 상당히, 크게 increase 증가하다

5 (C) 자동사 + 전치사

해석 기업들은 경쟁력 있는 상태를 유지하기 위해 시장 상황의 갑작스러운 변화에 반드시 대처해야 한다.

해설 빈칸은 동사 deal과 목적어 sudden changes를 이어주는 전치사 자리이다. 문맥상 '갑작스러운 변화에 대처해야 한다'는 의미가 되어야 적절한데, '~에 대처하다, ~을 다루다'라는 의미는 deal with로 나타내므로 (C) with가 정답이다.

어휘 sudden 갑작스러운 remain 계속 ~이다 competitive 경쟁력 있는

6 (C) be동사 뒤

해석 에어로 링크는 여름철 동안 더 많은 유럽행 항공편을 추가하는 것을 고려하고 있다.

해설 be동사 뒤 알맞은 품사를 찾는 문제이다. 빈칸 뒤에 목적어로 쓰인 동명사구 adding more flights to Europe이 이어지고 있으므로 현재진행을 나타내는 현재분사형 (C) considering이 정답이다.
동사원형 (A) consider는 be동사 뒤에 쓸 수 없고, 수동태를 이루는 과거분사형 (B) considered와 보어 역할을 하는 명사 (D) consideration은 의미상 답이 되지 않는다.

어휘 add 추가하다 consideration 고려 (사항)

7 (D) 자동사 vs. 타동사

해석 등록된 참가자만이 디지털 마케팅에 관한 세미나에 참석할 수 있다.

해설 빈칸은 주어 registered participants의 동사 자리이다. 빈칸 뒤에 목적어 the seminar가 있으므로 빈칸에는 타동사가 들어가야 한다. 따라서 '~에 참석하다'라는 의미의 타동사 (D) attend가 정답이다.
특히 자동사로 전치사 in과 함께 쓰이는 '참가하다'라는 뜻의 (C) participate와 혼동하지 않도록 유의한다.

어휘 registered 등록된 apply 지원하다, 신청하다 design 설계하다

8 (B) 동사의 형태

해석 고객들은 지난주 카페에서 선보인 새 메뉴 항목들에 대해 긍정적으로 반응했다.

해설 빈칸은 문장의 동사 자리로, last week라는 과거 시간 표현이 있으므로 '반응하다'라는 의미의 동사 respond의 과거형 (B)

responded가 정답이다.
(A) respond는 시제에 맞지 않고, 동명사/현재분사 (C) responding과 명사 (D) response는 동사 자리에 쓸 수 없다.

어휘 positively 긍정적으로 introduce 도입하다
response 반응, 대답

9 (B) be동사 뒤

해석 백신 개발에 관한 그 실험은 국제 과학자 팀에 의해 수행되었다.

해설 be동사 뒤 알맞은 품사를 찾는 문제이다. 빈칸 뒤에 「by + 행위자」가 이어지고 있는 것으로 미루어 보아 빈칸에는 '실험이 수행되었다'는 의미의 수동태가 들어가는 것이 알맞다. 따라서 '수행하다'라는 뜻의 동사 conduct의 과거분사형 (B) conducted가 정답이다.
(A) conduct는 be동사 뒤에 쓸 수 없는 동사원형이고, 현재분사형 (C) conducting과 명사 (D) conductor는 의미상 적절하지 않다.

어휘 experiment 실험 vaccine 백신
development 개발

10 (A) 자동사 vs. 타동사

해석 제안된 예산 삭감에 반대한다면, 회의 중에 당신의 의견을 공유해 주시기 바랍니다.

해설 빈칸은 If 부사절의 동사 자리이다. 빈칸 뒤에 목적어 the budget cuts가 있으므로 '~에 반대하다'라는 의미의 타동사 (A) oppose가 정답이다.
특히 같은 의미를 나타내지만 자동사로 전치사 to와 함께 쓰이는 (B) object와 혼동하지 않도록 유의한다.

어휘 proposed 제안된 budget cut 예산 삭감
devote (시간·노력 등을) 바치다

UNIT 07 수 일치

1 주어와 동사의 수 일치

토익 유형 연습하기 본책 p.83

1 (B) 2 (B) 3 (B) 4 (B) 5 (B)
6 (A) 7 (A)

1 (B)

해석 마케팅팀은 제품을 출시하기 전에 고객 의견을 종종 분석한다.

해설 빈칸은 복수 주어 Marketing teams의 동사 자리이므로 복수 동사를 써야 한다. 따라서 (B) analyze가 정답이다.

오답 (A) analyzes는 단수 동사이다.

어휘 feedback 의견

2 (B)

해석 벨노바 주식회사는 지역 식당들을 위해 주방 기기를 제조한다.

해설 빈칸은 주어 Bellnova, Ltd.의 동사 자리이다. 회사명 같은 고유명사는 단수 취급하므로 단수 동사 (B) manufactures가 정답이다.

오답 (A) manufacture는 복수 동사이다.

어휘 local 지역의, 현지의

3 (B)

해석 전자 기기의 온라인 구매는 2~3 영업일 이내에 처리된다.

해설 빈칸은 복수 동사 are processed의 주어 자리로, 복수 동사에 알맞은 복수 주어가 와야 한다. 따라서 (B) purchases가 정답이다.

오답 (A) purchase는 단수 명사이므로 복수 동사와 어울리지 않는다. 또한 purchase는 '구매하다'라는 의미의 동사로도 쓰이는데, 동사로 생각할 경우 문장에 동사 2개가 되므로 답이 되지 않는다.

어휘 device 기기, 장치　purchase 구매(품); 구매하다

4 (B)

해석 주문된 물품을 배송하는 데 필요한 시간은 고객님의 위치에 따라 다릅니다.

해설 빈칸은 문장의 동사 자리로, 주어는 분사구 needed to ~ ordered items의 수식을 받는 The time이다. 단수 주어이므로 단수 동사 (B) depends가 정답이다.

오답 (A) depend는 복수 주어와 함께 써야 한다.

어휘 order 주문하다; 주문(품)　location 위치, 장소　depend on ~에 달려 있다

5 (B)

해석 로페즈 씨와 안 씨는 다음 주 워크숍에서 토론을 이끌기로 합의할 것이다.

해설 빈칸은 주어 Mr. Lopez and Ms. An의 동사 자리이다. A and B는 복수 동사와 수 일치시키고, 문장에 next week's workshop이라는 미래 시점 표현이 있으므로 (B) will agree가 정답이다.

오답 (A) agrees는 단수 동사이므로 복수 주어인 Mr. Lopez and Ms. An과 어울리지 않는다.

어휘 lead 이끌다　agree 합의하다, 동의하다

6 (A)

해석 선라이즈 호텔에서 도보 거리 내에 있는 관광 명소에는 박물관들과 지역 시장이 있습니다.

해설 빈칸은 문장의 동사 자리로, 주어는 전치사구 within walking ~ Sunrise Hotel의 수식을 받는 복수 주어 Attractions이다. 따라서 복수 동사 (A) include가 정답이다.

오답 (B) is including은 단수 현재진행형 동사이다.

어휘 attraction 관광 명소　local market 지역 시장

7 (A)

해석 새로운 기술을 채택하기로 한 결정이 생산성을 향상했다.

해설 빈칸은 문장의 동사 자리로, 주어는 to부정사구 to adopt new technologies의 수식을 받는 단수 명사 The decision이다. 따라서 단수 현재완료 동사 (A) has improved가 정답이다.

오답 (B) were improved는 수동형으로 답이 되지 않는다. 그러나 능동/수동을 확인하기 전에 이미 복수 동사로 단수 주어와 수 일치되지 않으므로 정답에서 제외한다.

어휘 decision 결정　improve 향상하다, 개선하다

2 반드시 동사원형을 쓰는 경우

토익 유형 연습하기　본책 p.85

1 (B)　**2** (A)　**3** (A)　**4** (B)

1 (B)

해석 주문 관련 문의 사항들은 고객 서비스팀으로 보내 주시기 바랍니다.

해설 주어진 문장은 Please로 시작하는 명령문으로 빈칸에는 동사원형이 들어가야 한다. 따라서 (B) direct가 정답이다.

오답 (A) direction은 명사로 동사 자리에 들어갈 수 없다.

어휘 direction 방향; 지시

2 (A)

해석 버럭스 모터스는 다음 분기에 업그레이드된 전기차 모델을 출시할 것이다.

해설 조동사 will 다음에는 동사원형이 와야 하므로 (A) launch가 정답이다.

오답 (B) launches는 단수 현재시제 동사로, 조동사 뒤에 사용할 수 없다.

어휘 electric vehicle 전기차

3 (A)
해석 등록을 완료하기 위해, 모든 정보를 양식에 기입하세요.

해설 to부정사구 뒤 문장에 동사가 없으므로 빈칸은 명령문의 동사 자리이다. 따라서 빈칸에는 동사원형 (A) fill이 정답이다.

오답 (B) fills는 단수 주어와 쓰인다.

어휘 form 양식, 서식   fill in 작성하다, 기입하다

4 (B)
해석 편의를 위해, 해당 양식은 온라인으로 작성되거나 직접 제출될 수 있습니다.

해설 조동사 can 뒤에는 동사원형이 와야 하므로 (B) be completed가 정답이다.

오답 (A) completed는 과거 시제로 동사원형이 아니기 때문에 답이 되지 않는다.

어휘 submit 제출하다   in person 직접 가서

토익 실전 대비하기 본책 p.86

| 1 (C) | 2 (A) | 3 (C) | 4 (B) | 5 (A) |
| 6 (C) | 7 (C) | 8 (D) | 9 (A) | 10 (B) |

1 (C) 단수 주어 + 단수 동사
해석 의제에 있는 항목들의 목록은 예상보다 더 길다.

해설 빈칸은 동사 자리로, 문장의 주어는 단수 명사 The list이다. 뒤에서 주어를 수식하고 있는 전치사구 of items on the agenda는 동사의 수 일치에 영향을 주지 않는다. 따라서 단수 동사 (C) is가 정답이다.
(A) be는 동사원형, (B) are는 복수 동사로 주어와 수 일치하지 않고, (D) being은 동명사로 품사상 답이 되지 않는다.

어휘 agenda 안건, 의제   than expected 예상보다

2 (A) 명령문의 동사원형
해석 출입 제한 구역에 들어가기 전에 방문자 출입증을 제시해 주세요.

해설 문장의 주절에 동사가 보이지 않으므로 빈칸에는 명령문의 동사원형이 들어가야 한다. 따라서 (A) Present가 정답이다.
(B) Presents는 3인칭 단수 동사의 현재형, (C) Presented는 동사의 과거형으로 빈칸에 들어갈 수 없고, (D) Presenting는 동사 형태가 아니므로 동사 자리에 들어갈 수 없다.

어휘 restricted 제한된   present 제시하다, 제출하다

3 (C) 복수 주어 + 복수동사
해석 국립 허리케인 센터의 직원들은 8시간 교대 근무를 한다.

해설 빈칸은 전치사구 at the National Hurricane Center의 수식을 받는 복수 주어 Employees의 동사 자리이다. 따라서 복수 동사 (C) work가 정답이다.
(A) works는 단수 동사로 주어와 수 일치하지 않고, (B) workers는 명사, (D) working은 동명사/현재분사로 동사 자리에는 올 수 없다.

어휘 rotating shifts 교대 근무   duration 지속(시간)

4 (B) 조동사 + 동사원형
해석 손상된 노트북은 오늘이 끝나기 전에 IT 부서에서 점검받아야 한다.

해설 조동사 should 뒤에는 동사원형이 와야 한다. 따라서 빈칸에는 동사원형의 수동태 (B) be checked가 정답이다.
동사의 3인칭 단수 현재형 (A) checks와 과거형 (C) checked는 조동사 뒤에 쓸 수 없고, (D) checking은 동명사/현재분사로 품사상 빈칸에 들어갈 수 없다.

어휘 damaged 손상된, 피해를 입은   laptop 노트북

5 (A) 단수 주어 + 단수 동사

해석 두 통신사의 합병은 7월에 완료되었다.

해설 빈칸은 단수 동사 was completed의 주어 자리이다. 따라서 단수 명사 (A) merger가 정답이다.
(B) mergers는 복수형으로 수 일치되지 않는다. (C) merging은 동명사로 주어의 역할을 수행할 수는 있지만 앞에 관사를 쓸 수 없고, (D) merge는 동사로 답이 되지 않는다.

어휘 telecommunications 통신 merger 합병 merge 합병하다

6 (C) 명령문의 동사원형

해석 청구서를 받는 즉시, 3일 이내에 결제 금액을 보내 주십시오.

해설 부사구 뒤 please로 시작하는 명령문에 동사가 보이지 않으므로, 동사원형 (C) send가 정답이다.
동사의 3인칭 단수 현재형 (A) sends와 과거형 (D) sent는 명령문에 쓸 수 없고, (B) sending은 동명사/현재분사로 품사상 빈칸에 들어갈 수 없다.

어휘 invoice 청구서 payment 결제 (금액)

7 (C) 복수 주어 + 복수동사

해석 영업 사원들은 보통 잠재 고객을 위해 제품 시연회를 진행한다.

해설 빈칸은 복수 주어 The sales representatives의 동사 자리이므로 복수 동사가 들어가야 한다. 동사의 과거형인 (D) conducted도 복수 주어와 쓰일 수 있지만, 빈칸 앞 빈도 부사 usually와 함께 문맥상 현재를 나타내는 것이 알맞으므로 정답은 (C) conduct이다.
(A) conducts는 단수 동사로 수 일치하지 않고, (B) conducting은 동명사/현재분사로 품사상 답이 되지 않는다.

어휘 sales representative 영업 사원 demonstration 시연회 potential 잠재적인

8 (D) 단수 주어 + 단수 동사

해석 신규 웹사이트를 개설하려는 마케팅 부서의 계획은 IT팀과의 긴밀한 협조를 필요로 한다.

해설 문장에 동사가 보이지 않으므로 빈칸은 동사 자리이다. 주어는 to부정사구 to launch ~ Web site의 수식을 받는 단수 주어 plan이므로 단수 동사 (D) requires가 정답이다.
(A) require와 (B) have required는 복수 동사로 수 일치되지 않고, (C) requiring은 동명사/현재분사로 품사상 빈칸에 들어갈 수 없다.

어휘 close 긴밀한 coordination 협조

9 (A) 단수 주어 + 단수 동사

해석 프로젝트 관리자 중 한 명인 윌리엄스 씨는 각 단계에 대한 상세한 일정표를 만들었다.

해설 빈칸은 단수 주어 Ms. Williams의 동사 자리이다. 하지만 보기 중에 단수 동사가 없으므로, 수 일치에 상관없이 사용할 수 있는 동사의 과거형 (A) created가 정답이다.
(B) create는 복수 동사로 수 일치되지 않고, (C) creating은 동명사/현재분사, (D) creation은 명사로 동사 자리에 들어갈 수 없다.

어휘 detailed 상세한 timeline 일정표 phase 단계

10 (B) 단수 주어 + 단수 동사

해석 오리온 테크 생산 라인의 기계들은 각 작업 주기 후에 자동으로 멈출 것이다.

해설 빈칸은 전치사구 in ~ production line의 수식을 받는 복수 주어 The machines의 동사 자리이므로 복수 동사가 와야 한다. 하지만 보기에 복수 동사가 없으므로 수 일치에 영향을 받지 않는 미래 시제 (B) will stop이 정답이다.
나머지는 모두 단수 주어와 어울리는 동사 형태로 답이 되지 않는다.

어휘 production line 생산 라인 automatically 자동으로

UNIT 08 태

1 수동태의 개념과 형태

토익 유형 연습하기 본책 p.92

1 (A) 2 (B) 3 (B) 4 (A) 5 (A)
6 (B)

1 (A)
해석 위원회는 철저한 논의 후에 제안서에 대해 결정을 내린다.
해설 빈칸은 주어 The committee의 동사 자리이다. 또한 주어 The committee가 목적어 a decision을 내리는 주체이므로 능동태 동사 (A) makes가 정답이다.
오답 (B) was made는 수동태 동사로 행위의 대상이 주어가 되어야 한다.
어휘 proposal 제안(서)   discussion 논의

2 (B)
해석 배송 지연과 관련하여 여러 건의 불만이 고객들로부터 접수되었다.
해설 빈칸은 주어 Several complaints의 동사 자리이다. 빈칸 뒤에 목적어 없이 「by + 행위자」가 이어지고 있고 주어 complaints는 동사 receive의 대상이므로, 빈칸에는 수동태 (B) have been received가 정답이다.
오답 (A) received는 뒤에 목적어가 필요하므로 답이 되지 않는다.
어휘 delay 지연   delivery 배송, 배달

3 (B)
해석 우리의 문의가 왓슨 피싱 사의 왓슨 씨에게 보내졌다.
해설 빈칸은 주어가 Our inquiry인 문장에서 has been과 함께 동사구를 이루는 자리이다. 빈칸 뒤에 목적어가 없고 주어 inquiry는 동사 send의 대상이므로 has been과 함께 수동태를 이루는 과거분사 (B) sent가 정답이다.
오답 (A) sending을 넣으면 현재완료 진행의 능동태가 되므로 오답이다.

4 (A)
해석 기술자들은 장비가 반드시 제대로 작동하도록 하기 위해 테스트하고 있다.
해설 빈칸은 주어가 The technicians인 문장에서 are과 함께 동사구를 이루는 자리로, 뒤에 the equipment를 목적어로 취하고 있으므로 능동태 동사가 들어가야 한다. 또한 문맥상 기술자들이 장비를 테스트하는 주체이기 때문에 빈칸에는 현재진행 능동태를 이루는 현재분사 (A) testing이 정답이다.
오답 (B) tested는 are 뒤에 쓸 수 있지만, '테스트되다'라는 의미의 수동태가 되어 목적어를 취할 수 없기 때문에 답이 되지 않는다.
어휘 technician 기술자   equipment 장비   operate 작동하다

5 (A)
해석 폭우 때문에 회사 야유회가 9월 13일까지 연기될 것이다.
해설 빈칸은 주어 the company picnic의 동사 자리이다. postpone은 '~을 연기하다'라는 의미의 타동사로, 빈칸 뒤에 목적어 없이 전치사구만 있기 때문에 수동태로 쓰여야 한다. 따라서 (A) will be postponed가 정답이다.
오답 (B) is postponing은 뒤에 목적어를 필요로 하며 주어가 동사 postpone의 주체일 때 사용한다.
어휘 due to ~ 때문에   heavy rain 폭우

6 (B)
해석 인사 담당 관리자는 신입 사원들에게 회사 정책을 설명했다.
해설 빈칸은 주어 The personnel manager의 동사 자리로, 빈칸 뒤에 목적어 the company policies가 있다. 따라서 빈칸에는 능동태 동사가 들어가야 하므로 (B)

explained가 정답이다.

오답 (A) is being explained는 현재진행 수동태로 뒤에 목적어를 취할 수 없다.

어휘 policy 정책

2 주의해야 할 태

토익 유형 연습하기
본책 p.95

1 (B) 2 (A) 3 (B) 4 (B) 5 (A)
6 (A)

1 (B)

해석 매크로 시스템즈의 직원들은 일주일의 추가 휴가를 제공받는다.

해설 빈칸은 주어가 The employees인 문장에서 be동사 are와 함께 동사구를 이루는 자리이다. 문맥상 직원들이 휴가를 '제공받는다'는 내용이 되어야 자연스러우므로, 해당 문장은 뒤에 목적어가 남은 4형식 수동태 구조임을 알 수 있다. 따라서 동사 are와 함께 수동태를 이루는 (B) offered가 정답이다.

오답 (A) offering은 are와 함께 진행형으로 사용 가능하지만, 직원들은 휴가를 제공하는 주체가 아닌 휴가를 받는 대상이므로 답이 되지 않는다.

2 (A)

해석 고객 서비스팀은 보통 24시간 이내에 모든 문의에 응답한다.

해설 빈칸은 주어 The customer service team의 동사 자리이다. 빈칸 뒤 전치사 to와 어울려 '~에 응답하다'라는 의미를 나타내야 자연스러우므로, 능동태로 쓰이는 자동사 (A) responds가 정답이다.

오답 (B) answers도 '대답하다'라는 의미를 나타내지만 타동사이므로, 목적어 없이 능동태로 쓰일 수 없다.

어휘 within ~ 이내에

3 (B)

해석 그 마케팅 전략은 여러 분석가들에 의해 효과적인 것으로 밝혀졌다.

해설 주어 The marketing strategy의 동사 자리로, 빈칸 뒤에 형용사 effective와 「by + 행위자」가 이어지고 있다. 따라서 형용사를 목적격 보어로 취하는 5형식 동사의 수동태 문장임을 알 수 있으므로, (B) was found가 정답이다.

오답 (A) found는 타동사 find의 과거형으로, 주어인 마케팅 전략이 무언가를 밝히는 주체가 될 수 없으므로 답이 되지 않는다.

어휘 strategy 전략 effective 효과적인

4 (B)

해석 지원자들은 면접관들에게 여러 질문을 받았다.

해설 빈칸은 주어가 The applicants인 문장의 동사 자리로, 빈칸 뒤에 목적어 several questions와 「by + 행위자」의 전치사구가 이어지고 있다. 따라서 목적어가 남아 있는 4형식 동사의 수동태 문장임을 알 수 있으므로, (B) were asked가 정답이다.

오답 (A) have asked는 현재완료의 능동형으로 빈칸 뒤의 「by + 행위자」 전치사구와 어울리지 않는다.

어휘 interviewer 면접관

5 (A)

해석 모든 회사 차량에는 GPS 추적 장치가 장착되어 있다.

해설 빈칸 앞의 수동태 are equipped와 결합하여 '~을 갖추다'라는 의미를 나타내는 것이 적절하므로, 전치사 (A) with가 정답이다.

오답 (B) by는 'GPS 추적 장치에 의해 장착된다'는 의미가 되므로 의미상 적절하지 않다.

어휘 vehicle 차량

6 **(A)**

해석 월간 소식지를 받는 데 관심이 있으시면, 양식의 박스에 체크하세요.

해설 빈칸은 If 부사절의 동사 자리이다. 빈칸 뒤의 전치사 in과 결합하여 '~에 관심이 있다'라는 뜻의 be interested in 표현을 완성하는 (A) are interested가 정답이다.

오답 (B) were interesting은 능동의 의미로 전치사 in과 결합하여 알맞은 의미를 나타내지 않으므로 답이 되지 않는다.

어휘 monthly 매월의   form 양식, 서식

토익 실전 대비하기   본책 p.96

1 (B)   2 (C)   3 (B)   4 (C)   5 (D)
6 (A)   7 (B)   8 (C)   9 (C)   10 (D)

---

1 **(B) 능동태 vs. 수동태**

해석 제임스 김의 최신 소설은 지난달에 출간된 이후로, 많은 긍정적인 평가를 받았다.

해설 빈칸은 주어가 novel인 Since 부사절에서 was와 함께 동사구를 이루는 자리이다. 빈칸 뒤에 목적어가 없으며 소설은 출간의 대상이므로 수동태 형태를 완성하는 (B) released가 정답이다.
동사원형 (A) release와 3인칭 단수 현재형 (D) releases는 be동사와 쓸 수 없고, (C) releasing은 능동태로 뒤에 목적어를 필요로 하기 때문에 적절하지 않다.

어휘 novel 소설   positive 긍정적인   review 평가   release 출시하다, 발매하다

---

2 **(C) 5형식 동사의 능동태 vs. 수동태**

해석 그 신제품은 재생 가능 에너지 기술 분야에서 획기적인 발전으로 간주되었다.

해설 빈칸은 was와 함께 주어 The new product의 동사구 자리로, 빈칸 뒤에 명사 a breakthrough가 있다. 문맥상 신제품이 획기적인 발전으로 '간주되다'라는 의미가 되어야 자연스러우므로, 명사 a breakthrough는 5형식 동사 consider가 수동태로 쓰인 문장의 목적격 보어임을 알 수 있다. 따라서 수동태를 이루는 과거분사 (C) considered가 정답이다.
(A) consider는 동사원형으로 be동사 뒤에 들어갈 수 없고, (B) considering은 be동사 뒤에서 현재진행 능동태를 이루어 3형식 동사(고려하다)로나 5형식 동사(간주하다)로나 사물 주어 product와 어울리지 않으며, (D) consideration은 뒤의 명사와 어울리지 않으므로 답이 되지 않는다.

어휘 breakthrough 획기적인 발전
renewable energy 재생 가능 에너지

---

3 **(B) 4형식 동사의 능동태 vs. 수동태**

해석 더 많은 사용자를 끌어들이기 위해, 에녹스 일렉트로닉스는 고객들에게 새 소프트웨어의 무료 체험판을 제공했다.

해설 빈칸은 주어 Enox Electronics의 동사 자리이다. 빈칸 뒤에 간접 목적어 customers와 직접 목적어 a free trial이 있으므로, 빈칸에는 4형식 능동태 동사가 들어가야 한다. 따라서 '~에게 …을 제공하다'라는 의미의 4형식 동사 offer의 과거형 (B) offered가 정답이다.
(A) offering과 (C) being offered는 동사 자리에 들어갈 수 없고, 수동태 동사 (D) was offered 역시 문장 구조상 답이 되지 않는다.

어휘 attract 끌어들이다   trial 체험판

---

4 **(C) by 이외의 전치사를 쓰는 수동태**

해석 그 고객은 우리 지원팀이 제공한 서비스에 상당히 만족했다.

해설 빈칸 앞의 be동사 was와 빈칸 뒤의 전치사 with와 결합하여 '~에 만족하다'라는 의미를 완성하는 (C) pleased가 정답이다.
수동태로 쓰이는 경우 (A) advised는 to부정사나 that절과 잘 쓰이고, (B) confused는 전치사 about이나 by와 어울리며, (D) interested는 전치사 in과 함께 쓴다.

어휘 client 고객   quite 꽤, 상당히   provide 제공하다

5 (D) 능동태 vs. 수동태

해석 이륙과 착륙 중에는 스마트폰과 기타 무선 기기의 사용이 금지됩니다.

해설 빈칸은 주어 The use의 동사 자리이다. 빈칸 뒤에 목적어 없이 전치사 during이 이어지고 있고, 기기의 사용은 금지하는 대상이 되므로 '~을 금지하다'라는 의미의 동사 prohibit의 수동태 (D) is prohibited가 정답이다.
동명사/현재분사 (A) prohibiting, to부정사 (B) to prohibit은 동사 자리에 들어갈 수 없다. (C) prohibits는 능동태로 뒤에 목적어가 필요하므로 오답이다.

어휘 wireless 무선의   gadget 기기   takeoff 이륙   landing 착륙

6 (A) 능동태 vs. 수동태

해석 천연 스킨케어 제품을 홍보하기 위한 캠페인은 늦여름에 시작될 것이다.

해설 빈칸은 주어 The campaign의 동사 자리이다. 빈칸 뒤에 목적어가 없고 미래 시점을 나타내는 표현이 있으므로 미래 수동태인 (A) will be launched가 정답이다.
(B) launching은 동명사/현재분사로 동사 자리에 들어갈 수 없고, (C) launch는 단수 주어 The campaign과 수 일치되지 않으며, (D) has been launching은 현재완료 진행 능동태로 답이 되지 않는다.

어휘 promote 홍보하다   launch 시작하다; 출시하다

7 (B) by 이외의 전치사를 쓰는 수동태

해설 제노비아 바이오테크의 새 연구 시설은 선진 의학 치료법을 개발하는 데 전념하고 있다.

해설 빈칸 앞의 be동사 is와 빈칸 뒤의 전치사 to와 결합하여 '~에 전념하다, 헌신하다'라는 의미를 나타내야 자연스러우므로, (B) dedicated가 정답이다. be dedicated to를 관용 표현으로 알아 두자.
동사 dedicate는 능동태로 쓸 경우 dedicate A to B의 구조를 취하므로 현재진행 능동태를 이루는 (A) dedicating은 답이 되지 않는다. (C) dedicate는 동사원형으로 be동사 뒤에 쓸 수 없고, (D) dedication은 명사로 주어진 문장에서 보어 역할을 하기에 의미상 적절하지 않다.

어휘 research facility 연구 시설   advanced 선진의, 진보한   medical treatment 의학 치료(법)   dedication 전념, 헌신

8 (C) 자동사 vs. 타동사

해석 예기치 못한 정전이 국제 비즈니스 회의 도중에 발생했다.

해설 빈칸은 주어 The unexpected power outage의 동사 자리로, 뒤에 목적어 없이 전치사구가 이어지고 있다. 따라서 능동태의 자동사가 들어가야 하므로 (C) occurred가 정답이다.
(A)의 schedule과 (B)의 cause는 타동사로 뒤에 목적어를 취하거나 수동태로 쓰여야 하고, (D)의 hold는 '(어떤 상태를) 유지하다'라는 뜻의 자동사로도 쓰일 수 있지만 문맥상 어울리지 않는다.

어휘 unexpected 예기치 못한   power outage 정전   conference 회의

9 (C) 능동태 vs. 수동태

해석 원본 영수증이 있는 고객은 구매일로부터 30일 이내에 전액 환불을 위해 결함이 있는 제품을 반품할 수 있습니다.

해설 주어가 Customers인 문장의 동사 자리로 빈칸 뒤에 목적어 any defective item이 있으므로, 능동태 (C) may return이 정답이다. (B) are returned, (D) should be returned는 모두 수동태로 고객이 반품의 대상이라는 의미가 되기 때문에 적절하지 않고, (A) returning은 동명사/현재분사로 동사 자리에 들어갈 수 없다.

어휘 original 원래의, 원본의   receipt 영수증   defective 결함이 있는   refund 환불

UNIT 08 태   33

10 (D) 능동태 vs. 수동태

해석 앱튼 쇼핑 센터의 건축 설계는 일련의 평가와 수정 후에 승인되었다.

해설 빈칸은 주어 The building designs의 동사 자리이다. 빈칸 뒤에 목적어가 없고 after로 시작하는 전치사구가 이어지고 있으며, 문맥상 건축 설계가 '승인되었다'는 의미가 되어야 알맞으므로 현재완료 수동태 (D) have been approved가 정답이다.
(A) approved, (B) are approving, (C) have approved는 모두 능동태이므로 답이 되지 않는다.

어휘 a series of 일련의 evaluation 평가 revision 수정

UNIT 09 시제

1 단순 시제

토익 유형 연습하기 본책 p.102

1 (A) 2 (B) 3 (A) 4 (B) 5 (A)
6 (B) 7 (B)

1 (A)

해석 한민 문화 센터는 6개월 전에 본관 극장에 스튜디오를 추가하기로 결정했다.

해설 문장에 과거를 나타내는 부사구 six months ago가 있으므로, 빈칸에는 과거 시제 (A) decided가 정답이다. 과거 시점을 나타내는 ago에 유의한다.

오답 (B) decides는 현재 시제로, 과거 시간 표현과 어울리지 않는다.

어휘 decide to ~하기로 결정하다

2 (B)

해석 회사는 현재 전 세계적으로 500명 이상의 직원을 고용하고 있다.

해설 빈칸 앞에 '현재, 지금'이라는 의미의 부사 currently가 있으므로, 빈칸에는 현재 시제 동사가 들어가는 것이 적절하다. 따라서 (B) employs가 정답이다.

오답 (A) employed는 과거 시제로, currently와 어울리지 않는다.

어휘 worldwide 전 세계적으로

3 (A)

해석 다음 달에, 저희 수석 스타일리스트인 한 씨가 호평받은 작품 컬렉션을 전시할 것입니다.

해설 문장 시작 부분에 미래를 나타내는 부사구 Next month가 있으므로, 미래 시제 (A) will exhibit이 정답이다.

오답 (B) exhibited는 과거 시제로, 미래 시간 표현과 어울리지 않는다.

어휘 lead 수석의, 선도의 work 작품

4 (B)

해석 구내 식당은 직원들에게 아침을 제공하기 위해 보통 오전 7시에 문을 연다.

해설 빈칸은 주어 The cafeteria와 동사 opens 사이에서 동사를 수식하는 부사 자리이다. 보기 중에서 식당이 문을 여는 '반복적인 일'을 나타내는 현재 시제에 알맞은 부사를 선택해야 하므로, '보통'이라는 의미의 (B) usually가 정답이다.

오답 (A) recently는 '최근에'라는 의미의 부사로, 과거 또는 현재완료 시제와 자주 사용된다.

5 (A)

해석 회사가 다음 주에 새로운 정책을 시행하면, 전체 매출이 증가할 것이다.

해설 빈칸은 접속사 If가 이끄는 조건 부사절의 동사 자리이다. If절에 미래를 나타내는 부사구

next week가 있지만, 조건 부사절에서는 미래의 의미를 나타낼 때도 미래 시제 대신 현재 시제를 써야 하므로 (A) implements가 정답이다.

오답 (B) will implement는 미래 시제이므로 오답이다.

어휘 policy 정책 increase 증가하다

6 (B)

해석 고객들은 결제가 완료될 때 확인 이메일을 받을 것이다.

해설 빈칸은 when 부사절이 쓰인 문장에서 주절의 동사 자리이다. 접속사 when이 이끄는 시간 부사절의 동사가 현재 시제인 is completed이지만, 문맥상 미래의 의미를 나타내고 있으므로 주절에는 미래 시제를 쓰는 것이 적절하다. 따라서 (B) will receive가 정답이다.

오답 (A) received는 과거 시제로, when 부사절과 시제 일치하지 않는다.

어휘 customer 고객 payment 결제, 지불 complete 완료하다

7 (B)

해석 모든 공항 확장 공사는 올해 말까지 완료될 것이다.

해설 보기가 각각 다른 시제의 능동태와 수동태로 구성되어 있다. 능동과 수동을 판단하기에 앞서 빈칸 뒤에 정답의 단서가 되는 미래 표현 by the end of this year(올해 말까지)가 있다. 따라서 빈칸에는 수동태의 미래 시제 (B) will be finished가 정답이다.

오답 (A) finished는 능동태 과거 시제로, 태와 상관없이 답이 되지 않는다.

어휘 construction work 건설 공사 by the end of ~ 말까지

2 진행 시제

토익 유형 연습하기 본책 p.103

1 (B) **2** (A)

1 (B)

해석 CEO는 다음 주 기자 회견에서 새로운 전략을 발표할 예정이다.

해설 가까운 미래 시점인 next week's press conference에 일어날 일을 나타내야 하므로, 현재진행 시제 (B) is announcing이 정답이다. 현재진행 시제로 가까운 미래의 예정이나 계획을 나타낼 수 있다.

오답 (A) announces는 현재 시제로, 영화 상영 일정표나 기차 시간표처럼 '정해진 일정'을 말할 때는 현재 시제가 미래를 나타낼 수도 있지만, 이 문장에서는 어울리지 않는다.

어휘 strategy 전략 announce 발표하다

2 (A)

해석 귀하가 최근 주문한 제품들은 오늘 늦게 도착할 예정입니다.

해설 문장 끝에 미래를 나타내는 부사구 later today가 있으므로, 빈칸에는 미래 시제 관련 동사가 쓰여야 한다. 따라서 미래진행 시제 (A) will be arriving이 정답이다.

오답 (B) have arrived는 현재완료 시제로, 미래를 나타내는 부사구와 어울리지 않는다.

어휘 recently 최근에 order 주문하다 later 후에, 나중에

3 완료 시제

토익 유형 연습하기
본책 p.105

1 (B)   2 (A)   3 (A)

1 (B)

해석 경영진은 이달 말까지 합병에 대한 최종 결정을 내릴 것이다.

해설 문장 끝에 미래완료 시제와 자주 쓰이는 「by + 미래 시점」 표현이 있으므로, 빈칸에는 미래완료 시제 (B) will have made가 정답이다.

오답 (A) has made는 현재완료 시제로, 미래를 나타내는 부사구와 어울리지 않는다.

어휘 final decision 최종 결정

2 (A)

해석 애플리케이션은 처음 출시된 이후로 여러 번 업데이트되었다.

해설 문장에 현재완료와 자주 쓰이는 「since + 주어 + 과거 시제」 부사절이 있으므로, 빈칸에는 현재완료 시제 (A) has been updated가 정답이다.

오답 (B) was updated는 과거 시제로, since 부사절과 어울리지 않는다.

3 (A)

해석 가게가 문을 열었을 즈음에는 고객들이 가게 문 밖에 줄을 서 있었다.

해설 「by the time + 주어 + 과거 시제, 주어 + 과거완료 시제」 구조의 문장이다. 빈칸의 동사는 가게가 문을 연 시점보다 더 이전의 일을 나타내야 알맞기 때문에 과거완료 시제 (A) had lined가 정답이다.

오답 (B) will have lined는 미래완료 시제로, 미래의 특정 시점까지 완료될 행동을 나타내므로 답이 되지 않는다. by the time이 미래완료 시제와 쓰일 때는 「by the time + 주어 + 현재 시제, 주어 + 미래완료 시제」 구조로 쓰이는 것도 함께 알아 두자.

어휘 outside ~ 밖에

토익 실전 대비하기
본책 p.106

| 1 (A) | 2 (B) | 3 (C) | 4 (B) | 5 (B) |
| 6 (C) | 7 (C) | 8 (C) | 9 (A) | 10 (B) |

1 (A) 현재 시제

해석 윤 씨는 금요일마다 온라인 상점에서 정기적으로 문구류를 주문한다.

해설 빈칸은 문장의 동사 자리이다. 빈칸 앞에 '정기적으로'라는 뜻의 부사 regularly와 문장 마지막 부분에 '금요일마다'라는 의미의 부사구 on Fridays가 있으므로, 빈칸에는 반복적인 일을 나타내는 현재 시제 동사가 들어가는 것이 적절하다. 따라서 현재 시제 (A) orders가 정답이다.
(B) ordered는 과거 시제로 답이 되지 않고, (C) ordering과 (D) to order는 동사 자리에 들어갈 수 없다.

어휘 stationery 문구류

2 (B) 현재진행 시제

해석 교향악단은 다가오는 이번 토요일에 그랜드 극장에서 공연할 예정이다.

해설 빈칸은 주어 The symphony orchestra의 동사 자리이다. 문장에 미래를 나타내는 부사구 this upcoming Saturday가 있으므로, 빈칸에는 미래를 나타낼 수 있는 동사가 쓰여야 한다. 보기 중 수동태 미래 시제 (A) will be performed와 능동태 현재진행 시제 (B) is performing이 가능한데, 주어 orchestra가 공연하는 행위의 주체이므로 능동태 (B) is performing이 정답이다. 현재진행 시제로 가까운 미래에 예정된 일이나 계획을 나타낼 수 있다.

어휘 symphony orchestra 교향악단
upcoming 다가오는   perform 공연하다

3 (C) 현재완료 시제와 어울리는 전치사

해석 그 호텔은 2005년 개장 이래로 5성급 평점을 유지해 오고 있다.

해설 빈칸은 과거 시점을 나타내는 명사구 its grand opening in 2005를 목적어로 취하는 전치사 자리이다. 또한 문장에는 과거의 일이 현재까지 계속되는 상황을 나타내는 현재완료 has maintained가 쓰였다. 따라서 '~ 이래로'라는 뜻의 현재완료 시제와 어울리는 전치사 (C) since가 정답이다.
(A) for와 (B) during은 '~ 동안'이라는 의미로 시점이 아닌 기간 표현과 쓰이고, (D) when은 접속사이므로 전치사 자리에 쓸 수 없다.

어휘 maintain 유지하다 rating 평점, 등급

4 (B) 미래 시제

해석 다음 달부터, 한울 아파트 거주자들은 더 비싼 관리비를 부과받게 될 것이다.

해설 빈칸은 문장의 동사 자리로, 미래를 나타내는 부사구 Starting next month가 문장 앞 부분에 있으므로 빈칸에는 미래를 나타내는 동사가 들어가야 한다. 따라서 미래 시제 (B) will be charged가 정답이다.
(A) being charged와 (C) to charge는 동사 자리에 들어갈 수 없고, (D) charged는 능동태의 과거 시제로 태와 시제가 맞지 않으므로 답이 되지 않는다.

어휘 resident 거주자 maintenance fee 관리비 charge 부과하다, 청구하다

5 (B) 시간/조건 부사절에서 미래를 나타내는 현재 시제

해석 내년에 보수 공사가 완료되면, 국립박물관은 즉시 일반인들을 대상으로 다시 공개될 것이다.

해설 빈칸은 접속사 once가 이끄는 부사절의 동사 자리이다. 빈칸 뒤에 미래를 나타내는 부사구 next year가 있지만, 시간/조건의 부사절에서는 미래의 의미를 포함해도 현재 시제가 미래 시제를 대신하므로 현재 시제 (B) finishes가 정답이다.

어휘 renovation work 보수 공사 reopen 다시 개방하다 the public 일반인들

6 (C) 과거 시제와 어울리는 부사

해석 타이탄 오토의 SUV 차량들은 일부 안전 우려 때문에 최근에 리콜되었다.

해설 빈칸은 be동사 were와 recalled 사이에서 동사를 수식하는 부사 자리이다. 과거 시제와 함께 문맥상 '최근에' 리콜되었다는 의미가 되어야 자연스러우므로, (C) recently가 정답이다.
(A) closely는 '면밀히', (B) thoroughly는 '철저히', (D) exactly는 '정확히'라는 의미이다.

어휘 recall 회수하다, 리콜하다 concern 우려, 걱정

7 (C) 현재완료 시제

해석 오렉스 사는 제네바에서 100년 넘게 고급 시계를 제조해 왔다.

해설 빈칸은 주어 Aurex, Inc.의 동사 자리로, 문맥상 「for + 기간」 표현과 함께 과거부터 현재까지 계속되어 온 동작을 나타내어 '제조해 왔다'를 의미하는 것이 적절하므로, 현재완료 시제 (C) has manufactured가 정답이다.
현재 진행 시제 (A) is manufacturing과 현재 시제 (B) manufactures는 현재에 초점을 맞춘 시제이므로, for more than a century처럼 긴 기간의 지속을 나타내는 부사구와는 어울리지 않는다. 미래완료 시제 (D) will have manufactured는 미래의 특정 시점이 제시되어야 하므로 답이 되지 않는다.

어휘 luxury 고급(품)의 manufacture 제조하다

8 (C) 과거 시제

해석 지난주 회의는 회사의 예산 계획과 미래 투자 전략에 초점을 맞추었다.

해설 문장에 Last week's meeting이라는 명확한 과거 시점 표현이 있으므로 과거 시제가 들어가야 한다. 문맥상 회의가 초점을 맞춘 주체이므로 (B) was focused와

(C) focused 중에 능동태 과거시제인 (C) focused가 정답이다.
현재 시제 (A) focuses는 시제 일치하지 않고, 어떤 과거 시점보다 더 이전의 일을 나타내는 과거완료 시제 (D) had focused는 문장에 기준이 되는 과거 시점이 제시되어 있지 않으므로 정답이 되지 않는다.

어휘 budget plan 예산 계획
investment strategy 투자 전략

9 (A) 미래완료 시제

해석 다음 달 이맘때쯤이면, 할버슨 매뉴팩처링은 중앙 유럽에 새로운 시설 두 곳을 열었을 것이다.

해설 문장에 미래의 기준 시점을 나타내는 부사구 By this time next month가 있으므로, 빈칸에는 미래의 특정 시점까지 완료될 동작을 나타낼 때 사용하는 미래완료 시제가 들어가야 한다. 따라서 (A) will have opened가 정답이다.
(B) will be opened 그리고 (D) has been opened는 수동태로 빈칸 뒤에 목적어가 있기 때문에 답이 되지 않고, (C) has opened는 현재완료 시제로 미래를 나타내는 부사구와 어울리지 않는다.

어휘 facility 시설, 설비

10 (B) 과거완료 시제

해석 웡 씨가 그 프로젝트를 성공적으로 완료한 후에, 그녀는 부서장으로 승진했다.

해설 빈칸은 접속사 After가 이끄는 부사절의 동사 자리이다. 주절의 동사가 was promoted로 과거 시제이고, 문맥상 승진한 시점보다 프로젝트를 완료한 시점이 먼저 일어난 일이므로, 빈칸에는 과거완료 시제가 들어가는 것이 알맞다. 따라서 (B) had completed가 정답이다.
(A) completing은 동명사/현재분사로 동사 자리에 들어갈 수 없다. 그리고 (C) was completed는 수동태로 주어와 태 일치하지 않으며, (D) completes는 현재 시제로 시제 일치하지 않으므로 답이 되지 않는다.

어휘 successfully 성공적으로   promote 승진시키다   complete 완료하다

DAY 2 ACTUAL TEST   본책 p.108

1 (C)	2 (C)	3 (A)	4 (D)	5 (B)	6 (A)
7 (B)	8 (A)	9 (C)	10 (A)	11 (B)	12 (C)
13 (C)	14 (B)	15 (D)	16 (D)		

1 (C) 동사 자리_태

해석 디자인 공모전 출품작들은 6월 1일 이전에 우편으로 접수되어야 한다.

해설 빈칸은 문장의 동사 자리이고 빈칸 앞에는 조동사 should가 있다. 또한 빈칸 뒤에는 목적어가 없고 주어 Entries가 동사 receive의 대상이므로, 빈칸에는 동사원형의 수동태 (C) be received가 정답이다.
(A) receipt는 명사로 빈칸에 들어갈 수 없고, (B) receive와 (D) have received는 능동태로 답이 되지 않는다.

어휘 entry 출품작, 응모작   contest 대회, 경연
receipt 수령; 영수증

2 (C) 과거 시제

해석 두 경쟁 회사는 한 달 전에 미래의 사업 협력에 대한 합의에 도달했다.

해설 문장 마지막 부분에 a month ago라는 명확한 과거 시점 표현이 있으므로, 과거 시제 (C) reached가 정답이다.
나머지 보기는 모두 과거의 일을 나타내는 문장의 시제로 어울리지 않는다.

어휘 competing firm 경쟁 회사   agreement 합의, 계약   collaboration 협력, 공동 작업
reach 도달하다

3 (A) 동사 자리_수 일치

해석 원격 근무자 교육 일정은 변동 사항에 대해 관리자의 승인이 필요하다.

해설 문장에 동사가 보이지 않으므로 빈칸은 문장의 동사 자리이며, 주어는 The training schedule로 단수 명사이다. 따라서 단수 동사 (A) requires가 정답이다.
(B) require는 복수 동사로 수 일치하지 않고, (C) requirement는 명사, (D) requiring은 동명사/현재분사로 동사 자리에 들어갈 수 없다.

어휘 remote 원격의   approval 승인

4 (D) 조동사 + 동사원형

해석 업데이트된 프로젝트 문서는 내부 네트워크를 통해 쉽게 공유될 것이다.

해설 조동사 will 다음에는 동사원형이 나와야 하므로 (C)와 (D) 중에서 생각할 수 있다. 빈칸 뒤에 목적어가 없고 주어 documents는 공유되는 대상이므로, 수동태 (D) be shared가 정답이다.
(A) to share과 (B) being shared는 각각 to부정사, 동명사/현재분사로 조동사 뒤에 쓸 수 없고, (C) be sharing은 능동형으로 문맥상 답이 되지 않는다.

어휘 easily 쉽게   through ~을 통해   internal 내부의

5 (B) 능동태 vs. 수동태

해석 고객들은 미리 주문을 하기 위해 모바일 앱을 사용하도록 권장되고 있다.

해설 빈칸은 주어 Customers의 동사 자리로, 빈칸 뒤의 to부정사와 함께 문맥상 '~하도록 권장되다'라는 의미를 나타내야 하므로 수동태 (B) are encouraged가 정답이다. 5형식 동사가 수동태로 쓰인 구문으로 「be encouraged + to부정사」를 '~하도록 권장되다'라는 뜻의 관용 표현으로 익혀 두자.
나머지 보기 (A), (C), (D)는 모두 능동형으로 답이 되지 않는다.

어휘 place an order 주문하다   in advance 미리, 사전에

6 (A) 동사 자리_태

해석 직원 교육 프로그램은 전통적인(= 오프라인) 형식과 온라인 형식 모두로 제공된다.

해설 문장에 동사가 없기 때문에 빈칸은 동사 자리이다. 또한 뒤에 목적어 없이 전치사 in이 이어지고 있고 주어 programs는 제공되는 대상이기 때문에 수동태 (A) are offered가 정답이다.
(B) being offered와 (D) offering은 동사 자리에 들어갈 수 없고, (C) will offer는 뒤에 제공하는 대상, 즉 목적어가 필요하므로 답이 되지 않는다.

어휘 both A and B A와 B 둘 다   traditional 전통적인   format 형식, 형태

7 (B) 시간/조건 부사절의 시제 일치 예외

해석 품질 관리팀이 오늘 오후에 최종 점검을 마치면, 창고에서 주문품을 배송할 것이다.

해설 빈칸은 접속사 when이 이끄는 부사절의 동사 자리이다. 시간/조건의 부사절에서는 미래의 일이라도 현재 시제를 사용해야 한다. 또한 주어 team이 검사를 완료하는 주체이므로, 능동형 현재 시제 (B) completes가 정답이다.
미래로 해석된다고 해서 (C) will complete를 고르지 않도록 유의한다.

어휘 warehouse 창고   quality 품질   complete 완료하다, 마치다

8 (A) 자동사 vs. 타동사

해석 약에 관해 문의 사항이 있다면, 담당 약사에게 연락하시기 바랍니다.

해설 빈칸은 please 뒤의 동사 자리이다. 또한 빈칸 뒤에 목적어 your pharmacist가 있으므로 빈칸에는 타동사가 들어가야 한다. 문맥상

담당 약사에게 연락하라는 의미가 자연스러우므로, '~에게 연락하다'라는 의미의 타동사 (A) contact가 정답이다. contact to로 쓰지 않는다는 점에 주의한다.
(B) speak와 (C) talk는 자동사로 전치사 with나 to와 잘 쓰이고, (D) discuss는 타동사이지만 '~을 논의하다'라는 의미로 뒤에 논의 대상을 목적어로 취하므로 문맥상 어울리지 않는다.

어휘 regarding ~에 관하여 medicine 약 pharmacist 약사

9 (C) be동사 뒤 알맞은 형태

해석 알바레즈 씨는 새로운 추정치를 반영하기 위해 예산안을 수정하고 있다.

해설 be동사 is 뒤에 빈칸이 있는 경우, 보어로 쓰이는 명사나 형용사, 능동 진행형의 -ing, 수동태의 p.p.가 올 수 있다. 보기에 명사 revision, 현재분사 revising, 과거분사 revised가 모두 있으므로 빈칸의 자리를 먼저 확인한 다음, 동사 자리이면 능동/수동을 구별해야 한다.
빈칸 뒤에 목적어로 쓰인 명사가 있으므로 빈칸은 동사 자리이고, 주어 Ms. Alvarez가 예산안을 수정하는 주체이므로 (C) revising이 정답이 된다.

어휘 budget proposal 예산안 reflect 반영하다 estimate 추정(치), 견적 revise 수정하다 revision 수정

10 (A) 자동사 + 전치사

해석 모든 회사는 사업 허가를 유지하기 위해 새로운 환경 기준을 반드시 준수해야 한다.

해설 빈칸은 동사 자리로, 빈칸 뒤에 있는 전치사 with와 어울리는 동사가 들어가야 한다. 문맥상 전치사 with와 함께 환경 기준을 '준수하다'라는 의미를 나타내는 동사 (A) comply가 정답이다.
(B) follow는 '~을 따르다', (C) authorize는 '권한을 부여하다', (D) reach는 '~로 이어지다'라는 뜻의 타동사로 전치사와 쓰지 않는다. 참고로, follow는 '뒤따르다', reach는 '손을 뻗다' 등을 뜻하는 자동사로도 쓰이지만 전치사 with와 어울리지 않는다.

어휘 environmental standards 환경 기준 maintain 유지하다 license 허가(증), 면허(증)

11 (B) 동사 자리_수 일치

해석 대변인은 제품 테스트 결과가 곧 공개될 것이라고 발표했다.

해설 빈칸은 목적어로 쓰인 that절 앞 동사 자리이다. 동사로 쓰일 수 있는 (A)와 (B) 중에서 (A) announce는 주어 The spokesperson과 수 일치하지 않으므로, 과거 시제 (B) announced가 정답이다.
(C) announcing은 동명사/현재분사, (D) to announce는 to부정사로 동사 자리에 쓸 수 없다.

어휘 spokesperson 대변인 result 결과 make public 공개하다 announce 발표하다

12 (C) 현재완료 시제

해석 그 음악 축제는 지난 5년 동안 8월 초에 같은 장소에서 개최되어 왔다.

해설 빈칸은 주어 The music festival의 동사 자리로, 문장에 for the past five years라는 기간 표현이 있으므로 과거부터 현재까지 계속되는 상황을 나타내는 동사가 들어가는 것이 적절하다. 따라서 현재완료 시제 (C) has taken이 정답이다.
(A) take는 3인칭 단수인 문장의 주어와 수 일치하지 않고, (B) taking은 동사 자리에 쓸 수 없으며, (D) will be taking은 미래 진행형으로 문맥상 어울리지 않는다.

어휘 take place 개최되다, 일어나다 venue 장소, 개최지

13 (C) 동사의 수 일치/태

해석 정오 이후에 체크아웃하는 사람은 누구든 추가 요금을 부과받게 됩니다.

해설 빈칸은 명사 Anyone을 수식하는 관계대명사절의 동사 자리로, 주어인 Anyone은 단수 대명사이므로 동사도 단수 형태가 와야 한다. (B), (C), (D) 중에서 Anyone이 체크아웃 행위를 하는 주체이므로, 능동형 (C) checks가 정답이다.

어휘 charge 부과하다, 청구하다 additional fee 추가 요금

14 (B) 미래시제/태

해석 오늘 이따가, 골든 테이블 케이터링 직원들이 시청에서의 연회를 위해 테이블을 준비하고 있을 것이다.

해설 문장에 Later today라는 미래를 나타내는 부사구가 있으므로, 빈칸에는 미래 관련 시제가 들어가야 한다. 또한 주어 staff가 arrange하는 주체이므로 빈칸은 능동형이 되어야 한다. 따라서 능동형 미래진행 시제인 (B) will be arranging이 정답이다.
이처럼 동사구가 길고 복잡한 경우, 동사의 형태로 능동태인지 수동태인지를 빠르게 구별할 수 있는데, 마지막 두 단어에 be p.p.가 있으면 수동태이다. 즉, (A)와 (B)는 능동태, (C)와 (D)는 수동태임을 빠르게 파악할 수 있다.

어휘 banquet 연회, 만찬 arrange 준비하다, 배열하다

15 (D) 자동사 + 전치사

해석 베르다 컨설팅은 소규모 소매업체에 재정 자문을 제공하는 데 특화되어 있다.

해설 빈칸은 문장의 동사 자리로, 빈칸 뒤에 있는 전치사 in과 어울리는 자동사가 들어가야 한다. 문맥상 '재정 자문에 특화되어 있다'는 의미가 되어야 자연스러우므로 전치사 in과 함께 쓰여 '~에 전문화되어 있다'는 뜻을 나타내는 (D) specializes가 정답이다.

(A)의 explain은 '설명하다', (B)의 interest은 '관심을 갖게 하다', (C)의 establish는 '설립하다'라는 의미의 타동사이다.

어휘 provide 제공하다 financial advice 재정 자문 retail 소매업체

16 (D) 현재완료 시제/태

해석 그 지역 공공 도서관은 개관 이후로 최신 시설을 갖춰 왔다.

해설 문장에 '개관 이후로'라는 의미의 표현 since its opening이 있으므로, 빈칸에는 과거부터 현재까지 계속되는 상태를 나타내는 현재완료 시제가 들어가는 것이 적절하다. 또한 도서관은 시설이 갖추어진 대상이므로 현재완료 수동태 (D) has been equipped가 정답이다. (A) will be equipped는 과거부터 현재까지의 기간을 의미하는 「since + 명사」 표현과 어울리지 않고, (B) equipped 그리고 (C) has equipped는 능동태로 주어가 직접 갖추는 행위를 한다는 의미가 되므로 답이 되지 않는다.

어휘 state-of-the-art 최신의, 최첨단의 facility 시설, 설비 opening 개관(식)

DAY 3
준동사

UNIT 10 to부정사

1 to부정사의 역할

토익 유형 연습하기 본책 p.114

1 (B) 2 (A) 3 (B) 4 (B) 5 (A)
6 (B)

---

1 (B)

- 해석: 관리자는 새로운 프로젝트를 논의하기 위해 회의를 열었다.
- 해설: 빈칸 앞에 완전한 문장이 있고 빈칸 뒤에는 명사구 the new project가 있으므로 빈칸 이하는 앞 문장을 수식하는 부사 자리임을 알 수 있다. 문맥상 회의를 연 이유를 제시하는 것이 자연스러우므로 '논의하기 위해'라는 의미의 to부정사 (B) to discuss가 정답이다.
- 오답: (A) will discuss는 동사로, 이미 문장에 동사가 있으므로 오답이다.
- 어휘: discuss 논의하다

2 (A)

- 해석: 회사는 직장에서의 효율성을 향상시킬 방법을 찾고 있다.
- 해설: 빈칸 앞에 위치한 명사 way는 to부정사의 수식을 받아 '~할 방법'이라는 의미를 나타내므로, to부정사 (A) to improve가 정답이다.
- 오답: (B) improvement는 명사로, way 또는 efficiency와 복합 명사를 구성하지 않으므로 빈칸에 적절하지 않다.
- 어휘: look for ~을 찾다 workplace 직장

3 (B)

- 해석: 그 모바일 앱은 고객들이 안전하게 결제할 수 있도록 해 준다.
- 해설: 빈칸은 동사 allows의 목적격 보어 자리이다. 동사 allow는 목적격 보어로 to부정사를 취하므로 빈칸에는 to부정사가 들어가야 한다. 따라서 (B) to make가 정답이다.
- 오답: (A) make는 동사원형으로, 사역동사가 동사로 주어진 경우에 동사원형으로 사용할 수 있으므로 오답이다.
- 어휘: allow 가능하게 하다 payment 결제(액)

4 (B)

- 해석: 에이펙스 모터스 회사는 이번 분기에 생산량을 늘릴 계획이다.
- 해설: 빈칸은 동사 plans의 목적어 자리이다. 동사 plan은 to부정사를 목적어로 취하기 때문에 빈칸에는 (B) to increase가 정답이다.
- 오답: (A) increase는 동사원형으로, 이미 문장에 동사가 있으므로 답이 되지 않는다.
- 어휘: quarter 분기 increase 늘리다, 증가시키다

5 (A)

- 해석: 고객 만족도를 향상시키기 위해, 그 가게는 영업 시간을 연장했다.
- 해설: 콤마 뒤에 완전한 문장이 있고 빈칸 뒤에는 동사 improve와 목적어 customer satisfaction이 있으므로, 빈칸 이하는 콤마 뒤의 문장을 수식한다. 빈칸 뒤 동사원형을 취할 수 있고 문맥상 '가게가 영업시간을 연장한 목적'을 제시하는 것이 자연스러우므로, 빈칸에는 '~하기 위하여'라는 의미의 to부정사 (A) In order to가 정답이다.
- 오답: (B) Due to는 전치사로, 명사를 목적어로 취한다.
- 어휘: improve 향상시키다

6 (B)

해석 공장에서 사용될 모든 안전 장비는 점검되어야 한다.

해설 (A)와 (B) 모두 주어 All safety equipment를 뒤에서 수식할 수 있는 to부정사이다. 문맥상 안전 장비는 사용의 대상이므로 빈칸에는 '사용될'이라는 수동의 의미를 나타내는 to부정사가 와야 한다. 따라서 (B) to be used가 정답이다.

오답 (A) to use는 뒤에 목적어를 취해야 하는 능동형으로 적절하지 않다.

2 to부정사의 빈출 표현

토익 유형 연습하기   본책 p.117

1 (A)   2 (B)   3 (B)   4 (B)   5 (A)
6 (B)

1 (A)

해석 소프트웨어 회사는 새로운 앱으로 더 많은 사용자를 끌어들일 것을 기대하고 있다.

해설 빈칸은 주어 The software company의 동사 자리이다. 빈칸 뒤에는 to부정사 to attract가 있으므로, 빈칸에는 to부정사를 목적어로 취하는 동사가 들어가야 한다. 따라서 '~을 기대하다'라는 의미의 (A) expects가 정답이다.

오답 (B) recommends는 to부정사가 아닌 동명사를 목적어로 취한다.

어휘 user 사용자

2 (B)

해석 클라우드 기술은 직원들이 어디서든 파일에 접근할 수 있게 해 준다.

해설 주어진 문장의 동사 enables는 'A가 ~할 수 있게 하다'라는 의미의 「enable + A + to부정사」 표현으로 자주 사용된다. 빈칸은 해당 표현의 to부정사 자리에 해당하므로 to부정사 (B) to access가 정답이다.

오답 (A) will access는 미래 시제 동사로, 주어진 문장에 이미 동사가 있기 때문에 답이 되지 않는다.

어휘 access 접근하다, 이용하다

3 (B)

해석 지금은 우리 직원들을 위해 사무실 공간을 보수하기에 완벽한 시기이다.

해설 빈칸 앞은 완전한 절이며 빈칸 뒤에는 명사구가 있으므로 빈칸 이하는 앞 문장 혹은 빈칸 앞 time을 수식함을 알 수 있다. 명사 time은 '~할 시간'이라는 뜻의 「time + to부정사」 표현으로 자주 사용되므로 문맥상 '보수하기에 완벽한 시기'라는 의미를 나타내는 to부정사 (B) to renovate가 정답이다.

오답 (A) renovating은 동명사로 명사 time을 수식할 수 없기 때문에 빈칸에 적절하지 않다.

어휘 renovate 보수하다

4 (B)

해석 모든 방문객은 공장 안에서 안전모를 착용하도록 요구받는다.

해설 동사 require은 5형식 동사로 「require + A + to부정사」의 구조를 취할 수 있다. 수동태로 사용할 경우에는 '~하도록 요구받다'라는 의미의 「be동사 + required + to부정사」가 된다. 문맥상 안전모를 착용하는 것이 방문객들에게 요구된다는 내용이 자연스러우므로, (B) required가 정답이다.

오답 (A) protected는 '보호받는'이라는 뜻으로, 의미상 적절하지 않다.

5 (A)

해석 블루 리프 커피는 항상 고객들에게 신선한 커피를 제공할 준비가 되어 있다.

해설 빈칸 뒤에는 to부정사 to serve가 있고 빈칸 앞에는 be 동사 is가 있으므로 문맥상 '신선한 커피를 제공할 준비가 되어 있다'라는 의미의 「be동사 + ready + to부정사」 표현이 자연스럽다. 따라서 (A) ready가 정답이다.

오답 (B) delicious는 의미상 빈칸에 어울리지 않는다.

6 (B)
해석 영업 사원은 자주 해외로 출장을 가는 데 익숙하다.

해설 빈칸은 빈칸 앞 'is accustomed to'에서 전치사 to의 목적어 자리이다. 따라서 명사 역할을 하는 동명사 (B) traveling이 정답이다.

오답 「be동사 + accustomed + to」에서 to는 to부정사가 아닌 전치사 to이다. (A) travel은 동사원형으로 전치사 to 뒤에 사용할 수 없다.

어휘 sales representative 영업 사원 abroad 해외로, 해외에

토익 실전 대비하기 본책 p.118

| 1 (B) | 2 (B) | 3 (C) | 4 (C) | 5 (A) |
| 6 (C) | 7 (D) | 8 (B) | 9 (B) | 10 (D) |

---

1 (B) 동사 + 목적어 + to부정사
해석 그린필드 도서관은 이용자들이 한 번에 다섯 권까지 책을 빌릴 수 있도록 허용한다.

해설 주어진 문장의 동사 allows는 「allow + A + to부정사」 표현으로 쓰여 'A가 ~하도록 허용하다'라는 의미로 자주 사용된다. 따라서 빈칸은 동사 allow의 to부정사 자리이므로 (B) to borrow가 정답이다.
과거/과거분사형 (A) borrowed와 미래 시제 (C) will borrow, 그리고 동사원형 (D) borrow는 문장에 이미 동사가 있기 때문에 오답이다.

어휘 patron 이용자, 고객

2 (B) be동사 + 형용사 + to부정사
해석 시내 쇼핑몰은 금요일 저녁마다 붐빌 것 같다.

해설 빈칸은 빈칸 앞 be동사 is와 빈칸 뒤 to부정사 to와 함께 동사구를 이루는 자리이다. 문맥상 '금요일 저녁마다 붐빌 것 같다'라는 의미가 제시되어야 자연스러우므로, '~할 것 같다'라는 뜻을 완성하는 (B) likely가 정답이다. 「be동사 + likely + to」를 관용 표현으로 알아 두자.
(A) convenient와 (C) capable, (D) recent는 각각 '편리한', '~할 능력이 있는', '최근의'라는 뜻으로 의미상 적절하지 않다.

어휘 downtown 도심, 시내 crowded 붐비는

3 (C) 명사 + to부정사
해석 로터스 베이 리조트는 요청 시 고객의 객실에서 제공되는 무료 저녁 식사를 제공한다.

해설 빈칸 뒤에는 전치사구가 있고 빈칸 앞에는 완전한 문장이 있으므로, 빈칸 이하는 free dinner 혹은 앞 문장 전체를 수식하는 자리이다. 문맥상 '제공되는 무료 저녁 식사'라는 의미가 자연스럽다. 또한 저녁 식사는 serve의 주체가 아닌 대상이므로 빈칸에는 to부정사의 수동태인 (C) to be served가 정답이다.
현재 시제 (A) serves와 미래 수동태 (B) will be served는 동사로, 이미 문장에 동사가 있어 답이 되지 않는다. (D) serving은 동명사/현재분사형으로, '제공하는'이라는 능동의 의미가 되어 오답이다.

어휘 offer 제공하다 request 요청하다; 요청

4 (C) to부정사의 부사 역할
해석 더 많은 대중의 관심을 끌기 위해, 그 광고는 대담한 색상과 이미지를 사용했다.

해설 콤마 뒤에 완전한 문장이 있고, 빈칸 뒤에는 동사원형 attract가 있으므로 빈칸 이하는 콤마 뒤 문장을 수식한다. 문맥상 광고가 대담한 색상과 이미지를 사용한 목적을 제시하는 것이 자연스러우므로 '~하기 위해'라는 목적의 의미를 나타내는 to부정사 (C) In order to가 정답이다.
(A) Because of는 전치사로 뒤에 명사를 취한다. (B) So that과 (D) Unless는 접속사로 뒤에 문장을 취한다.

어휘 attract 끌어들이다 attention 주의, 관심 bold 대담한

5 (A) 동사 + to부정사

해석 수석 디자이너인 요한센 씨는 가까운 미래에 스포츠웨어 브랜드를 출시할 계획이다.

해설 주어진 문장의 동사는 intends이다. 동사 intend는 to부정사를 목적어로 취하는 동사이므로 빈칸에는 to부정사 (A) to launch가 정답이다.
(B) launching은 동명사로 빈칸에 적절하지 않다. 진행형 동사 (C) is launching과 과거형 동사 (D) launched는 문장에 이미 동사 intends가 있기 때문에 답이 되지 않는다.

어휘 senior 수석의, 선임의

6 (C) be p.p. + to부정사

해석 배송 기사들은 장거리 운행 중에 규칙적인 휴식을 취하도록 권장된다.

해설 주어진 문장의 동사는 수동태 are advised이다. 동사 advise는 5형식으로 쓰일 경우 to부정사를 목적격 보어로 취하며 수동태로 쓰일 경우에는 '~할 것을 조언받다'라는 의미의 「be advised + to부정사」 형태로 사용된다. 또한 문맥상 '규칙적인 휴식을 취하도록 권장된다'는 의미가 자연스럽다. 따라서 (C) to take가 정답이다.
동명사 (A) taking과 과거분사 (B) taken은 are advised와 함께 사용하지 않는다. (D) can take는 「조동사 + 동사」로 이미 문장에 동사가 있기 때문에 답이 되지 않는다.

어휘 regular 규칙적인 break 휴식

7 (D) 동사 + 목적어 + to부정사

해석 토러스 렌털스는 모든 대여 차량이 연료 탱크를 가득 채운 상태로 반납되도록 요구한다.

해설 빈칸은 동사 requires의 목적격 보어 자리이다. 동사 require는 to부정사를 목적격 보어로 취하고 「require + A + to부정사」 표현으로 자주 쓰여 'A가 ~할 것을 요구하다'라는 의미를 나타낸다. 또한 목적어 every rental car는 반납의 주체가 아닌 대상이기 때문에 빈칸에는 to부정사의 수동태가 들어가야 하므로, (D) to be returned가 정답이다.
(A) returns는 현재 시제 동사로 문장에 이미 동사가 있기 때문에 오답이다. (B) to return은 능동형으로 빈칸에 의미상 적절하지 않다. (C) is returned는 수동태지만 to부정사가 아니므로 빈칸에 적절하지 않다.

어휘 rental 대여의

8 (B) to부정사의 부사 역할

해석 오래된 가구가 최신 모델을 위한 공간을 만들기 위해 저렴한 가격에 판매되고 있다.

해설 빈칸 앞에는 완전한 문장이 있고, 빈칸 뒤에는 명사구가 있으므로 빈칸 이하는 앞 문장을 수식한다. 문맥상 오래된 가구가 저렴하게 판매되고 있는 이유와 목적을 제시해주는 것이 자연스러우므로 빈칸에는 '~하기 위해서'를 뜻하는 to부정사가 들어가야 한다. 따라서 (B) to create가 정답이다.
(A) creation은 명사로 빈칸에 적절하지 않다. 과거/과거분사형 (C) created와 미래 시제 (D) will create는 to부정사가 아니므로 오답이다.

어휘 at low prices 저렴한 가격에   latest 최신의

9 (B) 동사 + to부정사

해석 위원회는 최종 결과를 발표하기 전에 한 번 더 투표하기로 결정했다.

해설 주어진 문장에 동사가 없기 때문에 빈칸은 주어 The committee의 동사 자리이다. 빈칸 뒤에는 목적어로 쓰인 to부정사가 있으므로 빈칸에는 to부정사를 목적어로 취하는 동사가 들어가야 한다. 따라서 (B) decided가 정답이다.
(A)의 invite는 사람을 초대하거나 권유할 때 사용하므로 의미상 적절하지 않다. (C)의 enjoy와 (D)의 advise는 모두 to부정사가 아닌 동명사를 목적어로 취하는 동사이기 때문에 빈칸에 적절하지 않다. 동사 advise는 3형식으로 쓰이면 동명사를 목적어로 취하지만 5형식으로 쓰이면 to부정사를 목적격 보어로 취하는 것에 유의해야 한다.

어휘 committee 위원회   hold 열다, 개최하다
vote 투표; 투표하다

10 (D) 명사 + to부정사

해석 전기 소비를 줄이기 위한 노력으로, 사무실을 나갈 때는 불을 꺼 주시기 바랍니다.

해설 빈칸 앞에 관사 an이 있고 빈칸 뒤에 to부정사 to reduce가 있으므로, 빈칸은 to부정사의 수식을 받는 명사 자리임을 알 수 있다. 문맥상 '전기 소비를 줄이기 위한 노력'이라는 의미가 자연스러우므로, '~하기 위한 노력으로'라는 뜻의 「In an effort + to부정사」 표현을 완성하는 (D) effort가 정답이다.
(A) output은 '산출(량), 출력', (B) instance는 '사례, 경우', (C) account는 '설명'이라는 뜻으로 의미상 적절하지 않다.

어휘 reduce 줄이다 consumption 소비 turn off 끄다

UNIT 11 동명사

1 동명사의 역할

토익 유형 연습하기 본책 p.123

1 (B)   2 (B)   3 (A)   4 (A)

1 (B)

해석 전문가들은 컴퓨터 바이러스를 정기적으로 검사할 것을 권장한다.

해설 문장의 동사는 recommend이다. 동사 recommend는 동명사를 목적어로 취한다. 또한 빈칸 뒤에는 목적어 your computer가 있으므로 빈칸에는 동명사 (B) checking이 정답이다.

오답 (A) check는 동사원형으로 이미 문장에 동사 recommend가 있기 때문에 오답이다.

어휘 recommend 권장하다, 추천하다 regularly 정기적으로

2 (B)

해석 연구원은 여러 번의 실험을 수행함으로써 정확한 결과를 얻었다.

해설 빈칸은 전치사 by의 목적어 자리이고 빈칸 뒤에는 목적어 multiple tests가 있으므로 빈칸에는 목적어를 취하면서 전치사의 목적어 역할을 하는 동명사가 들어가야 한다. 따라서 (B) performing이 정답이다.

오답 (A) performance는 명사로 전치사의 목적어로 쓰일 수 있지만 빈칸 뒤 목적어를 취할 수 없으므로 빈칸에 적절하지 않다.

어휘 researcher 연구원 multiple 여러 번의, 다수의

3 (A)

해석 회사는 창립 50주년 기념일을 축하하기 위해 특별판을 발행했다.

해설 빈칸은 동사 published의 목적어 자리이고 빈칸 앞에는 'special'이라는 형용사가 있다. 동명사는 부사의 수식을 받고, 명사는 형용사의 수식을 받기 때문에 빈칸에는 명사 (A) edition이 정답이다.

오답 (B) editing은 동명사로 부사의 수식을 받아야 한다.

어휘 celebrate 축하하다, 기념하다 anniversary 기념일

4 (A)

해석 타오 씨는 신입 사원들을 교육하는 일을 담당하고 있다.

해설 빈칸은 전치사 of의 목적어 자리이다. 빈칸 뒤에는 목적어 new employees가 있으므로 빈칸에는 명사 형태이며 동시에 목적어를 취할 수 있는 동명사가 들어가야 한다. 따라서 (A) training이 정답이다.

오답 (B) trained는 '훈련된'이라는 뜻의 과거분사로 문맥상 답이 되지 않는다.

어휘 in charge of ~을 맡다, 담당하다

2 동명사의 빈출 표현

토익 유형 연습하기 본책 p.125

1 (B)　2 (B)　3 (A)　4 (A)

1 (B)
- 해석: 공항을 떠나기 전에 수하물 태그를 주의 깊게 확인하세요.
- 해설: 빈칸은 전치사 before 뒤의 목적어 자리이다. 또한 빈칸 뒤 명사인 the airport를 목적어로 취해야 하므로 동명사 (B) leaving이 정답이다.
- 오답: (A) leave는 동사원형으로, 전치사 before 뒤에 올 수 없고 문장에 이미 동사 check가 있으므로 적절하지 않다.
- 어휘: carefully 주의 깊게

2 (B)
- 해석: 자원 봉사자들은 노숙자들에게 음식과 보호소를 제공하는 데 전념하고 있다.
- 해설: 빈칸 앞에는 '~하는 데 전념하다'라는 뜻의 be committed to가 있다. 해당 표현의 to는 전치사 to이기 때문에 빈칸에는 전치사의 목적어로 명사가 들어가야 한다. 따라서 동명사 (B) providing이 정답이다.
- 오답: (A) provide는 동사원형으로, 전치사 to 뒤에 올 수 없다.
- 어휘: volunteer 자원 봉사자　the homeless 노숙자들

3 (A)
- 해석: 입장료에는 박물관 카페를 이용하는 것이 포함되어 있다.
- 해설: 빈칸은 주어 The admission fee인 문장의 동사 자리이다. 빈칸 뒤에는 목적어로 쓰인 동명사 using이 있으므로 빈칸에는 동명사를 목적어로 취하는 동사가 들어가야 한다. 따라서 (A) includes가 정답이다.
- 오답: (B) plans는 '계획하다'라는 뜻으로 to부정사를 목적어로 취하기 때문에 빈칸에 적절하지 않다.

4 (A)
- 해석: 회의 중에는 소음을 내는 것을 피해 주시기 바랍니다.
- 해설: 빈칸은 동사 avoid의 목적어 자리이다. 동사 avoid는 동명사를 목적어로 취하는 동사이므로, 동명사 (A) making이 정답이다.
- 오답: (B) to make는 to부정사로 동사 avoid의 목적어로 사용될 수 없으므로 빈칸에 적절하지 않다.
- 어휘: during ~ 중에, ~ 동안

토익 실전 대비하기 본책 p.126

1 (B)　2 (B)　3 (C)　4 (B)　5 (A)
6 (B)　7 (D)　8 (C)　9 (A)　10 (B)

1 (B) 동사 + 동명사
- 해석: 임원진들은 예산을 논의하는 것을 다음 회의까지 연기했다.
- 해설: 문장의 동사는 postponed이고 빈칸은 동사 postponed의 목적어 자리이다. 동사 postpone은 동명사를 목적어로 취하는 동사이다. 따라서 빈칸에는 동명사 (B) discussing이 정답이다.
(A) to discuss와 (C) discuss는 각각 to부정사, 동사원형으로 동사 postpone의 목적어가 될 수 없다. (D) discussion은 명사로 목적어 the budget과 어울리지 않으므로 오답이다.
- 어휘: postpone 연기하다　budget 예산

2 (B) 동명사의 명사 역할_주어
- 해석: 고객 의견을 수집하는 것은 회사가 더 나은 제품을 개발하는 데 도움을 준다.
- 해설: 빈칸은 명사구 customer feedback을 목적어로 취하는 주어 자리이다. 따라서 빈칸에

는 목적어를 취할 수 있는 명사가 들어가야 하므로, 동명사 (B) Collecting이 정답이다.
(A) Collect와 (D) Collects는 각각 동사원형, 현재 시제로 빈칸에 적합하지 않다. (C) Collection은 명사로, 주어 자리에 사용 가능하지만 목적어를 취할 수 없으므로 오답이다.

어휘 feedback 의견

3 (C) 전치사의 목적어

해석 넥스트 미디어 그룹의 공석에 지원서를 제출해 주셔서 감사합니다.

해설 빈칸은 전치사 for 뒤의 목적어 자리이다. 또한 빈칸 뒤에는 목적어 your application이 있으므로, 빈칸에는 동명사가 들어가야 한다. 따라서 동명사 (C) submitting이 정답이다. 「thank you for + 동명사(-ing)」는 관용 표현으로 알아두자.
(A) submit과 (B) submitted는 각각 동사원형과 과거/과거분사형으로 빈칸에 적절하지 않다. (D) submission은 명사이지만 의미상 적절하지 않고 명사구를 목적어로 취할 수 없으므로 답이 되지 않는다.

어휘 application 지원(서), 신청(서)
open position 공석

4 (B) 동명사의 수 일치

해석 다양한 전문 학술지를 읽는 것은 자신의 분야에서 최신 정보를 유지하는 데 도움이 된다.

해설 빈칸은 주어 Reading의 동사 자리이다. 동명사구가 주어로 쓰인 경우에는 단수 취급하기 때문에 빈칸에는 단수 동사가 들어가야 한다. 따라서 (B) is가 정답이다.
(A) are는 복수 동사로 주어와 수 일치하지 않는다. (C) being과 (D) to be는 모두 동사 자리에 사용할 수 없다.

어휘 various 다양한 stay updated 최신 정보[상태]를 유지하다 field 분야

5 (A) 전치사 + 동명사

해설 비밀번호를 정기적으로 업데이트함으로써, 개인 정보를 안전하게 유지할 수 있다.

해설 콤마 뒤에 완전한 문장이 있고 빈칸 뒤에는 동명사 updating이 있으므로 빈칸은 동명사 updating과 함께 콤마 뒤 문장을 수식하는 전치사 자리이다. 문맥상 개인 정보를 안전하게 지킬 수 있는 방법이나 수단의 의미가 제시되어야 자연스러우므로, '~함으로써'라는 의미의 전치사 (A) By가 정답이다.
(B) To는 이동 방향, 목적지, 대상 등을, (C) Over는 위치, 기간, 주제, 대상 등을, (D) For는 목적, 이유, 대상을 나타낼 때 사용하므로 빈칸에 어울리지 않는다.

어휘 personal information 개인 정보

6 (B) 전치사 to + 동명사

해석 일부 직원들은 회사를 다른 도시로 이전하는 것에 반대한다.

해설 문장의 동사 are opposed to는 '~에 반대하다'라는 뜻의 「be opposed to + 동명사(-ing)」 표현이다. 따라서 빈칸에는 동명사 (B) relocating이 정답이다. 「be opposed to + 동명사(-ing)」는 관용 표현으로 알아두자.
(A) relocate는 동사원형, (C) relocated는 과거/과거분사형으로 전치사 to의 목적어로 사용할 수 없다. (D) relocation은 명사로 빈칸에 적절하지 않다.

어휘 relocate 옮기다, 이전하다

7 (D) 동명사 vs. 명사

해석 호텔 로비의 장식들이 따뜻하고 환영하는 분위기를 만든다.

해설 빈칸은 동사가 create인 문장의 주어 자리이며 빈칸 뒤에는 for로 시작하는 전치사구가 있다. 동사 create가 복수 동사이기 때문에 빈칸에는 복수 명사가 들어가야 하므로 (D) Decorations가 정답이다.
(A) Decorate와 (B) Decorated는 동사원형, 과거/과거분사형으로 주어로 사용할 수 없다. (C) Decorating은 동명사로 쓰일 경우 주어로 사용될 수 있지만, 단수 취급하므로 빈칸에 적절하지 않다.

어휘 welcoming 환영하는 atmosphere 분위기

8 (C) 전치사 + 동명사

해석 벨라 비스트로는 고객 설문 조사를 완료한 후 메뉴에 채식 옵션을 추가하기로 결정했다.

해설 빈칸은 빈칸 앞 전치사 after의 목적어 자리이다. 빈칸 뒤에는 명사구 the customer survey가 있으므로, 빈칸은 목적어를 취할 수 있으며 동시에 전치사의 목적어가 되어야 한다. 따라서 동명사 (C) completing이 정답이다.
(A) completion은 명사로 전치사의 목적어가 될 수 있지만 목적어를 취할 수 없다. (B) completed와 (D) complete는 각각 과거/과거분사형, 동사원형으로 답이 될 수 없다.

어휘 vegetarian 채식의 customer survey 고객 설문 조사

9 (A) 동사 + 동명사

해석 내비게이션 앱은 23번 고속도로의 심한 정체 때문에 우회로를 이용할 것을 제안했다.

해설 빈칸은 주어 The navigation app의 동사 자리이다. 빈칸 뒤에는 목적어로 쓰인 동명사 using이 있다. 따라서 빈칸에는 동명사를 목적어로 취하는 동사가 들어가야 한다. 또한 문맥상 교통 정체의 해결 방법으로 우회로를 사용할 것을 제안했다는 의미가 자연스러우므로 '제안하다'라는 뜻의 (A) suggested가 정답이다.
(B) required와 (C) discovered는 동명사를 목적어로 취하지 않는다. (D) avoided는 동명사를 목적어로 취하지만 '피하다'를 의미하므로 빈칸에 적절하지 않다.

어휘 detour route 우회로 heavy 심한

10 (B) 동명사 vs. 명사

해석 나빌 파미 박사는 고대 이집트인의 일상 생활을 광범위하게 연구한 것으로 알려져 있다.

해설 빈칸은 관용 표현 be known for에서 전치사 for과 동명사 studying 사이에서 동명사를 수식하는 자리이다. 동명사를 수식하는 품사는 부사이기 때문에, 부사 (B) extensively가 정답이다.
(A) extensive는 형용사, (C) extension은 명사, (D) extending은 현재분사형 또는 동명사로 답이 되지 않는다.

어휘 be known for ~로 알려져 있다 ancient 고대의

UNIT 12 분사

1 분사의 개념과 역할

토익 유형 연습하기 본책 p.131

1 (A) 2 (B) 3 (B)

1 (A)

해석 기조 연설자는 영감을 주는 자신의 이야기로 강한 인상을 남겼다.

해설 빈칸은 소유격 her과 함께 전치사 with와 명사 story사이에서 명사 story를 수식하는 형용사 자리이다. 문맥상 '영감을 주는 이야기'가 자연스러우므로 '영감을 주는'을 뜻하는 현재분사 (A) inspiring이 정답이다.

오답 (B) inspiration은 '영감'이라는 뜻의 명사로, 빈칸에 적절하지 않다.

어휘 keynote speaker 기조 연설자

2 (B)

해석 유연 근무제는 회사의 대부분 직원들에게 선호된다.

해설 빈칸은 주어가 Flexible working hours이고 동사가 are인 문장의 보어 자리이다. 문맥상 '유연 근무제가 직원들에게 선호된다'는 의미가 자연스러우므로 빈칸에는 수동을 의미하는 과거분사가 들어가야 한다. 따라서 과거분사 (B) favored가 정답이다.

오답 (A) favorite은 형용사 혹은 명사로, 빈칸에 사용 가능하지만 수동의 의미가 아니므로 답이 되지 않는다.

어휘 favor 선호하다

3 (B)

해석 지역 식당과 카페를 평가하는 웹사이트가 매우 인기를 끌고 있다.

해설 빈칸 이하는 주어 The Web site, 동사 has become 사이에서 주어를 수식한다. 문맥상 '지역 식당과 카페를 평가하는 웹사이트가 인기를 끌고 있다'라는 능동의 의미가 자연스러우므로 현재분사 (B) reviewing이 정답이다.

오답 (A) review는 동사원형으로 이미 문장에 동사 has become이 있기 때문에 답이 되지 않는다.

어휘 local 지역의

2 현재분사 vs. 과거분사

토익 유형 연습하기
본책 p.134

1 (A)   2 (B)   3 (B)   4 (A)   5 (B)
6 (A)   7 (B)

1 (A)

해석 그 실험 결과는 연구팀에게 놀라웠다.

해설 빈칸은 주어가 The results, 동사가 were인 문장의 주격 보어 자리이다. 주어로 쓰인 실험 결과는 놀라움이라는 감정을 일으키는 원인이므로 빈칸은 현재분사가 들어가야 한다. 따라서 (A) surprising이 정답이다.

오답 (B) surprised는 과거분사로 주어가 감정을 느끼는 주체일 때 사용한다.

2 (B)

해석 권한을 받은 직원만 제한된 구역에 들어갈 수 있다.

해설 빈칸 앞에 관사 the가 있고, 빈칸 뒤에는 명사 area가 있으므로 빈칸은 area를 수식하는 형용사 자리이다. 문맥상 '제한된 구역'이라는 수동의 의미가 자연스러우므로 빈칸에는 과거분사 (B) restricted가 정답이다.

오답 (A) restricting은 현재분사로 '제한하는'이라는 능동의 뜻이므로 의미상 적절하지 않다.

어휘 personnel 직원, 인원

3 (B)

해석 들뜬 관객들은 콘서트가 시작되기를 기다리고 있었다.

해설 빈칸 앞에 관사 The가 있고 빈칸 뒤에는 명사 audience가 있으므로 빈칸은 audience를 수식하는 형용사 자리이다. audience는 감정을 느끼는 주체이므로 빈칸에는 과거분사 (B) excited가 정답이다.

오답 (A) exciting은 '신나게 하는'이라는 의미의 현재분사이다. 하지만 audience는 감정을 일으키는 원인이 아닌 감정을 느끼는 주체이므로 의미상 적절하지 않다.

어휘 audience 관객, 청중

4 (A)

해석 많은 항공사들은 무게 제한을 초과하는 수하물에 대해 승객에게 요금을 부과한다.

해설 주어진 문장은 주어가 Many airlines, 동사가 charge인 완전한 문장이므로, 빈칸 이하는 목적어 the weight limit와 함께 명사 luggage를 수식하는 것을 알 수 있다. 문맥상 '무게 제한을 초과하는 수하물'이라는 의미가 자연스러우므로 빈칸에는 '초과하는'이라는 능동의 의미를 나타내는 현재분사 (A) exceeding이 정답이다.

오답 (B) exceeded는 과거분사로, '초과된'이라는 수동을 의미한다.

어휘 charge 요금을 부과하다   passenger 승객
luggage 수하물

5 (B)

해석 새 정책과 관련된 질문들은 회의에서 논의될 것이다.

해설 빈칸 이하는 주어 Questions와 동사 will be discussed 사이에서 Questions를 수식한다. 또한 빈칸 뒤에는 목적어가 없다. 문맥상 주어 Questions와 relate의 관계는 '~와 관련된 질문'이라는 수동의 관계가 자연스럽기 때문에 과거분사 (B) related가 정답이다.

오답 (A) relating은 현재분사로, '관련시키는'이라는 능동의 의미이므로 수동의 의미가 들어가야 하는 빈칸에는 의미상 적절하지 않다.

어휘 policy 정책

6 (A)

해석 그 휴대전화는 3년 동안 지속되는 품질 보증서가 딸려 있다.

해설 빈칸 이하는 빈칸 앞 완전한 문장의 목적어 warranty를 수식하고 빈칸 뒤에는 목적어가 없다. 문맥상 수식받는 명사 warranty와 last는 '보증서가 지속하는' 능동의 관계이며 자동사 last는 현재분사로만 사용하기 때문에 (A) lasting이 정답이다.

오답 (B) lasted는 과거분사형으로, 자동사 last는 현재분사로만 사용하기 때문에 답이 되지 않는다.

어휘 come with ~이 딸려 있다

7 (B)

해석 생산 구역에 설치된 기계는 정비가 필요하다.

해설 빈칸 이하는 주어 The machine과 동사 needs 사이에서 The machine을 수식한다. 또한 빈칸 뒤에는 목적어 없이 전치사구만 있다. 문맥상 '생산 구역에 설치된 기계'라는 수동의 의미가 자연스러우므로 빈칸에는 과거분사 (B) installed가 정답이다.

오답 (A) installing는 현재분사로, '설치하는'이라는 능동의 의미이므로 오답이다.

어휘 maintenance 정비, 유지

3 분사구문

토익 유형 연습하기 본책 p.135

1 (A)   2 (B)

1 (A)

해석 보고서를 작성할 때, 기술자들은 안전 문제를 주의해야 한다.

해설 부사절 접속사인 when 뒤에 주어, 동사 없이 목적어 a report만 있으므로 부사절의 주어가 주절의 주어 Technicians와 동일하며 빈칸은 분사구문의 분사 자리임을 알 수 있다. 또한 부사절의 생략된 주어 Technicians와 동사 write는 문맥상 '기술자들이 작성할 때'라는 능동의 의미가 자연스러우므로, 현재분사 (A) writing이 정답이다.

오답 (B) written은 과거분사로, '작성된'이라는 수동의 의미이며 목적어 a report를 취할 수 없기 때문에 적절하지 않다.

어휘 technician 기술자   note 유의하다, 주목하다

2 (B)

해석 유명한 건축가에 의해 지어진, 그 박물관은 많은 방문객을 끌어들인다.

해설 빈칸 이하는 콤마 뒤의 완전한 주절을 수식하는 부사절이며 생략된 주어는 주절의 주어 the museum과 동일하다. 또한 빈칸 뒤 「by + 행위자」가 있고 생략된 주어 the museum과 동사 construct는 문맥상 '건설된 박물관'이라는 수동의 의미가 자연스럽기 때문에 빈칸에는 과거분사 (B) Constructed가 정답이다.

오답 (A) Constructing은 현재분사로, '건축하는'이라는 능동의 의미이다. 박물관은 건축하는 행위를 하는 주체가 아니기 때문에 의미상 오답이다.

어휘 attract 끌어들이다   construct 건축하다

토익 실전 대비하기
본책 p.136

1 (A) 2 (B) 3 (B) 4 (A) 5 (D)
6 (D) 7 (C) 8 (B) 9 (A) 10 (B)

1 (A) 현재분사 vs. 과거분사
해석 우리는 정당한 이유 없이 마감 기한을 연장하는 계획을 승인할 수 없다.

해설 빈칸 앞에 완전한 문장이 있고 빈칸 뒤에는 목적어 the deadline이 있으므로, 빈칸 이하는 목적어 the deadline과 함께 빈칸 앞 명사 the plan을 수식한다. 문맥상 '마감일을 연장하는 계획'이라는 능동의 의미가 자연스러우므로, 빈칸에는 '연장하는'이라는 의미의 현재분사 (A) extending이 정답이다.
(B) extended는 과거분사로, '연장된'이라는 수동의 의미를 뜻하며 뒤에 목적어를 취할 수 없다. (C) extensive와 (D) extends는 각각 형용사, 동사로 빈칸에 적절하지 않다.

어휘 approve 승인하다 deadline 마감 기한
valid 정당한, 유효한

2 (B) 분사구문_현재분사
해석 제품 개발에 투자하는 것을 선호하기 때문에, 소다 푸즈는 광고 비용을 줄였다.

해설 빈칸은 to부정사구와 함께 콤마 뒤 완전한 주절을 수식하는 분사구문의 분사자리이다. 빈칸 이하에는 주어가 생략되어 있기 때문에 주절의 주어 SODA Foods와 빈칸 이하의 주어가 동일한 주어임을 알 수 있다. 생략된 주어 SODA Foods와 prefer은 문맥상 '회사가 투자하는 것을 선호한다'라는 능동의 의미가 자연스럽다. 따라서 빈칸에는 현재분사 (B) Preferring이 정답이다.
(A) Preference와 (D) Prefer은 각각 명사, 동사원형으로 빈칸에 적절하지 않다. (C) Preferred는 '선호된'이라는 수동의 의미를 나타내는 과거분사로 답이 되지 않는다.

어휘 product development 제품 개발
reduce 줄이다 prefer 선호하다

3 (B) 현재분사 vs. 과거분사
해석 햄튼 미디어 페스티벌에 제출된 영상은 길이가 10분을 넘으면 안 된다.

해설 빈칸은 주어 Videos와 동사 must not exceed 사이에서 주어 Videos를 수식하는 형용사 자리이다. 빈칸 뒤에는 목적어가 없고 주어 Videos와 동사 submit은 문맥상 '제출된 영상'이라는 수동의 관계가 자연스러우므로 빈칸은 과거분사 (B) submitted가 정답이다.
(A) submitting은 '제출하는'이라는 능동을 의미하는 현재분사로, 빈칸에 적절하지 않다. (C) are submitted은 동사로 품사상 답이 되지 않는다. (D) submission은 Videos와 복합명사를 이루지 않으므로 빈칸에 적절하지 않다.

어휘 exceed 넘다, 초과하다 length 길이

4 (A) 현재분사
해석 회사 야유회는 악화되는 기상 조건으로 인해 연기되었다.

해설 빈칸 앞에 전치사 due to가 있고 빈칸 뒤에 명사 weather conditions가 있으므로 빈칸은 그 사이에서 명사를 수식하는 형용사 자리이다. 문맥상 weather conditions는 worsen과 '악화되는 날씨'라는 능동의 관계가 되어야 자연스러우므로, 빈칸에는 현재분사 (A) worsening이 정답이다.
(B) worst는 최상급 형용사로 관사 the와 함께 사용하며 (C) worsens와 (D) worsen은 모두 동사로 품사상 오답이다.

어휘 outing 야유회 postpone 연기하다
due to ~로 인해, ~ 때문에

5 (D) 과거분사
해석 우리 직원들은 다양한 상황에서 전문적인 고객 서비스를 제공할 수 있는 뛰어난 자격을 갖추고 있다.

해설 빈칸은 주어가 Our staff members, 동사가 are인 문장의 보어 자리이며 빈칸 뒤에는 목적어 없이 to부정사가 있다. 문맥상 직원들이 '자격을 갖춘' 수동의 상태를 표현하는 (D)

qualified가 정답이다.
(A) interested는 '관심 있는', (B) available은 '이용 가능한'을 의미하므로 어울리지 않고, (C) capable은 '능력 있는'을 뜻하지만 to부정사와 함께 사용하지 않는다.

어휘 staff member 직원   professional 전문적인

6 (D) 자동사의 현재분사

해석 행사 후 남아 있는 티켓을 사무실로 반납해주세요.

해설 빈칸 앞에 완전한 문장이 있고 빈칸 뒤에는 전치사구가 있으므로 빈칸은 앞의 명사 tickets를 수식하는 형용사 자리이다. 빈칸 뒤에 목적어가 없기 때문에 과거분사 형태와 혼동될 수 있지만 자동사 remain은 현재분사로만 사용한다. 따라서 (D) remaining이 정답이다.
(A) remain은 동사원형으로 문장에 이미 동사가 있기 때문에 오답이다. (C) remained는 자동사의 과거분사로 답이 되지 않는다. (B) remainder는 명사로 빈칸에 적절하지 않다.

어휘 return 반납하다   remain 남아 있다
remainder 나머지, 남은 것

7 (C) 감정 동사의 분사

해석 매출 호조에도 불구하고 회사의 수익은 지난 분기에 실망스러웠다.

해설 빈칸은 주어가 the company's profits이고 동사가 were인 문장의 보어 자리이다. 주어 the company's profits은 실망이라는 감정을 일으키는 원인이기 때문에 빈칸에는 현재분사가 들어가야 한다. 따라서 현재분사 (C) disappointing이 정답이다.
(A) disappoint는 동사원형이고 (B) to disappoint는 to부정사로 빈칸에 적절하지 않다. (D) disappointed는 과거분사로, 주어가 감정을 느끼는 주체가 아니기 때문에 오답이다.

어휘 despite ~에도 불구하고   profit 수익
quarter 분기

8 (B) 분사구문_과거분사

해석 계약서에 명시된 대로, 세입자들은 매월 첫째 날에 임대료를 반드시 지불해야 한다.

해설 빈칸 앞에 접속사 As가 있고, 빈칸 뒤에는 주어가 없이 전치사구가 있다. 콤마 뒤에는 완전한 문장이 있으므로 빈칸은 분사구문의 분사 자리임을 알 수 있다. 문맥상 '계약서에 명시된 대로'라는 수동의 의미가 자연스러우므로 빈칸에는 과거분사가 들어가야 한다. 따라서 (B) stated가 정답이다.
(A) state와 (D) statement는 동사원형, 명사로 빈칸에 품사상 적절하지 않다. (C) stating은 현재분사로 '명시하는'이라는 능동의 의미이므로 오답이다.

어휘 contract 계약서   tenant 세입자

9 (A) 현재분사

해석 직사광선에 대한 노출이 벨라지오 가죽 소파에 지속적인 손상을 초래할 수 있다.

해설 빈칸 앞에 동사 may cause가 있고 빈칸 뒤에는 목적어 damage가 있다. 따라서 빈칸은 명사 damage를 수식하는 형용사 자리이다. 문맥상 '지속적인 손상'이라는 의미가 자연스러우므로 현재분사 (A) lasting이 정답이다.
(B) covering, (C) existing 그리고 (D) repeating은 각각 '덮는', '기존의', '반복하는'이라는 뜻으로 의미상 적절하지 않다.

어휘 exposure 노출   cause 초래하다
damage 손상, 피해

10 (B) 과거분사

해석 코스모 항공은 승객들에게 최근의 정책 변화를 알리기 위해 업데이트된 안내 책자를 제공했다.

해설 빈칸 앞에 관사 the가 있고, 빈칸 뒤에는 명사 brochure가 있다. 따라서 빈칸은 명사 brochure를 수식하는 형용사 자리이다. 문맥상 최근의 정책 변화에 대한 정보를 알려줄 수 있는 '업데이트된 안내 책자'라는 의미가 자연스러우므로 (B) updated가 정답이다.
(A) allowed, (C) advanced, (D) limited는 각각 '허용된', '고급의', '제한된'이라는 의

미이므로 적절하지 않다.

어휘 offer 제공하다 inform 알리다 passenger 승객

DAY 3 ACTUAL TEST 본책 p.138

1 (B)	2 (C)	3 (A)	4 (D)	5 (B)	6 (C)
7 (C)	8 (D)	9 (B)	10 (B)	11 (A)	12 (B)
13 (C)	14 (C)	15 (D)	16 (B)		

1 (B) 현재분사 vs. 과거분사

해석 저희 프리미엄 서비스 구독에 감사드리며, 동봉된 상품권을 받아 주시기 바랍니다.

해설 빈칸 앞에 관사 the가 있고 빈칸 뒤에는 명사 gift voucher가 있으므로, 빈칸은 gift voucher를 수식하는 형용사 자리이다. 문맥상 '동봉된 상품권'이라는 수동의 의미가 자연스러우므로, 빈칸에는 '동봉된'이라는 뜻의 과거분사 (B) enclosed가 정답이다.
(A) enclose와 (D) enclosure은 각각 동사와 명사이므로 빈칸에 적절하지 않고, (C) enclosing은 '동봉하는'이라는 뜻의 현재분사로 오답이다.

어휘 gift voucher 상품권 subscribe 구독하다

2 (C) 동사 + 목적어 + to부정사

해석 유연 근무제는 직원들이 더 나은 일과 삶의 균형을 즐길 수 있게 해 준다.

해설 주어진 문장의 동사 allows는 목적어 다음에 목적격 보어로 to부정사를 취하며 '~할 수 있도록 허락하다'라는 의미를 나타낸다. 따라서 to부정사 (C) to enjoy가 정답이다.
(A) enjoyable은 형용사, (B) enjoy는 동사원형, 그리고 (D) are enjoying은 진행형으로 답이 되지 않는다.

어휘 flexible schedule 유연 근무제 balance 균형

3 (A) to부정사의 부사 역할

해석 생산 비용을 줄이기 위해, EZM 매뉴팩처링은 새로운 자동화 기계를 도입했다.

해설 빈칸 이하는 콤마 뒤의 완전한 문장을 수식하는 부사 자리이다. 문맥상 자동화 기계를 도입한 이유가 제시되는 것이 자연스러우므로, 빈칸에는 이유, 목적을 나타내는 to부정사가 들어가야 한다. 따라서 '생산 비용을 줄이기 위해'라는 의미의 to부정사 (A) To reduce가 정답이다.
(B) Reduce와 (C) Reduces는 모두 동사로 오답이다. (D) Having reduced는 완료분사형으로 '생산비를 줄인'이라는 의미이므로 목적을 제시해야 하는 빈칸에 적절하지 않다.

어휘 production costs 생산 비용 introduce 도입하다, 소개하다 automated 자동화된

4 (D) 전치사 to + 동명사

해석 엑스피드 로지스틱스는 제품을 제때 완벽한 상태로 배송하는 것에 전념하고 있다.

해설 빈칸 앞에는 문장의 동사 is committed to가 있고 빈칸 뒤에는 목적어 products가 있다. 해당 표현의 to는 전치사 to이기 때문에 빈칸에는 전치사 to의 목적어이자, products를 목적어로 취할 수 있는 동명사가 들어가야하므로 (D) delivering이 정답이다.
(A) delivery는 명사지만 빈칸 뒤 products를 취할 수 없다. (B) deliver 그리고 (C) delivered는 각각 동사원형, 과거/과거분사형으로 빈칸에 적절하지 않다.

어휘 be committed to ~에 전념하다, 헌신하다 on time 제때

5 (B) to부정사의 부사 역할

해석 교환을 처리하기 위해서는 결함이 있는 제품이 반드시 먼저 검사되어야 한다.

해설 빈칸 이하는 콤마 뒤 완전한 문장을 수식하는 부사 자리이며 빈칸 뒤에는 동사원형 process와 목적어 an exchange가 있다.

또한 빈칸에는 문맥상 결함 제품이 먼저 검사되어야 하는 이유와 목적을 제시하는 to부정사가 들어가야 하므로, '~하기 위해서'라는 뜻의 to부정사 (B) In order to가 정답이다. (A) Given that은 '~라는 점을 고려하면'이라는 접속사이며 (C) Owing to는 '~ 때문에'라는 전치사, (D) By the time은 '~할 때쯤에'라는 접속사로 모두 동사원형을 취할 수 없다.

어휘 defective 결함이 있는 inspect 검사하다

6 (C) 명사 + 분사구

해석 사전에 온라인으로 등록하는 참석자들은 몇 분 이내에 확인 이메일을 받습니다.

해설 빈칸은 문장의 주어 Attendees와 동사 receive 사이에서 주어를 수식하는 형용사 자리이다. 문맥상 참가자들은 '등록하다'라는 행위의 대상이 아닌 주체이므로 빈칸에는 '등록하는'이라는 능동의 의미인 현재분사 (C) registering이 정답이다.
(A) register는 동사원형, (D) registration는 명사이므로 오답이다. (B) to register는 to부정사로 명사를 수식할 수는 있지만 문맥상 어색해지므로 답이 되지 않는다.

어휘 attendee 참석자 in advance 사전에, 미리
confirmation 확인(서)

7 (C) 동사 + to부정사

해석 연구 부서는 연말까지 에너지 효율이 더 높은 모델을 개발할 계획이다.

해설 빈칸은 문장의 동사 자리이며 빈칸 뒤에는 to부정사 to develop가 목적어로 있다. 따라서 빈칸에는 to부정사를 목적어로 취하는 동사가 들어가야 하므로, (C) plans가 정답이다.
(A) announces와 (B) predicts는 주로 that절을 목적어로 취하며, (D) considers는 동명사를 목적어로 취하므로 오답이다.

어휘 division 부서 efficient 효율적인

8 (D) be p.p. + to부정사

해석 승객들은 이착 및 착륙 중에 안전벨트를 매고 전자 기기를 끄도록 요구받는다.

해설 빈칸은 빈칸 앞 be동사 are과 빈칸 뒤 to부정사 to fasten과 함께 동사구를 이루는 자리이다. 문맥상 승객들이 이착륙시에 특정 행동들을 하도록 요구된다는 내용이 자연스러우므로, '~하도록 요구된다, ~해야 한다'라는 뜻을 완성하는 과거분사 (D) expected가 정답이다.
(A) considered는 '~로 여겨지는', (B) suggested는 '제안된', (C) explained는 '설명된'이라는 뜻으로 의미상 빈칸에 적절하지 않다.

어휘 fasten 매다 takeoff 이륙 landing 착륙

9 (B) 감정동사의 분사

해석 고객들은 처음에 새 온라인 결제 시스템이 혼란스럽다고 생각했지만, 시간이 지나면서 익숙해졌다.

해설 빈칸은 문장의 5형식 동사 found의 목적격 보어 자리이다. 문맥상 결제 시스템이 혼란스럽다는 감정을 일으키는 원인이므로 빈칸에는 현재분사형이 들어가야 한다. 따라서 현재분사 (B) confusing이 정답이다.
(A) confused는 과거분사로, 감정을 느끼는 주체에게 사용되므로 오답이다. (C) confusion과 (D) confuse는 각각 명사와 동사원형으로 빈칸에 적절하지 않다.

어휘 become used to ~에 익숙해지다
over time 시간이 지나면서

10 (B) 분사구문

해석 위원회에 자신을 소개한 후, 모로 씨는 비즈니스 포럼에서 발표를 시작했다.

해설 콤마 뒤에는 완전한 문장이며, 빈칸 앞에는 접속사 After, 빈칸 뒤에는 목적어 herself가 있으므로 After 부사절은 주절의 주어 Ms. Moreau와 동일한 주어가 생략된 분사구문임을 알 수 있다. 문맥상 '그녀 자신을 소개한 후'라는 능동의 의미가 자연스러우므로, 빈칸에는 현재분사형이 들어가야 한다. 따라서 현

재분사 (B) introducing이 정답이다.
(A) introduce는 동사원형 그리고 (D) introduction는 명사로 오답이다. (C) introduced는 '소개된'이라는 수동의 의미를 뜻하는 과거분사로 빈칸에 적절하지 않다.

어휘 committee 위원회

11 (A) 명사 + to부정사

해설 원더 플러스는 사전 고지 없이 언제든지 프로모션 요금을 조정할 권리를 보유한다.

해설 빈칸 앞에 완전한 문장이 있고 빈칸 뒤에는 명사와 전치사구만 있다. 문맥상 '요금을 조정할 권리를 보유한다'라는 내용이 자연스러우며 명사 right은 to부정사와 함께 '~할 권리'라는 뜻으로 자주 사용되므로, to부정사 (A) to adjust가 정답이다.
(B) adjusting은 동명사 또는 현재분사이며, (C) adjustment는 명사이다. 그리고 (D) is adjusting은 현재 진행형으로 답이 되지 않는다.

어휘 reserve (권리 등을) 보유하다   rate 요금
at any time 언제든지

12 (B) 동사 + 동명사

해설 감독관은 작업을 시작하기 전에 안전 수칙을 철저히 검토할 것을 권장했다.

해설 주어진 문장의 동사는 recommended이고 빈칸은 동사 recommended의 목적어 자리이다. 동사 recommend는 동명사를 목적어로 취하는 동사이므로, 동명사 (B) reviewing이 정답이다.
(A) review는 동사원형, (C) reviewed는 과거/과거분사형, (D) to review는 to부정사로 답이 되지 않는다.

어휘 supervisor 감독관   thoroughly 철저하게

13 (C) 전치사의 목적어

해설 마케팅팀은 다가오는 캠페인을 위한 광고를 디자인하는 과정에 있다.

해설 빈칸 앞에는 전치사 of가 있고 빈칸 뒤에는 명사 advertisements가 있다. 따라서 빈칸은 전치사의 목적어이자 동시에 advertisements를 목적어로 취하는 자리이므로, 동명사 (C) designing이 정답이다.
(A) design은 동사원형, (B) designed는 과거/과거분사형으로, 전치사의 목적어가 될 수 없다. (D) designer는 명사지만, 목적어를 취할 수 없으므로 답이 되지 않는다.

어휘 advertisement 광고   upcoming 다가오는

14 (C) 동명사의 명사 역할

해설 직원 성과를 평가하는 것은 일반적으로 매 분기 말에 실시된다.

해설 빈칸은 빈칸 뒤 명사구 employee performance를 목적어로 취하는 문장의 주어 자리이므로 명사가 들어가야 한다. 따라서 빈칸에는 동명사 (C) Evaluating이 정답이다.
(A) Evaluate는 동사원형으로 빈칸에 적절하지 않고 (B) Evaluation은 명사지만 뒤에 목적어를 취할 수 없기 때문에 오답이다. (D) To evaluate는 to부정사로, to부정사가 주어로 쓰일 수도 있지만 보통 가주어 It과 함께 It is ~ to do의 구조로 쓰이므로 빈칸에 어울리지 않는다.

어휘 performance 실적, 성과   take place 일어나다

15 (D) 감정동사의 분사

해설 리조트에 머무는 동안, 손님들은 호텔 서비스의 품질에 감명을 받았다.

해설 빈칸은 빈칸 앞의 be동사 were과 빈칸 뒤의 전치사 with와 함께 동사구를 이루는 자리이며 문장의 주어는 guests이다. 빈칸 뒤에

는 호텔 서비스의 품질이 언급되어 있으므로, 문맥상 '손님들은 호텔 서비스의 품질에 감명을 받았다'라는 감정을 제시해 주는 것이 자연스럽다. 또한 손님들은 감정을 느끼는 주체이므로 '~로 감명받다'라는 뜻의 과거분사 (D) impressed가 정답이다.
(A) checked는 '확인된', (B) discovered는 '발견된', (C) accomplished는 '성취된, 숙련된'이라는 뜻으로 의미상 빈칸에 적절하지 않다.

어휘 quality 품질

16 (B) be동사 + 형용사 + to부정사

해석 교육 과정을 완료한 후에, 인턴들은 정규직에 지원할 자격이 주어진다.

해설 빈칸은 빈칸 앞 be동사 are과 빈칸 뒤 to부정사 to apply와 함께 동사구를 이루는 자리이다. 문맥상 '교육 과정을 완료한 후에, 지원할 수 있는 자격이 주어진다'라는 내용이 자연스러우므로, '~할 자격이 주어진다'는 의미의 「be동사 + eligible + to부정사」를 완성하는 (B) eligible이 정답이다.
(A) beneficial은 '유익한'이라는 뜻으로 의미상 적절하지 않다. (C) responsible과 (D) capable은 각각 전치사 for, of와 함께 사용되므로 오답이다.

어휘 training course 교육 과정 apply for ~에 지원하다

DAY 4
전치사와 부사절 접속사

UNIT 13 시간/장소의 전치사

1 전치사의 개념과 역할

토익 유형 연습하기 　　　본책 p.142

1 (A)　　**2** (B)

1 (A)

해석 회사는 기자 회견에서 새로운 제품 라인을 발표할 것이다.

해설 빈칸은 the press conference를 목적어로 취하는 전치사 자리이다. 문맥상 '기자 회견에서'라는 장소를 나타내는 의미가 제시되는 것이 자연스러우므로, 빈칸에는 장소 전치사 (A) at이 정답이다.

오답 (B) soon은 '곧'이라는 뜻의 부사로, 목적어를 취할 수 없다.

어휘 product line 제품 라인
press conference 기자 회견

2 (B)

해석 가르시아 씨는 기술 설명서를 작성하는 일을 책임지고 있다.

해설 빈칸 앞에는 be responsible for 표현이 있다. 해당 표현에서 for는 전치사이고 빈칸 뒤에는 목적어 a technical manual이 있으므로 빈칸에는 목적어를 취하면서 전치사의 목적어 역할을 할 수 있는 동명사가 쓰여야 한다. 따라서 동명사 (B) writing이 정답이다.

오답 (A) write는 동사원형으로, 전치사 for 뒤에 사용할 수 없다.

어휘 manual 설명서

2 시간 전치사

토익 유형 연습하기 본책 p.145

1 (B) 2 (B) 3 (A) 4 (A) 5 (B)

1 (B)
해석 회사 소식지는 7월 12일에 배포될 예정이다.
해설 빈칸은 날짜를 의미하는 명사구 July 12를 목적어로 취하는 전치사 자리이다. 따라서 특정한 날이나 요일, 날짜를 나타낼 때 사용하는 시간 전치사 (B) on이 정답이다.
오답 (A) in은 월, 연도, 계절 등의 명사구와 함께 사용하기 때문에 빈칸에 적절하지 않다.
어휘 be expected to ~할 것으로 예상되다

2 (B)
해석 조이풀 랜드는 지난 여름 이후로 수천 명의 방문객들을 끌어왔다.
해설 빈칸은 명사구 last summer을 목적어로 취하는 전치사 자리이다. 문장에 현재완료 시제 has attracted가 쓰여 있어 last summer가 과거의 시작점임을 알 수 있다. 따라서 빈칸에는 '~ 이후로'라는 뜻의 현재완료 시제와 어울려 쓰이는 시점 전치사 (B) since가 정답이다.
오답 (A) from은 '~부터'라는 뜻의 시점 전치사이지만, 시작 시점 자체를 강조하기 때문에 현재까지 지속되어 온 일을 나타내는 현재완료 시제 동사와 함께 사용하지 않는다.

3 (A)
해석 환불 금액은 구매일로부터 영업일 기준 3일 이내에 지급될 것이다.
해설 빈칸은 명사구 three business days를 목적어로 취하는 전치사 자리이다. 문맥상 '3일 이내에' 환불 금액이 지급될 것이라는 의미가 자연스러우므로, '~ 이내에'를 뜻하는 기간 전치사 (A) within이 정답이다.
오답 (B) during은 '~ 동안에'라는 뜻의 기간 전치사이지만 숫자를 포함한 기간 명사구를 목적어로 취하지 않는다.
어휘 refund 환불(액) business day 영업일

4 (A)
해석 레이크쇼어 극장에서 현재 상연 중인 연극 〈히든 에코〉는 10주 후에 종료될 것이다.
해설 빈칸은 빈칸 앞 동사 will end와 빈칸 뒤 명사구 ten weeks를 연결하는 전치사 자리이다. 문맥상 '10주 후에 종료될 것이다'라는 의미가 자연스러우므로 '~후에'라는 뜻의 기간 전치사 (A) in이 정답이다.
오답 (B) later는 '나중에'라는 뜻의 부사로 오답이다.

5 (B)
해석 안전 수칙은 비행기 출발 전에 제공될 것입니다.
해설 빈칸은 명사구 the flight's departure를 목적어로 취하는 전치사 자리이다. 문맥상 안전 수칙은 비행기 출발 전에 제공될 것이라는 의미가 자연스러우므로 '~ 전에'라는 뜻의 시점 전치사 (B) prior to가 정답이다.
오답 (A) first는 부사로, 답이 되지 않는다.
어휘 departure 출발

3 장소 전치사

토익 유형 연습하기 본책 p.147

1 (B) 2 (A) 3 (B) 4 (A)

1 (B)
해석 보안 카메라들이 건물 전체에 걸쳐 설치되었다.
해설 빈칸은 the building을 목적어로 취하는 전치사 자리이다. 문맥상 '건물 전체에 걸쳐' 보안 카메라들이 설치되었다는 의미가

자연스러우므로 '~ 전체에 걸쳐'라는 뜻의 (B) throughout이 정답이다.

오답 (A) within은 '~의 내부에'라는 뜻이다. 보안 카메라들이 '빌딩의 내부'가 아닌 '빌딩 전체에 걸쳐'라는 의미가 더 자연스러우므로 오답이다.

어휘 security 보안, 안전

2 (A)

해석 드림 북스토어는 메인 스트리트와 파인 애비뉴가 만나는 모퉁이에 위치해 있다.

해설 빈칸은 빈칸 앞 동사 is located와 빈칸 뒤 명사 the corner를 연결하는 전치사 자리이다. the corner는 특정한 지점을 의미하므로, 빈칸에는 전치사 (A) at이 정답이다.

오답 (B) between은 '~ 사이에'라는 뜻으로, 두 개의 장소나 사물 사이에 위치하는 경우에 사용한다. 그러나 '모퉁이'는 교차하는 특정 지점을 의미하므로 (B) between은 답이 되지 않는다.

3 (B)

해석 신선한 해산물이 이제 힐크레스트의 중앙 시장으로 배송될 것이다.

해설 빈칸은 빈칸 앞 문장의 동사구 will now be delivered와 빈칸 뒤 명사 the central market을 이어주는 전치사 자리이다. 문맥상 '시장으로 배송될 것이다'라는 의미가 자연스러우므로 빈칸에는 '~로, ~에게'라는 뜻의 방향 전치사 (B) to가 정답이다.

오답 (A) on은 주로 표면에 접촉되어 있는 상태를 나타내므로 빈칸에 어울리지 않는다.

어휘 deliver 배송하다, 전달하다

4 (A)

해석 엘리베이터 옆에 있는 표지판이 비상구를 보여준다.

해설 빈칸은 주어 The sign과 동사 shows 사이에서 목적어 the elevator와 함께 주어를 수식하는 전치사 자리이다. 문맥상 '엘리베이터 옆에 있는 표지판'이라는 의미가 자연스러우므로 '~ 옆에'를 뜻하는 (A) next to가 정답이다.

오답 (B) up to는 '~까지'라는 뜻으로, 의미상 오답이다.

어휘 route 경로, 길

토익 실전 대비하기   본책 p.148

1 (D)   2 (C)   3 (D)   4 (A)   5 (C)
6 (D)   7 (B)   8 (A)   9 (A)   10 (A)

---

1 (D) 장소 전치사

해석 사무실 임대료는 중앙 업무 지구에 위치할 때 일반적으로 더 높다.

해설 빈칸은 빈칸 앞 부사절 동사 located와 빈칸 뒤 목적어 central business districts를 연결하는 전치사 자리이다. 목적어 central business districts는 넓은 장소를 의미하므로, 장소 전치사 (D) in이 정답이다.
(A) from, (B) down, (C) of는 모두 전치사이지만 넓은 장소를 나타내기에는 적절하지 않다.

어휘 rent 임대료   generally 일반적으로
central 중심의   district 지구, 구역

2 (C) 시점 전치사

해석 리버데일 아웃도어 마켓은 주말마다 정오부터 해질 때까지 영업한다.

해설 빈칸은 빈칸 뒤의 시점 표현 noon을 목적어로 취하는 전치사 자리이다. 문맥상 '정오부터 운영된다'가 자연스럽고, 빈칸 뒤 to sunset과 함께 '정오부터 해질 때까지'라는 의미를 완성하는 시점 전치사 (C) from이 정답이다.
(A) over와 (D) like는 전치사이지만, to와 어울려 시작점을 나타내는 의미로 쓰이지 않으며, (B) next는 의미상 적절하지 않다.

어휘 operate 운영하다, 영업하다

3 (D) by vs. until

해석 모든 부서는 오늘 오후 4시까지 성과 평가 보고서를 반드시 제출해야 한다.

해설 빈칸은 빈칸 뒤 시점을 의미하는 명사 4:00 P.M.을 목적어로 취하는 전치사 자리이며 문장의 동사 submit은 특정 시점까지 행위가 완료되는 성격을 가지고 있기 때문에 빈칸에는 (D) by가 정답이다.
(A) until은 동사의 행위가 특정 시점까지 지속되는 경우에 사용하므로 적절하지 않다. (B) to는 '~로, ~에게', (C) over은 '~에 걸쳐서'라는 의미로 오답이다.

어휘 department 부서 submit 제출하다 performance 성과, 실적

4 (A) 기간 전치사

해석 서비스 중단을 피하실 수 있도록 30일 이내에 회원 자격을 갱신해 주시기 바랍니다.

해설 빈칸은 빈칸 뒤에 기간을 의미하는 명사구 the next 30 days를 목적어로 취하는 전치사 자리이다. 문맥상 '30일 이내에' 회원 자격을 갱신해달라는 의미가 자연스러우므로, '~ 이내에'라는 뜻의 기간 전치사 (A) within이 정답이다.
(B) about과 (D) following은 '~에 대해', '~ 후에'라는 뜻으로 빈칸에 적절하지 않으며 (C) until은 기간 표현이 아닌 시점 표현과 함께 사용된다.

어휘 renew 갱신하다 interruption 중단

5 (C) 위치 전치사

해석 피터 만의 영화는 국제 영화제에서 결선 진출작들 중 하나로 선정되었다.

해설 빈칸은 the finalists를 목적어로 취하는 전치사 자리이다. 문맥상 '결선 진출자들 중 하나로' 선정되었다는 내용이 자연스러우므로 '~들 중 하나인'을 뜻하는 (C) among이 정답이다. 전치사 among은 위치뿐만 아니라 특정 대상 범위 내에 속해 있다는 의미도 나타낼 수 있다.
(A) from은 '~ 중에서'라는 의미이며 be selected from의 형태로 사용하므로 오답이다. (B) upon, (D) beyond는 의미상 빈칸에 적절하지 않다.

어휘 select 선택하다 finalist 결선 진출자[진출작], 최종 후보

6 (D) 방향 전치사

해석 관광객들은 해변가 호텔들 근처의 비치 로드를 따라 기념품 매장들을 찾을 수 있다.

해설 빈칸은 명사 Beach Road를 목적어로 취하는 전치사 자리이다. 목적어 Beach road는 고유명사로, 도로의 이름을 뜻한다. 보기 중 전치사 along은 '~을 따라'라는 뜻으로 길이나 장소를 따라 이어지는 방향을 나타내기 때문에 의미상 빈칸에 가장 적절하다. 따라서 방향 전치사 (D) along이 정답이다.
(A) through, (C) inside는 각각 '~을 통해', '~의 안에'라는 의미로 빈칸에 적절하지 않고, (B) here은 '여기'라는 뜻의 부사로 오답이다.

어휘 souvenir 기념품 seaside 해변의

7 (B) 방향 전치사

해석 정비 작업 때문에, 기차는 정차 없이 리버사이드 역을 통과해 지나갈 것이다.

해설 빈칸은 빈칸 앞 동사 will pass와 빈칸 뒤 명사 Riverside Station을 이어주는 전치사 자리이다. 문맥상 '기차가 특정 역을 정차하지 않고 통과하여 지나간다'라는 내용이 자연스러우므로, '~을 통과해서'라는 뜻의 방향 전치사 (B) through가 정답이다.
(A) toward, (C) with, (D) along은 각각 '~ 쪽으로', '~와 함께', '~을 따라'라는 뜻으로 빈칸에 의미상 적절하지 않다.

어휘 maintenance 정비 작업 without ~ 없이

8 (A) 기간 전치사

해석 렌터카는 정규 영업 시간 동안 반드시 올바른 장소에 반납되어야 합니다.

해설 빈칸은 기간 표현 regular business hours를 목적어로 취하는 전치사 자리이다. 문맥상 '정규 영업 시간 동안 반납되어야 한다'는 의

미가 자연스러우므로, 빈칸에는 '~ 동안'이라는 뜻의 기간 전치사 (A) during이 정답이다. (B) down과 (C) like는 각각 '~ 아래 쪽으로', '~처럼'이라는 뜻으로 빈칸에 적절하지 않고, (D) than은 비교급과 함께 사용되기 때문에 오답이다.

어휘 vehicle 차량 drop off (물품 등을) 갖다 놓다, 내려 놓다, (사람을 차에서) 내려 주다

9 (A) 시점 전치사

해석 런던으로 이사하기 전에, 카터 씨는 파리 역사 박물관에서 큐레이터로 일했었다.

해설 빈칸은 동명사 relocating을 목적어로 취하는 전치사 자리이다. 콤마 뒤의 주절이 '카터 씨가 파리 역사 박물관에서 큐레이터로 근무했었다'라는 내용이므로, 문맥상 '런던으로 이사하기 전에, 파리에서 일했었다'와 같이 순서를 나타내야 자연스럽다. 따라서 '~ 전에'라는 뜻의 시점 전치사 (A) Before가 정답이다.
(B) Since, (D) Without은 각각 '~ 이후로', '~ 없이'라는 뜻으로 의미상 답이 되지 않는다. (C) Although는 '비록 ~일지라도'라는 뜻의 접속사로 오답이다.

어휘 relocate 이사하다, 이전하다

10 (A) 시점 전치사

해석 인사부서에 제출된 모든 문서는 올해 말까지 보관될 것이다.

해설 빈칸은 빈칸 앞 동사구 will be stored와 빈칸 뒤 명사구 the end of this year를 연결하는 전치사 자리이다. the end of this year은 '올해 말'이라는 뜻의 시점 표현이고 문맥상 '문서가 올해 말까지 보관될 것이다'라는 의미가 자연스럽다. 또한 동사 will be stored는 특정 시점까지 지속되는 성격이므로 시점 전치사 (A) until이 정답이다.
(B) by는 '~까지'를 의미하지만 동사의 행위가 완료되는 성격일 때 사용한다. (C) during은 '~ 동안에'라는 기간을 의미하는 전치사이므로 오답이다. (D) when은 접속사로 빈칸에 들어갈 수 없다.

어휘 submit 제출하다 store 저장하다, 보관하다

UNIT 14 기타 전치사

1 다양한 의미의 전치사

토익 유형 연습하기 본책 p.153

1 (A) **2** (B) **3** (B)

1 (A)

해석 친환경 소재를 사용함으로써, 그 제조업체는 더 많은 고객을 끌어들였다.

해설 빈칸은 동명사 using을 목적어로 취하며 콤마 뒤 문장을 수식하는 전치사구의 전치사 자리이다. 문맥상 더 많은 고객을 끌어들인 수단으로 친환경 소재를 사용했다는 의미가 자연스러우므로, '~함으로써'라는 뜻의 수단 전치사 (A) By가 정답이다.

오답 (B) To는 방향이나 목적지, 도달 지점을 나타내는 전치사로 빈칸에 의미상 적절하지 않다.

어휘 manufacturer 제조업체 attract 끌어들이다

2 (B)

해석 고객들은 종이 청구서 대신 전자 청구서를 받도록 요청받는다.

해설 빈칸은 명사구 paper ones를 목적어로 취하는 전치사 자리이다. 빈칸 앞뒤의 전자 청구서와 종이 청구서는 서로 대체되는 관계이고 문맥상 '종이 청구서 대신에 전자 청구서를 요청받는다'는 의미가 자연스러우므로, '~ 대신에'를 의미하는 대체 전치사 (B) instead of가 정답이다.

오답 (A) due to는 '~ 때문에'라는 뜻으로, 빈칸에 의미상 적절하지 않다.

어휘 ask 요청하다, 부탁하다 electronic 전자의

3 (B)

해석 기차는 잠시 동안의 지연 후에 오전 10시 30분에 출발할 것이다.

해설 빈칸은 빈칸 뒤 명사구 a brief delay를 목적어로 취하는 전치사 자리이다. 문맥상 빈칸 앞 '기차가 출발할 것이다'라는 내용과 빈칸 뒤 '잠시 동안의 지연'을 이어주는 순서가 언급돼야 한다. 따라서 '~후에'라는 의미의 분사형 전치사 (B) following이 정답이다.

오답 (A) follows는 동사로, 전치사 자리인 빈칸에 쓰일 수 없으므로 오답이다.

어휘 depart 출발하다

2 동사/명사와 함께 쓰이는 전치사

토익 유형 연습하기   본책 p.155

1 (A)   2 (B)

1 (A)

해석 행사에 대한 더 많은 세부 사항은 공식 웹사이트를 참조해 주세요.

해설 빈칸은 please 명령문의 동사 자리이며 빈칸 뒤에는 the official Web site를 목적어로 받는 전치사 to가 있다. 따라서 빈칸은 전치사 to와 어울리는 자동사 자리이다. 문맥상 '공식 웹사이트를 참조해 주세요'라는 내용이 자연스러우므로, 전치사 to와 함께 '~을 참고, 참조하다'라는 의미를 나타내는 (A) refer가 정답이다.

오답 (B) present는 '제시하다, 발표하다'라는 뜻으로 타동사로 사용되지만 빈칸 뒤에는 목적어가 없기 때문에 적절하지 않다.

어휘 official 공식적인

2 (B)

해석 블루 오션 호텔은 투숙객에게 무료 음료를 제공했다.

해설 주어진 문장의 동사는 offered이다. 또한 complimentary drinks와 its guests라는 두 개의 목적어가 사용되었으므로, 주어진 문장은 offer A to B 표현이 사용되었음을 알 수 있다. 따라서 빈칸에는 '투숙객에게'라는 의미를 완성하는 전치사 (B) to가 정답이다.

오답 (A) with는 '~와 함께'라는 의미로, 동사 offer와 함께 사용하지 않는다.

어휘 offer 제공하다

토익 실전 대비하기   본책 p.156

| 1 (A) | 2 (A) | 3 (B) | 4 (B) | 5 (C) |
| 6 (A) | 7 (A) | 8 (D) | 9 (B) | 10 (B) |

1 (A) 양보 전치사

해석 안전 정책은 직책이나 근속 연수에 상관없이 모든 직원에게 적용된다.

해설 빈칸은 명사구 position or seniority를 목적어로 취하는 전치사 자리이다. 빈칸 앞 '안전 규칙이 모든 직원에게 적용된다'라는 내용과 빈칸 뒤 '직책이나 근속 연수'라는 뜻의 명사구는 문맥상 '직책이나 근속 연수에 상관없이'라는 의미가 되어야 자연스럽다. 따라서 '~에 상관없이'라는 뜻의 양보 전치사 (A) regardless of가 정답이다.
(B) in addition은 '게다가', (C) despite은 '~에도 불구하고', (D) according to는 '~에 따르면'을 의미하므로 빈칸에 적절하지 않다.

어휘 apply to ~에 적용되다   seniority 근속 연수, 연공 서열

2 (A) 자동사 + 전치사

해석 발표를 준비할 때 고려해야 할 몇 가지 요소들이 있다.

해설 빈칸 앞에 접속사 when과 함께 분사구문을 구성하는 현재분사로 쓰여 있는 자동사 prepare는 전치사 for와 함께 쓰여 '~을 준비하다'라는 뜻을 나타낸다. 따라서 전치사 (A) for가 정답이다.
(B) on, (C) up 그리고 (D) over는 모두 전치사지만, 자동사 prepare과 함께 사용되지 않는다.

어휘 factor 요인, 요소 consider 고려하다

3 (B) 제외 전치사

해석 오코너 씨에게 발송된 소포는 아무도 내용물을 확인하지 않고 배송되었다.

해설 빈칸은 빈칸 뒤 동명사 checking을 목적어로 취하는 전치사 자리이며, anyone은 동명사 checking의 주어이다. 문맥상 내용물을 확인하지 않고 소포가 발송되었다는 의미가 자연스러우므로, '~하지 않고'라는 뜻의 제외 전치사 (B) without이 정답이다.
(A) along은 '~을 따라', (C) until은 '~까지', (D) inside는 '~의 안에'라는 뜻으로 빈칸에 적절하지 않다.

어휘 address 보내다 content 내용(물)

4 (B) 타동사 + 목적어 + 전치사

해석 식당은 쓰레기를 줄이기 위해 일회용 컵을 재사용 컵으로 대체했다.

해설 빈칸은 disposable cups를 목적어로 취하는 타동사 자리이며 목적어 뒤에 전치사 with로 시작하는 전치사구가 있다. 문맥상 '쓰레기를 줄이기 위해서 일회용 컵을 재사용 컵으로 대체했다'라는 내용이 자연스러우므로, 'A를 B로 대체하다'라는 뜻의 replace A with B 표현을 완성하는 (B) replaced가 정답이다.
(A) removed는 '제거했다'를, (C) stored는 '보관했다'를, 그리고 (D) purchased는 '구매했다'를 의미하므로 빈칸에 적절하지 않다.

어휘 disposable 일회용의 reusable 재사용 가능한 reduce 줄이다

5 (C) 분사형 전치사

해석 그 미술관 상점은 하나 리와 토마스 박을 포함해, 유명한 지역 예술가들의 작품 모형을 판매한다.

해설 빈칸은 Hana Lee and Thomas Park를 목적어로 취하며 콤마 앞 문장을 수식하는 전치사구의 전치사 자리이다. 빈칸 뒤 Hana Lee and Thomas Park는 문맥상 빈칸 앞에 쓰여 있는 artists에 포함되므로 '~을 포함해'라는 의미의 분사형 전치사 (C) including이 정답이다.
(A) included는 과거/과거분사형, (B) include는 동사원형, (D) to include는 to부정사로 오답이다.

어휘 replica 모형, 복제품 artwork 작품, 미술품 regional 지역의

6 (A) 다양한 의미의 전치사

해석 수요 증가로 인해, 공장은 운영 시간을 연장할 것이다.

해설 빈칸은 명사 the increase를 목적어로 취하고, 콤마 뒤의 문장을 수식하는 전치사구의 전치사 자리이다. 문맥상 수요 증가가 원인이 되어 운영 시간을 연장할 것이라는 내용이 자연스러우므로, '~로 인해'라는 의미의 전치사 (A) With가 정답이다. 전치사 with는 '~로 인해'라는 뜻으로도 사용된다.
(B) Beyond, (C) At, (D) Near는 각각 '~을 넘어', '~에', '~ 근처에'라는 의미로 빈칸에 적절하지 않다.

어휘 increase 증가 demand 수요, 요구 extend 연장하다

7 (A) 자동사 + 전치사

해석 고객들은 외부 음식을 극장 안으로 가져오는 것을 삼가도록 요청받았다.

해설 빈칸은 빈칸 앞 자동사 refrain과 빈칸 뒤 동명사 bringing을 연결하는 전치사 자리이다. 자동사 refrain은 전치사 from과 함께 '~을

삼가다'라는 의미의 refrain from으로 자주 사용되므로 (A) from이 정답이다.
(B) by와 (C) against는 자동사 refrain과 어울려 쓰이지 않는다. (D) yet은 '아직'이라는 뜻의 부사로 답이 되지 않는다.

8 (D) 분사형 전치사

해석 환경적인 영향과 관련된 우려가 그 공장 건설에 대한 승인 과정을 지연시켰다.

해설 빈칸은 명사구 the environmental impact를 목적어로 취하며 주어 Concerns를 수식하는 전치사 자리이다. 문맥상 '환경적인 영향과 관련된 우려'라는 의미가 자연스러우므로, '~와 관련된'이라는 뜻의 분사형 전치사 (D) regarding이 정답이다.
(A) excluding은 '~을 제외하고', (B) during은 '~ 동안', (C) following은 '~ 후에'라는 뜻으로 빈칸에 의미상 적절하지 않다.

어휘 concern 우려, 걱정 delay 지연시키다
approval 승인

9 (B) 자동사 + 전치사

해석 모든 연구실 방문객들은 입구에 게시된 안전 수칙을 반드시 준수해야 한다.

해설 빈칸은 주어가 All visitors인 문장의 동사 자리이고, 빈칸 뒤에는 목적어가 the safety guidelines인 전치사 with가 있다. 문맥상 빈칸에는 '안전 수칙을 반드시 준수해야 한다'라는 내용이 들어가야 하므로, 전치사 with와 함께 '~을 준수하다'라는 의미를 나타내는 자동사 (B) comply가 정답이다.
(A) attend는 '~에 참석하다', (C) apply는 전치사 for와 함께 '~에 지원하다', (D) enter는 '들어가다'라는 뜻으로 의미상 적절하지 않다.

어휘 laboratory 연구실 post 게시하다
entrance 입구

10 (B) 명사 + 전치사

해석 직원들이 자신의 근무 일정표를 변경하기 전에 원격 근무 요청에 대한 관리자의 승인이 필요하다.

해설 빈칸은 문장의 주어 자리로, 빈칸 뒤 for로 시작하는 전치사구의 수식을 받는다. 문맥상 직원들이 근무 일정을 변경하기 전에 필요한 것은 관리자의 허락 또는 동의이므로 전치사 for와 어울리는 명사로서 '승인'을 뜻하는 (B) approval이 정답이다.
(A) suggestion은 '제안', (C) favor는 '호의', (D) opinion은 '의견'이라는 뜻으로 빈칸에 의미상 적절하지 않다.

어휘 manager 관리자 remote work 원격 근무

UNIT 15 부사절 접속사

1 접속사 vs. 전치사

토익 유형 연습하기   본책 p.161

1 (B)   **2** (A)   **3** (A)

1 (B)

해석 날씨가 좋지 않았음에도 불구하고, 그 야외 행사는 계획대로 개최되었다.

해설 빈칸은 완전한 두 문장을 연결하는 접속사 자리이다. 문맥상 '날씨가 좋지 않았다'는 내용과 '야외 행사는 계획대로 진행되었다'라는 내용은 서로 상반되는 상황이므로 양보의 의미를 나타내는 접속사가 필요하다. 따라서 (B) Although가 정답이다.

오답 (A) Despite는 전치사로 문장과 문장을 연결할 수 없다.

어휘 outdoor 야외의 as planned 계획대로

2 (A)

해석 콘서트는 예기치 않은 기술적인 문제들 때문에 취소되었다.

해설 빈칸 앞에는 완전한 문장이 있고, 빈칸 뒤에는 명사구 unexpected technical problems가 있으므로 빈칸은 전치사구의

전치사 자리임을 알 수 있다. 따라서 전치사 (A) because of가 정답이다.

오답 (B) because는 (A) because of와 동일하게 '~때문에'라는 의미이나 접속사이므로 답이 되지 않는다.

어휘 technical problem 기술적인 문제

3 (A)

해석 가게가 붐볐기 때문에, 고객들은 밖에 줄을 서서 기다려야 했다.

해설 빈칸은 콤마 앞의 완전한 문장과 콤마 뒤의 완전한 문장을 이어주는 접속사 자리이다. 문맥상 '가게가 붐볐다'는 내용과 '고객들이 밖에 줄을 서서 기다렸다'는 내용은 서로 인과관계이므로, '~ 때문에'라는 의미의 접속사 (A) Because가 정답이다.

오답 (B) Meanwhile은 '한편, 그 동안'이라는 의미의 접속부사로 오답이다.

어휘 wait in line 줄 서서 기다리다

2 시간/조건의 부사절 접속사

토익 유형 연습하기   본책 p.163

1 (A)   **2** (A)   **3** (A)   **4** (B)   **5** (B)

1 (A)

해석 온라인 판매가 크게 증가한 이후로 수익이 두 배가 되었다.

해설 빈칸은 '온라인 판매가 크게 증가했다'라는 문장과 '수익이 두 배가 되었다'라는 문장을 이어주는 접속사 자리이다. 주어진 문장의 시제가 현재완료고 문맥상 '판매가 증가한 이후로 수익이 두 배가 되었다'는 시간을 나타내는 것이 자연스러우므로 '~ 이후로'라는 뜻의 시간 접속사 (A) since가 정답이다.

오답 (B) once는 '일단 ~하면'이라는 뜻으로, 의미상 적절하지 않다.

어휘 profit 이익

2 (A)

해석 반품된 제품들이 검사될 때까지 환불은 제공되지 않을 것이다.

해설 빈칸은 완전한 두 문장을 연결하는 접속사 자리이다. '환불이 제공되지 않을 것'이라는 문장과 '반품된 물품들이 검사된다'라는 문장을 이어주기 위해선 문맥상 '검사될 때까지 환불은 제공되지 않는다'는 시간의 의미가 제시되어야 자연스러우므로, '~까지'라는 뜻의 시간 접속사 (A) until이 정답이다.

오답 (B) because는 '~하기 때문에'라는 뜻으로 원인을 나타내는 접속사이므로 빈칸에 적절하지 않다.

어휘 refund 환불   provide 제공하다

3 (A)

해석 제품이 온라인으로 등록되지 않는다면 보증은 유효하지 않을 것이다.

해설 빈칸은 완전한 두 문장을 연결하는 접속사 자리이다. '보증이 유효하지 않을 것'이라는 문장과 '제품이 온라인으로 등록된다'라는 문장은 문맥상 '제품이 온라인으로 등록되지 않으면 보증이 유효하지 않을 것'이라는 조건의 의미로 연결되어야 한다. 따라서 빈칸에는 '~하지 않는다면'이라는 조건을 나타내는 접속사 (A) unless가 정답이다.

오답 (B) although는 '~에도 불구하고'라는 의미의 접속사로, 두 문장이 서로 반대되는 의미를 나타낼 때 사용한다.

어휘 register 등록하다

4 (B)

해석 손님들이 도착한 후에, 저녁 식사가 연회장에서 제공되었다.

해설 빈칸은 '손님들이 도착했다'는 문장과 '저녁 식사가 연회장에서 제공되었다'는 문장을 연결하는 접속사 자리이다. 손님들이 도착한 다음에 식사가 제공되는 것이 문맥상 자연스러운 순서이므로, '~한 후에'를 의미하는 시간 접속사 (B) After가 정답이다.

오답 (A) Next는 접속사가 아니므로 답이 되지 않는다.

어휘 arrive 도착하다   serve 제공하다

5 (B)

해석 고객들은 주문액이 50달러를 초과하는 한 무료 배송을 받을 것이다.

해설 빈칸은 완전한 두 문장을 연결하는 접속사 자리이다. '고객이 무료 배송을 받을 것이다'라는 문장과 '그들의 주문액이 50달러를 초과한다'라는 문장은 특정 조건을 충족하는 경우를 제시하며 연결되는 것이 자연스럽다. 따라서, '~하는 한'이라는 의미의 조건 접속사 (B) as long as가 정답이다.

오답 (A) in spite of는 '~에도 불구하고'라는 의미의 전치사로, 빈칸에 적절하지 않다.

어휘 receive 받다   free 무료의   shipping 배송

3 이유/양보의 부사절 접속사

토익 유형 연습하기   본책 p.165

1 (B)   2 (A)   3 (A)   4 (B)

1 (B)

해석 최 씨는 휴가 중이기 때문에, 도움이 필요하시면 이 씨에게 연락하세요.

해설 빈칸은 '최 씨는 휴가 중이다'라는 문장과 '도움이 필요하시면 이 씨에게 연락하세요'라는 문장을 연결해주는 접속사 자리이다. 문맥상 최 씨가 휴가 중이기 때문에 이 씨에게 연락해달라는 내용이 자연스럽다. 따라서 '~하기 때문에'라는 의미의 이유 접속사 (B) Since가 정답이다.

오답 (A) Unless는 접속사지만 '~하지 않는다면'이라는 뜻으로 빈칸에 적절하지 않다.

어휘 contact 연락하다

2 (A)

해석 예전의 시스템은 느리고 비효율적이었던 반면, 새로운 시스템은 빠르고 믿을 만하다.

해설 빈칸은 두 개의 완전한 문장을 연결하는 접속사 자리이다. 빈칸 앞 '예전의 시스템은 느리고 비효율적이었다'라는 문장과 빈칸 뒤 '새로운 시스템은 빠르고 믿을 만하다'라는 문장은 문맥상 서로 비교하는 대조관계이다. 따라서 '~인 반면에', '~와는 달리'라는 의미의 접속사 (A) whereas가 정답이다.

오답 (B) otherwise는 '그렇지 않으면'이라는 의미의 접속부사이기 때문에 오답이다.

3 (A)

해석 인근에 다른 여러 카페들이 있음에도 불구하고, 새로운 카페가 문을 연다.

해설 빈칸은 '새로운 카페가 문을 연다'는 문장과 '근처에 다른 여러 카페들이 있다'는 문장을 이어주는 접속사 자리이다. 문맥상 '근처에 다른 카페들이 있음에도 불구하고, 새로운 카페가 문을 연다'라는 서로 상반된 관계를 제시하는 것이 자연스럽다. 따라서 '~에도 불구하고'라는 의미를 나타내는 양보 접속사 (A) even though가 정답이다.

오답 (B) regardless of는 '~에 상관없이'라는 의미의 전치사로 답이 되지 않는다.

4 (B)

해석 길이 너무 좁아서 두 대의 차가 동시에 지나갈 수 없었다.

해설 빈칸은 문장의 동사 was와 형용사 보어 narrow 사이에서 narrow를 수식한다. 또한 빈칸 뒤에는 that과 함께 완전한 문장이 있다. 문맥상 '길이 너무 좁아서 두 대의 차가 동시에 지나갈 수 없다'라는 의미가 자연스럽기 때문에 주어진 문장이 「so + 형용사 + that + 문장」 표현이 사용되었음을 알 수 있다. 따라서 (B) so가 정답이다.

오답 (A) just는 '단지, 그냥'이라는 뜻으로 빈칸에 적절하지 않다.

어휘 narrow 좁은   at the same time 동시에

토익 실전 대비하기

본책 p.166

1 (A)	2 (C)	3 (B)	4 (B)	5 (B)
6 (B)	7 (C)	8 (D)	9 (C)	10 (D)

1 (A) 접속사 vs. 전치사 vs. 접속부사

해석 젠킨스 씨가 지난주에 그 자리에 지원했음에도 불구하고, 그는 아직 답변을 받지 못했다.

해설 빈칸은 '젠킨스 씨가 지난주에 그 자리에 지원했다'는 문장과 '그는 아직 답변을 받지 못했다'는 문장을 이어주는 접속사 자리이다. 문맥상 두 문장은 '지원했음에도 답변을 받지 못했다'는 상반된 관계를 나타내는 것이 자연스럽다. 따라서 빈칸에는 '~에도 불구하고'라는 의미의 양보 접속사 (A) Even though가 정답이다.
(B) Whereas는 '~하는 반면'이라는 뜻의 접속사로 두 가지 상반되는 사실을 대조할 때 주로 사용한다. (C) Instead of와 (D) Nevertheless는 각각 전치사, 접속부사로 모두 문장과 문장을 이어줄 수 없다.

어휘 apply for ~에 지원하다 position 직책, 일자리 yet 아직

2 (C) 부사절 접속사_대조

해석 어떤 고객들은 온라인으로 쇼핑하는 것을 선호하는 반면, 다른 고객들은 여전히 매장을 방문하는 것을 즐긴다.

해설 '어떤 고객들은 온라인으로 쇼핑하는 것을 선호한다'는 문장과 '다른 고객들은 여전히 매장 방문을 선호한다'라는 문장은 서로 두 가지 사실을 직접적으로 대조하고 있다. 따라서 두 문장을 연결하는 접속사 자리인 빈칸에는 '~인 반면에'라는 뜻의 대조 접속사 (C) while이 정답이다.
(A) unless는 '~하지 않는다면'이라는 조건을, (B) because는 '~하기 때문에'라는 이유를, (D) whether은 '~인지 (아닌지)'라는 불확실성을 의미하므로 답이 되지 않는다.

어휘 prefer 선호하다

3 (B) 부사절 접속사_조건

해석 비가 정오까지 그치지 않는다면, 오후 야외 행사는 실내에서 개최될 것이다.

해설 빈칸은 콤마 앞 '비가 정오까지 그친다'는 문장과 콤마 뒤 '오후 야외 행사는 실내에서 진행될 것이다'는 문장을 연결하는 접속사 자리이다. 문맥상 '비가 그치지 않는 경우, 야외 행사를 실내에서 한다'는 조건이 제시되어야 자연스러우므로, '만약 ~하지 않는다면'이라는 뜻의 조건 접속사 (B) Unless가 정답이다.
(A) Except은 '~을 제외하고'라는 의미, (C) Because는 '~때문에'라는 의미로 빈칸에 의미상 적절하지 않다. (D) Rather은 '오히려'라는 의미의 부사로 오답이다.

어휘 noon 정오 outdoor 야외의 indoors 실내

4 (B) 접속사 vs. 전치사 vs. 접속부사

해석 예상치 못한 생산 지연 때문에, 신형 모델의 출시가 연기되었다.

해설 빈칸은 빈칸 뒤 명사구 unexpected delays를 목적어로 취하며 콤마 뒤의 문장을 수식하는 전치사 자리이다. 문맥상 신형 모델의 출시가 연기된 원인으로 예상치 못한 지연이 제시되는 것이 자연스럽다. 따라서 '~ 때문에'라는 의미의 전치사 (B) Owing to가 정답이다.
(A) Furthermore는 접속부사이며, (C) Since는 전치사일 때 '~ 이래로'를 의미하므로 오답이다. (D) Even if는 접속사로 빈칸에 적절하지 않다.

어휘 delay 지연 production 생산 launch 출시

5 (B) 기타 부사절 접속사

해석 귀하의 요청을 신속하게 처리할 수 있도록 오늘 신청서를 제출해 주십시오.

해설 빈칸은 완전한 두 문장을 연결하는 접속사 자리이다. '지원서를 오늘 제출해 주십시오'라는 문장과 '귀하의 요청을 신속하게 처리할 수 있습니다'라는 두 문장은 서로 문맥상 요청을 신속하게 처리할 수 있도록 지원서를 제출해달라는 의미가 되어야 자연스럽다. 따라서 '~할

UNIT 15 부사절 접속사 67

수 있도록'이라는 의미의 접속사 (B) so that이 정답이다.
(A) instead of는 '~ 대신에'라는 전치사로 오답이다. (C) in order to는 '~하기 위하여'라는 의미로 뒤에 동사원형이 와야 하기 때문에 오답이다. (D) as if는 '마치 ~인 것처럼'이라는 뜻으로 빈칸에 의미상 적절하지 않다.

어휘 submit 제출하다   application form 신청서, 지원서   process 처리하다

6 (B) 부사절 접속사_시간

해석 사무실은 보수 작업이 완전히 완료될 때까지는 계속 문을 닫은 상태로 있을 것이다.

해설 빈칸은 완전한 두 문장을 연결하는 접속사 자리이다. '사무실이 계속 문을 닫을 것이다'는 문장과 '보수 작업이 완전히 끝났다'는 문장은 문맥상 '보수 작업이 완전히 끝날 때까지는 사무실이 계속 문을 닫을 것'이라는 시간이 언급되어야 자연스럽다. 따라서 '~할 때까지'라는 뜻의 접속사 (B) until이 정답이다.
(A) during은 전치사이고, (C) though와 (D) since는 접속사지만 각각 '비록 ~하지만', '~한 이래로, ~하기 때문에'라는 뜻이므로 의미상 적절하지 않다.

어휘 remain 계속 ~한 상태로 있다
maintenance 보수, 정비   fully 완전히

7 (C) 접속사 vs. 전치사 vs. 접속부사

해석 귀하의 계정이 생성되었으므로, 환영 이메일이 곧 발송될 것입니다.

해설 빈칸은 콤마 앞의 '계정이 생성되었다'는 문장과 콤마 뒤의 '환영 이메일이 곧 발송될 것이다'라는 두 문장을 이어주는 접속사 자리이다. 문맥상 계정 생성이 원인이고 그 결과로 환영 이메일이 발송된다는 상황을 나타내는 것이 자연스러우므로 '~이므로'라는 뜻의 접속사 (C) Now that이 정답이다.
(A) Because of는 전치사, (B) Instead와 (D) In fact는 접속부사로 오답이다.

어휘 account 계정   shortly 곧

8 (D) 접속사 vs. 전치사 vs. 접속부사

해석 부정적인 평가를 받았음에도 불구하고, 올리오 코스메틱스의 스킨케어 제품은 며칠 만에 매진되었다.

해설 빈칸은 빈칸 뒤 동명사 receiving을 목적어로 취하며, 콤마 뒤 문장을 수식하는 전치사 자리이다. 문맥상 '부정적인 평가를 받았다'라는 내용과 '며칠 만에 매진되었다'라는 내용은 서로 상반되는 내용이다. 따라서 '~에도 불구하고'라는 의미의 전치사 (D) Despite가 정답이다.
(A) Although는 접속사로 뒤에 완전한 문장을 취하며 (B) However와 (C) Otherwise는 모두 접속부사로 답이 되지 않는다.

어휘 negative 부정적인   review 평가
sold out 매진된

9 (C) 부사절 접속사_시간

해석 여러 생산 과정을 자동화한 이후로 회사의 수익이 상당히 증가했다.

해설 빈칸 앞 '회사의 수익이 상당히 증가했다'는 문장과 빈칸 뒤 '생산 과정을 자동화했다'는 문장 사이의 빈칸은 두 문장을 이어주는 접속사 자리이다. 문맥상 '생산 과정을 자동화한 시점 이후로 회사의 이익이 증가했다'는 내용이 자연스럽고 빈칸 앞 문장의 동사가 현재완료이므로, 빈칸에는 현재완료 시제와 자주 사용되고 '~ 이후로'라는 뜻의 시간 접속사 (C) since가 정답이다.
(A) while과 (D) for은 각각 '~하는 동안, ~하는 반면', '~하기 때문에'라는 의미의 접속사로 사용 가능하지만 현재완료 시제와 어울리지 않는다. (B) during은 '~ 동안'을 뜻하는 전치사로 오답이다.

어휘 profit 수익   automate 자동화하다

10 (D) 부사절 접속사_시간

해석 새로운 사무실 공사는 시청의 허가가 승인되자마자 시작될 것이다.

해설 빈칸은 '사무실 건설이 시작될 것이다'라는 문장과 '시청의 허가가 승인되었다'는 두 문장을 연결하는 접속사 자리이다. 허가가 승인되

는 시점이 건설보다 더 먼저 이루어져야 하므로 문맥상 빈칸에는 시청의 허가가 승인되는 시점과 관련된 표현이 들어가야 한다. 따라서 '~하자마자'라는 의미의 시간 접속사 (D) as soon as가 정답이다.
(A) as well as는 '~뿐만 아니라'라는 뜻으로 의미상 적절하지 않다. (B) above all과 (C) immediately는 각각 '무엇보다도'와 '즉시'를 의미하므로 적절하지 않다.

어휘 construction 공사, 건설 municipal 시청의, 지방 자치제의 approve 승인하다

DAY 4 ACTUAL TEST 본책 p.168

1 (D) 2 (B) 3 (A) 4 (D) 5 (B) 6 (D)
7 (C) 8 (B) 9 (D) 10 (C) 11 (B) 12 (A)
13 (C) 14 (B) 15 (A) 16 (B)

1 (D) 위치 전치사

해석 휴식 공간과 안내 데스크는 쇼핑몰 전역에 걸쳐 위치해 있다.

해설 빈칸은 빈칸 뒤 목적어 the shopping mall과 빈칸 앞 동사 are located를 이어주는 전치사 자리이다. 문맥상 '휴게 공간과 안내 데스크가 쇼핑몰 전역에 걸쳐 있다'는 내용이 자연스러우므로 '~ 전체에 걸쳐'라는 뜻의 위치 전치사 (D) throughout이 정답이다.
(A) among은 복수 명사를 목적어로 취하고 (B) besides는 '~ 외에'라는 뜻으로 의미상 적절하지 않고 (C) between은 뒤에 A and B 혹은 복수 명사가 와야 하므로 오답이다.

어휘 rest area 휴식 공간

2 (B) 접속사 vs. 전치사 vs. 접속부사

해석 다가오는 안전 점검 때문에, 모든 직원들은 이번 금요일에 30분 일찍 도착해야 한다.

해설 빈칸은 명사구 safety inspection을 목적어로 취하며 콤마 뒤 완전한 문장을 수식하는 전치사구의 전치사 자리이다. 문맥상 직원들이 일찍 오는 원인으로 안전 점검이 제시되는 것이 자연스러우므로, '~ 때문에'라는 뜻의 원인 전치사 (B) Due to가 정답이다.
(A) Because와 (D) While은 접속사이고 (C) Therefore은 접속부사로 답이 되지 않는다.

어휘 upcoming 다가오는 safety inspection 안전 점검

3 (A) by vs. until

해석 경비원은 마지막 직원의 교대 근무가 끝날 때까지 근무를 계속했다.

해설 빈칸은 명사구 the end of the last employee's shift를 목적어로 취하는 전치사 자리이다. 문맥상 '마지막 직원의 교대 근무가 끝날 때까지 근무했다'는 내용이 자연스럽다. 또한 근무라는 행위는 특정 시점까지 완료되는 것이 아닌 지속되는 성격을 가지므로, 빈칸에는 (A) until이 정답이다.
(B) by도 '~까지'라는 뜻이지만, 행위가 특정 시점까지 완료되는 경우에 사용하므로 적절하지 않다. (C) despite는 '~에도 불구하고', (D) in은 '~후에'라는 뜻으로 의미상 적절하지 않다.

어휘 remain on duty 근무를 계속하다 shift 교대 근무

4 (D) 전치사 vs. 접속사

해석 비용 보고서를 제출하자마자, 타케다 씨에게 이메일로 알려 주시기 바랍니다.

해설 빈칸은 완전한 두 문장을 이어주는 접속사 자리이다. 문맥상 '비용 보고서를 제출한 후에 바로 타케다 씨에게 알려달라'는 내용이 자연스러우므로 '~하자마자'라는 뜻의 접속사 (D) As soon as이 정답이다.
(A) In addition to와 (C) Instead of는 전치사로 답이 되지 않으며 (B) As well as는 '~뿐만 아니라'라는 뜻으로 의미상 빈칸에 적절하지 않다.

어휘 submit 제출하다 notify 알리다, 통지하다 via ~을 통하여

5 (B) 전치사 vs. 접속사 vs. 접속부사

해석 비록 이전의 리더십 경험이 선호되긴 하지만, 부서장 역할에 필수는 아니다.

해설 빈칸은 완전한 두 문장을 연결하는 접속사 자리이다. 문맥상 두 문장은 '이전의 리더십 경험이 선호되지만, 필수는 아니다'라는 서로 상반된 관계가 제시되는 것이 자연스러우므로, '비록 ~하지만'이라는 뜻의 접속사 (B) Although가 정답이다.
(A) Otherwise는 '그렇지 않으면'이라는 접속부사이고, (C) Despite는 전치사로 문장을 이어줄 수 없다. (D) Regarding도 '~에 관하여'라는 전치사로 답이 되지 않는다.

어휘 previous 이전의 preferred 선호되는 mandatory 필수적인, 의무적인

6 (D) 분사형 전치사

해석 그 여행 상품은 숙박과 식사를 포함해, 1인당 850달러의 비용이 든다.

해설 빈칸은 명사구 accommodations and meals를 목적어로 취하며 콤마 앞의 문장을 수식하는 전치사 자리이다. 문맥상 '숙박과 식사가 비용에 포함되어 있다'는 의미가 자연스러우므로, '~을 포함해'라는 뜻의 분사형 전치사 (D) including이 정답이다.
(A) following, (B) alongside, (C) within은 각각 '~ 후에', '~ 옆에', '~ 이내에'라는 뜻으로 의미상 적절하지 않다.

어휘 accommodation 숙박 시설 meal 식사

7 (C) 양보 전치사

해석 마지막 순간의 기술적인 문제에도 불구하고, 그 모바일 앱의 출시는 계획대로 진행될 것이다.

해설 빈칸은 명사구 last-minute technical issues를 목적어로 취하며 콤마 뒤 문장을 수식하는 전치사구의 전치사 자리이다. 문맥상 '기술적인 문제에도 불구하고 앱의 출시가 진행될 것이다'는 반전의 의미를 나타내는 것이 자연스러우므로, '~에도 불구하고'라는 뜻의 양보 전치사 (C) In spite of가 정답이다.
(A) Prior to는 '~ 전에'라는 전치사로 의미상 어울리지 않는다. (B) However과 (D) Yet은 부사로 오답이다.

어휘 last-minute 마지막 순간의 issue 문제, 사안 release 출시하다, 발표하다

8 (B) 주제 전치사

해석 킹스턴 헤럴드의 기자는 최근 다니엘 조를 그의 최신 책에 관해 인터뷰했다.

해설 빈칸은 명사구 his latest book을 목적어로 취하는 전치사 자리이다. 문맥상 인터뷰의 주제가 언급되는 것이 자연스러우므로, '~에 관해'라는 주제 전치사 (B) about이 정답이다.
(A) among, (C) like, (D) except은 각각 '~ 사이에', '~와 같은', '~을 제외하고'라는 뜻의 전치사이므로 빈칸에 의미상 적절하지 않다.

어휘 journalist 기자 recently 최근 latest 최신의

9 (D) 대체 전치사

해석 타카하시 씨는 원래 계획된 오후 2시 대신에 오후 2시 30분에 연설을 시작할 것이다.

해설 빈칸은 명사구 2:00 P.M.을 목적어로 취하는 전치사 자리이다. 문맥상 '원래 계획된 오후 2시 대신에 오후 2시 30분에 연설을 시작할 것이다'는 내용이 자연스러우므로 '~ 대신에'라는 뜻의 대체 전치사 (D) instead of가 정답이다.
(A) now는 부사로 오답이고 (B) on은 특정 시간이 아닌 날짜, 요일에 주로 쓰이는 전치사이다. (C) when은 접속사로 답이 되지 않는다.

어휘 originally 원래, 애초에

10 (C) 부사절 접속사_이유

해석 일부 직원들이 여전히 혼란스러워했기 때문에 기술자는 절차를 다시 설명했다.

해설 빈칸은 완전한 두 문장을 연결하는 접속사 자리이다. 문맥상 직원들이 여전히 혼란스러웠

기 때문에 기술자가 절차를 다시 설명했다는 내용이 자연스러우므로, 빈칸에는 '~하기 때문에'라는 의미의 이유 접속사 (C) because가 정답이다.
(A) so that은 '~하도록'이라는 뜻으로 목적을 나타내기 때문에 적절하지 않다. (B) even though은 '~에도 불구하고'라는 뜻으로 의미상 오답이다. (D) unless는 '~하지 않는다면'이라는 의미로 조건을 나타내므로 적절하지 않다.

어휘 procedure 절차   confused 혼란스러운

11 (B) 분사형 전치사

해석 최근의 예산 삭감을 고려할 때, 그 부서는 놀랄 만한 진전을 이루었다.

해설 빈칸은 명사구 the recent budget cuts를 목적어로 취하는 전치사 자리이다. 따라서 보기 중 유일한 전치사인 '~을 고려할 때'라는 뜻의 분사형 전치사 (B) Considering이 정답이다.
(A) Consider는 동사원형, (C) Considered는 과거/과거분사형, (D) Considers는 현재형으로 모두 빈칸에 적절하지 않다.

어휘 budget cut 예산 삭감   remarkable 놀랄 만한, 주목할 만한   progress 진전, 진척

12 (A) 자동사 + 전치사

해석 위원회는 서울에 새 지점을 열 계획을 진행하기로 결정했다.

해설 빈칸은 빈칸 앞 decided to의 to부정사와 연결된 동사원형 자리이며 빈칸 뒤의 전치사 with와 연결된 자리이다. 문맥상 '새로운 지점을 열 계획을 진행하기로 결정했다'는 의미가 자연스러우므로, 전치사 with와 함께 '~을 진행하다, 계속하다' 라는 뜻을 나타내는 자동사 (A) proceed가 정답이다.
(B) delay와 (D) finalize는 '지연시키다', '마무리하다'라는 뜻으로 뒤에 목적어를 취해야 한다. (C) prevent는 '막다'라는 뜻으로 주로 전치사 from과 함께 쓰이므로 오답이다.

어휘 committee 위원회   branch 지점

13 (C) 부사절 접속사_대조

해석 린 씨가 그 제안을 승인한 반면에 재무 이사인 패텔 씨는 강력히 반대했다.

해설 빈칸은 완전한 두 문장을 이어주는 접속사 자리이다. '린 씨가 제안을 승인했다'는 문장과 '패텔 씨는 강력히 반대했다'는 문장은 문맥상 두 사실을 객관적으로 대조하는 관계이다. 따라서 '반면에'라는 뜻의 대조 접속사 (C) Whereas가 정답이다.
(A) Otherwise는 접속부사로 오답이다. (B) Because는 이유를 나타내는 접속사이므로 적절하지 않다. (D) Unless는 '~하지 않는다면'이라는 조건을 나타내므로 빈칸에 어울리지 않는다.

어휘 approve 승인하다   proposal 제안(서)   oppose 반대하다

14 (B) 목적 전치사

해석 글로벌 마케팅 리더스 서밋을 위한 초청 발표자는 5월 9일 화요일에 공개될 것이다.

해설 빈칸은 주어 The guest presenter와 동사 will be revealed 사이에서 명사구 the Global Marketing Leaders Summit을 목적어로 취하며 주어를 수식하는 전치사 자리이다. 문맥상 행사명과 함께 '~을 위한 발표자'라는 목적의 의미가 제시되어야 자연스러우므로, '~을 위한'이라는 뜻의 목적 전치사 (B) for가 정답이다.
(A) among과 (D) by는 각각 '~ 사이에서', '~에 의해'라는 뜻으로 의미상 적절하지 않다. (C) about은 주로 발표 주제를 나타낼 때 사용하므로 발표자와 행사명을 연결하는 빈칸에는 적절하지 않다.

어휘 summit 정상회의   reveal 공개하다, 드러내다

15 (A) 기타 부사절 접속사

해석 하퍼 홈 굿즈는 고객들이 제품을 더 쉽게 찾을 수 있도록 매장 배치를 재배치했다.

해설 빈칸은 완전한 두 문장을 연결하는 접속사 자리이다. 문맥상 고객들이 제품을 더 쉽게 찾을 수 있게 하기 위한 목적으로 매장 배치를 재배치했다는 내용이 자연스럽다. 따라서 빈칸에는 '~하도록'이라는 뜻의 목적을 나타내는 접속사 (A) so that이 정답이다.
(B) to allow는 목적을 의미하지만, 접속사가 아니므로 오답이다. (C) due to는 '~ 때문에'라는 뜻의 전치사로 오답이다. (D) in part는 전치사구로서 부사 역할을 하므로 답이 되지 않는다.

어휘 rearrange 재배치하다 layout 배치

16 (B) 부사절 접속사_조건

해석 등록된 사용자가 아니라면 회사 내부 데이터베이스에 대한 접근 권한이 부여되지 않을 것이다.

해설 빈칸은 완전한 두 문장을 연결하는 접속사 자리이다. 문맥상 '등록된 사용자가 아니라면 권한이 부여되지 않을 것이다'라는 내용이 자연스럽기 때문에 빈칸에는 조건을 제시하는 접속사가 들어가야 한다. 따라서, '~하지 않는다면'이라는 의미의 조건 접속사 (B) Unless가 정답이다.
(A) As if와 (C) Now that은 모두 접속사지만 각각 '~하는 것처럼', '~이므로'라는 의미이므로 빈칸에 적절하지 않다. (D) Despite는 전치사로 답이 되지 않는다.

어휘 grant 승인하다, 부여하다 access 접근 (권한)
internal 내부의

DAY 5
접속사와 비교 구문

UNIT 16 등위/상관접속사와 명사절 접속사

1 등위접속사와 상관접속사

토익 유형 연습하기 본책 p.173

1 (A)   **2** (B)

1 (A)

해석 우리는 실적이 뛰어난 직원들과 매출 목표를 초과하는 사람들에게 모두 보상해 드릴 것입니다.

해설 빈칸 뒤에 특정한 사람들을 나타내는 명사구와 대명사구가 and로 연결되어 있으므로, and와 짝을 이루어 상관접속사를 구성하는 (A) both가 정답이다.

오답 (B) either는 or와 짝을 이루므로 적절하지 않다.

어휘 reward 보상하다   sales target 매출 목표

2 (B)

해석 서류에 서명하고 오후 5시 전에 인사부에 반환해 주세요.

해설 빈칸 앞뒤에 위치한 동사구들이 나타내는 행위가 순차적으로 이루어지는 것이 적절하므로, '그리고'를 뜻하는 등위접속사 (B) and가 정답이다.

오답 (A) or는 둘 중 하나를 선택할 때 쓰이는 등위접속사로 문맥상 적절하지 않다.

어휘 document 문서

2 명사절 접속사

토익 유형 연습하기 본책 p.177

1 (B) 2 (A) 3 (B) 4 (B) 5 (A)

1 (B)
- 해석: 팀장은 그 프로젝트가 연장될 것인지를 언급하지 않았다.
- 해설: 빈칸은 목적어가 필요한 타동사 mention 뒤에 위치하여 목적어 역할을 하는 명사절을 이끌고 있으므로, '~인지'를 뜻하는 명사절 접속사 (B) whether가 정답이다.
- 오답: (A) because는 이유를 나타내는 부사절 접속사로, 목적어 역할을 할 수 없으므로 오답이다.
- 어휘: mention 언급하다

2 (A)
- 해석: 프리쳇 씨와 그녀의 팀은 예산을 어떻게 조정할지 논의하고 있다.
- 해설: 빈칸에는 뒤의 to부정사와 결합할 수 있는 명사절 접속사 (A) how가 오는 것이 적절하다.
- 오답: (B) why 뒤에는 to부정사가 올 수 없다.
- 어휘: discuss 논의하다

3 (B)
- 해석: 그 안내서는 신입 직원들이 첫날에 무엇을 해야 하는지 설명한다.
- 해설: 빈칸 뒤에 should do의 목적어가 빠진 불완전한 절이 있으므로 불완전한 절을 이끄는 명사절 접속사 (B) what이 정답이다.
- 오답: (A) that이 명사절 접속사로 쓰이는 경우에는 완전한 절을 이끌어야 하므로 오답이다.

4 (B)
- 해석: 그 설문 조사는 어느 제품이 작년에 가장 인기 있었는지 보여준다.
- 해설: 빈칸은 타동사 shows 뒤에 위치하여 목적어 역할을 하는 명사절을 이끈다. 이때 명사절은 '어느 제품이 ~였는지'를 의미해야 알맞으므로 '어느'라는 뜻의 명사절 접속사 (B) which가 정답이다.
- 오답: (A) whether도 명사절 접속사이지만, 단수 가산 명사 product 앞에 관사나 소유격이 없으므로 빈칸에 들어갈 수 없다.
- 어휘: survey 설문 조사

5 (A)
- 해석: 계약서는 비용 지불이 30일 이내에 이루어져야 한다고 명시하고 있다.
- 해설: 빈칸은 타동사 states 뒤에 위치하여 목적어 역할을 하는 완전한 명사절을 이끈다. 이때 명사절은 '지불이 30일 이내에 이루어져야 한다'를 의미해야 알맞으므로 '~라는 것'을 뜻하는 명사절 접속사 (A) that이 정답이다.
- 오답: (B) when도 완전한 절을 이끄는 명사절 접속사이지만 지불이 이루어져야 하는 기간(within 30 days)이 이미 등장하기 때문에 문맥상 적절하지 않다.
- 어휘: within ~ 이내에

토익 실전 대비하기 본책 p.178

1 (B) 2 (A) 3 (C) 4 (D) 5 (C)
6 (C) 7 (A) 8 (C) 9 (A) 10 (D)

1 (B) 상관접속사
- 해석: 고객들께서는 도움을 받기 위해 저희 상담 직통 전화로 전화 주시거나 이메일을 통해 연락하실 수 있습니다.
- 해설: 빈칸 앞에 either가 있으므로 either와 상관접속사를 구성하는 (B) or가 정답이다.

어휘 hotline 상담 직통 전화 assistance 도움 reach out 연락하다, 접근하다 via ~을 통해

2 (A) 의문사 + 완전한 절
해석 노박 씨는 직원들이 회의 전에 언제 자료를 검토했는지 물었다.
해설 빈칸은 타동사 asked 뒤에 위치해 있고, 선택지가 모두 명사절 접속사이므로 빈칸 뒤에 이어지는 절의 구조를 확인해야 한다. 빈칸 뒤에 주어, 동사, 목적어로 구성된 완전한 절이 나오므로 완전한 절을 이끄는 (A) when이 정답이다.
(B) which와 (C) what은 주어나 목적어 등이 빠진 불완전한 절을 이끌어야 하며, (D) whose는 '누구의 (것)'이라는 뜻으로 뒤에 관사가 오지 못하므로 오답이다.
어휘 review 검토하다 materials 자료

3 (C) whether (or not)
해석 제출된 서류들이 진본인지 아닌지를 확인하는 것은 프리스틀리 씨의 업무이다.
해설 빈칸 뒤에 주어, 동사, 보어로 구성된 완전한 절이 이어지고 있으므로, or not과 어울려 '~인지 아닌지'를 의미하는 (C) whether가 정답이다.
(A) why도 완전한 절을 이끌지만 or not과 어울리지 않고, (B) whatever는 '무엇이든'이라는 의미로 문맥상 적절하지 않다. (D) what은 불완전한 절을 이끌어야 하며 or not과 어울리지도 않으므로 오답이다.
어휘 verify 확인하다, 입증하다 authentic 진짜의

4 (D) 등위접속사
해석 지시가 매우 불분명했지만, 기술자는 어려움 없이 문제를 바로잡았다.
해설 빈칸은 각각 주어와 동사를 포함한 두 절 사이에 위치하여 절들을 연결하는 접속사 자리이다. 또한 '지시가 불분명했다'와 '어려움 없이 문제를 바로잡았다'는 대조적인 관계이므로 대조나 반대를 나타내는 접속사 (D) but이 정답이다.
(B) rather than은 '~보다는'을 뜻하며, 주어와 동사를 포함한 절을 이끌지 못한다.
어휘 instructions 지시, 설명 unclear 불분명한 difficulty 어려움

5 (C) 상관접속사
해석 메이페어 병원의 기공식에는 이해 당사자들뿐만 아니라 지역 사회 구성원들도 참석했다.
해설 빈칸 뒤에 but also가 있으므로, but also와 상관접속사를 구성하는 (C) not only가 정답이다.
(A) either는 or, (B) both는 and, (D) neither는 nor와 함께 쓰인다.
어휘 groundbreaking ceremony 기공식 stakeholder 이해 당사자 community 지역 사회

6 (C) 의문사 + 불완전한 절
해석 공장에서 잦은 지연을 초래하는 것은 노후된 장비이다.
해설 빈칸 뒤에 주어 없이 동사 causes로 시작하는 불완전한 절과 그 뒤로 또 다른 동사 is가 등장한다. 따라서 is 앞의 부분이 주어 역할을 하는 명사절을 구성해야 하며, 불완전한 절을 이끌어 '잦은 지연을 초래하는 것'을 의미해야 하므로 '~하는 것'이라는 뜻의 명사절 접속사 (C) What이 정답이다.
(A) That과 (B) Whether는 완전한 절을 이끌고, (D) Whichever는 불완전한 절을 이끌지만 '어느 것이든'이라는 뜻으로 문맥상 부적절하다.
어휘 frequent 잦은 outdated 노후된, 구식의 equipment 장비

7 (A) 의문사 + to부정사
해석 그 교육 세션은 직장에서 어떻게 효과적으로 소통할 수 있는지에 초점을 맞출 것이다.
해설 빈칸 뒤에 to부정사가 이어지므로 to부정사와 결합할 수 있는 (A) how와 (C) where 중에서 하나를 골라야 한다. 또한 '어떻게 효과적으로 소통하는지(효과적으로 소통하는 방법)'

를 의미해야 자연스러우므로 (A) how가 정답이다.
(C) where는 문맥상 부적절하고, (B) that과 (D) why 뒤에는 to부정사가 올 수 없다.

어휘 focus on ~에 초점을 맞추다, 집중하다
communicate 의사소통하다   effectively 효과적으로

8 (C) 상관접속사

해석 재무팀과 법무팀 둘 모두 다가오는 협상에 참여할 것이다.

해설 빈칸 뒤에 두 개의 명사구가 and로 연결되어 주어 역할을 하고 있으므로, and와 짝을 이루어 상관접속사를 구성하는 (C) Both가 정답이다.
(A) Each는 단독으로 명사 여러 개를 연결할 수 없고, (D) What은 불완전한 절을 이끄는 명사절 접속사이므로 오답이다.

어휘 finance 재무, 재정   participate in ~에 참여하다   upcoming 다가오는
negotiation 협상

9 (A) 등위접속사

해석 세부 분석을 포함한 최종 프로젝트 보고서는 포괄적이었지만 이해하기 쉬웠다.

해설 빈칸에는 앞의 등위접속사 yet으로 연결된 형용사 comprehensive와 품사가 같은 단어가 들어가야 하므로, 정답은 (A) easy이다.
(B) easily는 부사, (C) easiness는 명사, (D) ease는 명사/동사이므로 적절하지 않다.

어휘 detailed 세부적인   analysis 분석
comprehensive 포괄적인, 종합적인
ease 쉬움; 완화하다

10 (D) that + 완전한 절

해석 기록에 따르면 5층에 있는 기계들이 업그레이드 후에 더 효율적으로 작동하는 것으로 나타난다.

해설 동사 shows 뒤에 위치하는 that은 목적어 역할을 하는 명사절을 이끄는 접속사로, that 뒤에는 주어와 동사를 포함한 절이 와야 한다. 빈칸이 속한 that절에 동사가 없으므로 빈칸은 동사 자리인데, that절의 주어 the machines가 복수이므로 복수 동사 (D) operate가 정답이다.
(A) operates는 3인칭 단수 주어와 쓰는 현재시제 동사의 형태로 적절하지 않고, (B) operating은 현재분사/동명사, (C) operation은 명사로 오답이다.

어휘 record 기록; 기록하다   efficiently 효율적으로   operate 작동하다, 운영되다
operation 작동, 운영

UNIT 17 형용사절 접속사

1 관계대명사

토익 유형 연습하기 본책 p.184

1 (B)   2 (A)   3 (B)   4 (B)   5 (B)
6 (B)   7 (A)

1 (B)

해석 직원들이 오늘 아침에 받은 이메일은 일정표를 포함하고 있다.

해설 빈칸은 선행사 The e-mail과 주어와 동사를 포함한 절 사이에 위치하여, 절을 이끌며 선행사를 수식하는 관계대명사가 들어가야 한다. The e-mail은 사물이므로 사물 명사를 수식할 수 있는 (B) that이 정답이다.

오답 관계대명사 (A) who는 사람 명사를 수식하므로 오답이다.

2 (A)

해석 변호사는 여러 개의 새로운 조항이 포함된 계약서를 검토했다.

해설 빈칸은 선행사 a contract와 주어 없이 동사로 시작하는 불완전한 절 사이에 위치하여, 절을 이끌며 선행사를 수식하는 관계대명사 자

리이다. a contract는 사물이므로 사물 명사를 수식하는 (A) which가 정답이다.

오답 (B) who는 사람 명사를 수식하므로 오답이다.

어휘 lawyer 변호사   several 몇몇의

3 **(B)**

해석 그 여관은 3박보다 더 오래 머무는 고객들에게 할인을 제공한다.

해설 주격 관계대명사 who 뒤에 위치하는 동사는 선행사와 수 일치해야 한다. who 앞에 쓰인 선행사 guests는 복수 명사이므로 복수 동사인 (B) stay가 정답이다.

오답 (A) stays는 단수 동사로 적절하지 않다.

4 **(B)**

해석 그 직책에 선택된 지원자가 다음 주 월요일에 일을 시작할 것이다.

해설 빈칸은 선행사 The candidate과 주어 없이 동사로 시작하는 불완전한 절 사이에 위치하여, 선행사를 수식하는 관계대명사가 들어가야 한다. The candidate은 사람이므로 사람 명사를 수식하는 관계대명사 (B) who가 정답이다.

오답 (A) which는 사람 명사를 수식할 수 없으므로 오답이다.

어휘 select 선택하다

5 **(B)**

해석 우리는 소장품이 희귀한 역사 유물을 포함하는 박물관을 방문했다.

해설 빈칸은 선행사 a museum과 주어와 동사를 포함한 절 사이에 위치하여, 절을 이끌며 선행사를 수식하는 관계대명사가 들어가야 한다. a museum과 빈칸 뒤의 명사 collection이 소유 관계(박물관의 소장품)에 해당하므로 소유격 관계대명사 (B) whose가 정답이다.

오답 (A) which는 a museum과 collection 사이의 소유 관계를 나타낼 수 없으므로 오답이다.

어휘 collection 소장품   historical 역사적인

6 **(B)**

해석 그 회사는 소프트웨어 테스트 중에 발견한 몇 가지 오류들을 수정했다.

해설 빈칸은 선행사 some errors와 주어와 목적어가 없는 불완전한 절 사이에 위치하여, 뒤의 절이 선행사를 수식해야 한다. 이때 '회사가 발견한 몇 가지 오류들'을 뜻하는 목적격 관계대명사절 some errors that it discovered에서 목적격 관계대명사 that이 생략된 구조가 되어야 알맞으므로, The company를 지칭하는 대명사 (B) it이 정답이다.

오답 (A) that이 빈칸에 들어가 some errors that discovered가 되면 발견한 주체가 some errors라는 어색한 의미가 되며, discovered의 목적어가 있어야 하므로 알맞은 관계대명사절이 될 수 없다.

7 **(A)**

해석 우리 매장은 국제 안전 기준을 충족하는 의료 장비를 판매한다.

해설 빈칸은 선행사 medical equipment와 주어 없이 동사로 시작하는 불완전한 절 사이에 위치하여, 절을 이끌며 선행사를 수식하는 관계대명사가 들어가야 하므로 정답은 (A) that이다.

오답 (B) but은 등위접속사로서 동일한 주어를 생략하고 동사 meets로 이어지는 구조를 연결할 수는 있지만, '의료 장비를 판매하지만, 국제 안전 기준을 충족한다'와 같은 어색한 의미를 나타내므로 오답이다.

어휘 medical equipment 의료 장비
international 국제의

2 전치사 + 관계대명사

토익 유형 연습하기 본책 p.185

1 (A)　2 (B)

1 (A)
해석 모리 씨는 사무용품이 보관되어 있는 저장실의 열쇠를 가지고 있다.

해설 빈칸은 전치사 in과 주어와 동사를 포함한 절 사이에 위치하여, 절이 선행사인 the storage room을 수식하는 관계대명사절이 되어야 하므로 전치사 in 뒤에 올 수 있는 (A) which가 정답이다.

오답 전치사 뒤에 관계대명사 (B) that은 올 수 없다.

2 (B)
해석 고객들이 소프트웨어를 다운로드할 수 있는 웹사이트가 현재 오프라인 상태이다.

해설 전치사 from 뒤에 빈칸이 위치해 있으므로 전치사와 결합할 수 있는 관계대명사 (B) which가 정답이다.

오답 (A) where는 관계부사로, 장소 명사를 수식할 수는 있지만 전치사와 함께 쓸 수 없다.

3 관계부사

토익 유형 연습하기 본책 p.187

1 (A)　2 (A)　3 (B)　4 (B)

1 (A)
해석 그녀의 보고서는 프로젝트가 지연된 이유들을 서술한다.

해설 빈칸 앞에 위치한 선행사 the reasons와 어울려 쓰이는 관계부사로서 이유를 나타내는 (A) why가 정답이다.

오답 (B) how는 방법을 나타내는 관계부사이다.

2 (A)
해석 그 설명서는 소프트웨어가 설치되어야 하는 방법을 설명한다.

해설 빈칸 뒤의 절 the software should be installed가 빠진 부분 없이 완전한 상태이므로, 완전한 절을 이끄는 관계부사 (A) how가 정답이다. 방법을 나타내는 관계부사절에서는 the way와 how 둘 중 하나만 사용한다.

오답 (B) that은 관계대명사로 불완전한 절을 이끈다.

3 (B)
해석 이스탄불은 현대적인 명소와 전통 문화 두 가지를 모두 제공하는 도시이다.

해설 관계부사 (A) where와 관계대명사 (B) which 모두 선행사 a city를 수식할 수 있는데, 빈칸 뒤에 주어 없이 동사 offers로 시작하는 불완전한 절이 이어지므로 불완전한 절을 이끄는 관계대명사 (B) which가 정답이다.

오답 (A) where는 관계부사로 완전한 절을 이끈다.

어휘 modern 현대적인

4 (B)
해석 세미나는 연례 회의가 열렸던 본관 홀에서 개최될 것이다.

해설 관계대명사 (A) that과 관계부사 (B) where 모두 선행사 the main hall을 수식할 수 있는데, 빈칸 뒤에 위치한 the annual meeting was held가 완전한 절이므로 완전한 절을 이끄는 관계부사 (B) where가 정답이다.

오답 (A) that은 관계대명사로 불완전한 절을 이끈다.

어휘 hold 개최하다, 열다

토익 실전 대비하기   본책 p.188

| 1 (B) | 2 (D) | 3 (D) | 4 (C) | 5 (A) |
| 6 (C) | 7 (A) | 8 (B) | 9 (A) | 10 (B) |

1 (B) 주격 관계대명사

해석 19세기에 지어진 그 기차역은 오늘날에도 여전히 이용되고 있다.

해설 빈칸은 선행사 The railway station과 주어가 없는 불완전한 절을 연결하는 접속사 자리로, 주격 관계대명사 (B) which가 정답이다. (C) where도 장소 명사를 수식할 수는 있지만, 완전한 절을 이끌어야 하는 관계부사이므로 오답이다.

어휘 railway station 기차역   in use 이용되는

2 (D) 주격 관계대명사절 동사의 수 일치

해석 워크숍에 참석하는 참가자들은 강연 내용 기록을 온라인으로 다운로드할 수 있다.

해설 관계대명사 who 뒤로 빈칸과 명사구 the workshop이 이어져 있으므로, 빈칸은 주격 관계대명사 who 뒤에 위치하는 동사 자리이다. 주격 관계대명사 뒤의 동사는 선행사와 수 일치하는데, Participants가 복수 명사이므로 정답은 (D) attend이다.
(A) attends는 단수 동사로 오답이다.

어휘 participant 참가자   attendance 참석

3 (D) 주격 관계대명사

해석 오리엔테이션을 완료한 회원들은 내일 수료증을 받을 것이다.

해설 빈칸은 선행사 Members와 주어가 없는 불완전한 절을 연결하는 접속사 자리로, 정답은 주격 관계대명사 (D) who이다.
(A) those는 지시대명사, (B) they는 인칭대명사, (C) ones는 사람/사물을 가리키는 대명사로 모두 주어가 없는 불완전할 절을 이끌며 명사를 수식할 수 없으므로 오답이다.

어휘 complete 완료하다   certificate 수료증, 증명서

4 (C) 소유격 관계대명사

해석 버고 코믹스는 구독이 만료된 고객들에게 알림 메시지를 보낼 것이다.

해설 빈칸은 사람 명사 customers와 또 다른 명사 subscriptions 사이에 위치해 있다. 따라서 앞뒤 두 명사의 관계를 적절하게 나타내는 소유격 관계대명사 (C) whose가 정답이다.
(A) which는 사물 명사를 수식하는 관계대명사, (B) their는 소유격 인칭대명사, (D) when은 사람 명사를 수식할 수 없는 관계부사이다.

어휘 reminder (상기시키는) 알림 메시지   subscription 구독   expire 만료되다

5 (A) 목적격 관계대명사

해석 우리가 지난 여름에 방문한 그 역사적인 장소는 현재 복원 작업을 위해 폐쇄되었다.

해설 빈칸은 선행사와 타동사 visited의 목적어가 없는 절을 연결하는 목적격 관계대명사 자리로, 사람/사물을 수식할 수 있는 (A) that이 정답이다.
(B) whether는 명사절 접속사로 완전한 절을 이끌고, (C) what은 불완전한 절을 이끌지만 선행사와 함께 사용할 수 없다.

어휘 historical site 역사적인 장소   restoration 복원, 복구

6 (C) 전치사 + 관계대명사

해석 회사가 원자재를 보관하는 창고는 추가 보안이 필요하다.

해설 빈칸 앞에 장소 명사 The warehouse와 전치사 in이 있고, 뒤에는 주어와 동사를 포함한 절이 이어진다. 따라서 전치사와 결합해 선행사를 수식할 수 있는 관계대명사 (C) which가 정답이다.
관계부사 (A) where와 관계대명사 (B) that은 전치사 뒤에 올 수 없고, (D) what은 선행사와 함께 쓰지 않는다.

어휘 warehouse 창고   raw materials 원자재   require 요구하다

7 (A) 관계부사

해석 EQ 메트로 레일은 대중교통이 잘 발달하지 않은 지역에서 운영된다.

해설 빈칸은 앞의 a region과 뒤의 주어, 동사, 형용사 보어로 구성된 완전한 절을 연결하는 관계부사 자리로, (A) where가 정답이다.
(B) that은 관계대명사로 불완전한 절을 이끈다.

어휘 operate 운영되다[하다]   region 지역
public transportation 대중교통

8 (B) 주격 관계대명사

해석 당신이 어제 제출한 보고서는 수정을 필요로 하는 몇몇 부분을 포함하고 있습니다.

해설 빈칸은 선행사 several sections와 주어가 없는 불완전한 절을 연결하는 주격 관계대명사 자리로, 정답은 (B) that이다.
(A) what은 선행사를 수식하지 않으며, (C) where와 (D) how는 완전한 절을 이끄는 관계부사이다.

어휘 submit 제출하다   contain 포함하다
revision 수정

9 (A) 주격 관계대명사절 동사의 수 일치

해석 온라인으로 미리 티켓을 구매하는 사람들에게 무료 입장이 허용된다.

해설 빈칸 뒤에 사람 명사를 수식하는 관계대명사 who가 이어지는데, who 뒤에 위치한 purchase가 복수 동사이므로 사람을 나타내는 복수 대명사 (A) those가 정답이다.
(B) anyone과 (C) someone은 단수 대명사로 단수 동사와 함께 쓰이고, (D) other는 형용사이므로 관계대명사의 수식을 받을 수 없다.

어휘 admission 입장   be granted to ~에게 주어지다, 허용되다   in advance 미리

10 (B) 전치사 + 관계대명사

해석 센트럴 제너럴 병원은 환자 기록이 자동으로 업데이트되는 시스템을 사용한다.

해설 빈칸 앞의 a system과 뒤의 완전한 절을 연결하는 「전치사 + 관계대명사」 형태의 (B) in which가 정답이다.
(A) each는 단수 대명사/형용사로 복수 명사와 쓸 수 없고, (C) that과 (D) which는 사물 명사를 수식할 수 있는 관계대명사이지만 불완전한 절을 이끌어야 하므로 오답이다.

어휘 patient records 환자 기록
automatically 자동으로

UNIT 18 비교 구문

1 원급 비교

토익 유형 연습하기 본책 p.192

1 (A)   2 (B)

1 (A)

해석 그 신형 전기차는 휘발유로 작동하는 차량만큼 안전하다고 여겨진다.

해설 빈칸은 원급 비교 표현 as ~ as 사이에 위치한 형용사/부사 자리로, '~하다고 여겨지다'를 뜻하는 동사 is considered와 함께 쓸 수 있는 형용사 (A) safe가 정답이다.

오답 (B) safety는 명사로 as ~ as 사이에 올 수 없다.

어휘 vehicle 차량

2 (B)

해석 오류를 피하기 위해 문서를 가능한 한 주의 깊게 검토해 주세요.

해설 빈칸은 as ~ as 사이에 위치한 원급 형용사/부사 자리로, 목적어 the document 뒤에서 동사 review를 수식하는 부사가 쓰여야 알맞으므로 (B) carefully가 정답이다.

오답 (A) careful은 형용사로 동사를 수식할 수 없다.

2 비교급과 최상급

토익 유형 연습하기 본책 p.195

1 (B) 2 (A) 3 (A) 4 (B) 5 (B)

1 (B)

해석 연휴 시즌이 시작된 이후로, 데이토나 토이즈는 이전보다 더 바빠졌다.

해설 빈칸 뒤의 than과 함께 쓸 수 있는 비교급 형용사 (B) busier가 정답이다.

오답 (A) busy는 원급으로 than과 함께 쓸 수 없다.

어휘 since ~한 이후로 than before 이전보다

2 (A)

해석 새 소프트웨어는 이전 것보다 훨씬 더 빠르게 실행되어, 생산성을 향상시킨다.

해설 빈칸은 뒤의 비교급 부사 faster를 강조하는 부사 자리로, 정답은 (A) much이다.

오답 (B) very는 비교급이 아니라 원급 형용사/부사를 강조할 때 사용한다.

어휘 run 실행되다, 가동되다 previous 이전의 thus 그러므로, 따라서

3 (A)

해석 라 베로나 레스토랑은 시내에 있는 대부분의 다른 식당보다 더 훌륭한 식사를 제공한다.

해설 빈칸 뒤의 than은 비교급 형용사/부사와 짝을 이루므로 비교급 형용사인 (A) finer가 정답이다.

오답 (B) finest는 최상급으로 than과 함께 쓸 수 없다.

4 (B)

해석 우리의 신제품은 시장에서 가장 인기 있는 제품들 중 하나가 되었다.

해설 빈칸은 최상급과 어울리는 표현 one of the 뒤에 위치하여, 뒤의 복수 명사를 수식할 수 있는 최상급 형용사 (B) most popular가 정답이다.

오답 (A) most popularly는 최상급 부사로 명사를 수식할 수 없다.

5 (B)

해석 출퇴근 혼잡 시간대에는 공항에 도착하는 데 최소 45분이 걸릴 것이다.

해설 빈칸은 숫자 표현 45 minutes 앞에서 소요 시간과 관련된 의미를 나타내야 하므로 '최소한, 적어도'를 뜻하는 (B) at least가 정답이다.

오답 (A) as much는 '그만큼'이라는 의미로, 명사 앞에 사용할 수 없으므로 오답이다.

토익 실전 대비하기 본책 p.196

1 (A) 2 (C) 3 (B) 4 (D) 5 (B)
6 (C) 7 (B) 8 (B) 9 (D) 10 (A)

1 (A) as + 원급 + as

해석 그 GPS 시스템은 시장에 있는 더 비싼 모델들만큼 정확하다.

해설 빈칸은 as ~ as 사이에 위치한 원급 형용사/부사 자리로, be동사 is 뒤에서 보어 역할을 하는 형용사 (A) accurate이 정답이다.
(B) accurately는 부사로 be동사의 보어 역할을 할 수 없으므로 오답이다.

어휘 accurate 정확한 accuracy 정확(성)

2 (C) 비교급 강조 부사

해석 그 건물 디자인은 사진에서보다 직접 보는 것이 훨씬 더 매력적이다.

해설 빈칸 뒤에 비교급 형용사 more attractive가 등장하므로, 정답은 비교급을 강조하는 부사 (C) much이다.
(A) just는 '딱'이라는 뜻의 부사로 원급을 강조할 수 있고, (B) further는 '추가의, 한층 더한'이라는 뜻의 형용사 또는 '추가로, 한층 더'라는 뜻의 부사로 쓰이며, 비교급을 강조하지 않는다.

어휘 attractive 매력적인   in person 직접

3 (B) 비교급

해석 투숙객들은 추가 요금을 피하기 위해 늦어도 오전 11시까지 체크아웃하도록 요구된다.

해설 빈칸 뒤에 than이 등장하므로 정답은 비교급 (B) later이다. no later than은 '늦어도 ~까지는'이라는 뜻의 비교급 표현이다.

어휘 check out 퇴실하다   in order to ~하기 위해   avoid 피하다   additional charge 추가 요금

4 (D) 최상급

해석 어제 회의에서 제안된 모든 해결책 중에서, 맷슨 씨의 것이 단연코 가장 실용적이었다.

해설 빈칸에는 '모든 ~ 중에서'를 의미하는 「of all + 복수 명사」와 어울리는 최상급 형용사가 들어가야 하므로 정답은 (D) most practical이다. by far는 '월등히, 단연코'라는 뜻으로 최상급을 강조할 수 있는 표현이다.

어휘 solution 해결책   propose 제안하다   practical 실용적인

5 (B) 비교급 강조 부사

해석 회사는 광고비를 줄였지만, 브랜드 인지도는 더 탄탄해졌다.

해설 빈칸 앞에 과거 시제로 쓰인 동사 grow는 「grow + 형용사」의 구조로 '점점 ~해지다'를 의미한다. 빈칸에는 비교급 강조 부사 even의 수식을 받는 비교급 형용사가 쓰여야 하므로 정답은 (B) stronger이다.
(A) strong은 원급, (D) strongest는 최상급으로 even의 수식을 받을 수 없고, (C) strongly는 부사이므로 grew 뒤에 보어로 쓰일 수 없다.

어휘 reduce 줄이다   brand awareness 브랜드 인지도

6 (C) 비교급

해석 그 도시 주민들 중 3분의 1이 넘는 사람들이 매일 대중교통을 이용한다.

해설 빈칸은 than 앞에 위치하므로 비교급 형태의 (C) More가 정답이다.
(A) Many와 (B) Much는 형용사/대명사로 than과 함께 쓸 수 없고, (D) Most도 최상급 형태이므로 부적절하다.

어휘 one-third 3분의 1   resident 주민   public transportation 대중교통   daily 매일; 일상의

7 (B) 비교급

해석 그 설문 조사는 빠른 응답을 받는 고객들이 더 오래 기다리는 사람들보다 자신의 구매에 더 만족한다는 것을 보여준다.

해설 빈칸 앞에 비교급 형용사 more satisfied가 있으므로 '~보다'라는 의미로 비교급과 짝을 이루는 (B) than이 정답이다.
(A) as는 원급 비교 표현에 사용되므로 적절하지 않고, (C) because와 (D) while은 부사절 접속사이므로 오답이다.

어휘 indicate 나타내다, 보여주다   response 응답   be satisfied with ~에 만족하다   purchase 구매(품)

8 (B) 문맥에 어울리는 부사

해석 세미나에서 자리를 확보하기 위해 가능한 한 빨리 참석 여부를 확인해 주세요.

해설 빈칸은 동사 confirm을 수식하는 as ~ as 사이의 부사 자리로, 참석을 확인해 주는 일과 관련해 '빨리, 곧'이라는 뜻의 (B) soon이 문맥상 가장 적절하다.
(A) long은 '오래', (C) highly는 '매우', (D) well은 '잘'이라는 뜻으로 문맥상 부적절하다.

어휘 confirm 확인하다   attendance 참석   secure 확보하다

9 **(D) 비교급**

해석 새로 설치된 엔진 덕분에 우리 배송 트럭이 훨씬 더 부드럽게 운행된다.

해설 빈칸은 앞의 부사 much의 강조 대상인 비교급 자리로, 보기 중 유일하게 비교급 형태인 비교급 부사 (D) more smoothly가 정답이다.
(A) smooth와 (B) smoothly는 각각 원급 형용사와 원급 부사이고, (C) most smooth는 최상급 형용사이므로 오답이다.

어휘 run 작동하다, 운행하다 smooth 부드러운, 순조로운

10 **(A) 비교급 강조 부사**

해석 오닐 딜리버리의 서비스는 업계 내 소규모 경쟁 업체들의 것보다 훨씬 더 신뢰할 만하다.

해설 빈칸은 비교급 형용사 more reliable을 강조하는 부사 자리로, '훨씬'이라는 뜻의 (A) far가 정답이다.
(B) very와 (D) highly는 비교급을 강조할 수 없고, (C) rather는 '꽤, 다소'라는 뜻의 부사로 쓰이는 경우 주로 원급을 수식한다.

어휘 reliable 신뢰할 수 있는 competitor 경쟁자 industry (특정 분야의) 산업

DAY 5 ACTUAL TEST 본책 p.198

1 (D) 2 (B) 3 (B) 4 (A) 5 (C) 6 (B)
7 (B) 8 (C) 9 (A) 10 (D) 11 (B) 12 (A)
13 (D) 14 (B) 15 (C) 16 (B)

---

1 **(D) 등위접속사**

해석 슈나이더 씨의 제안은 흥미롭지만, 그것을 뒷받침할 더 많은 데이터가 필요하다.

해설 빈칸은 완전한 두 절을 연결하는 접속사 자리로, 앞뒤의 상반되는 내용을 연결하는 등위접속사 (D) but이 정답이다.
(A) so는 결과를 나타낼 때 사용하는 접속사이고, (B) also와 (C) even은 부사이므로 오답이다.

어휘 proposal 제안(서) support 뒷받침하다; 지원하다

2 **(B) 상관접속사**

해석 회계팀은 예산 보고서를 승인하거나 수정을 요청할 것이다.

해설 빈칸 뒤에 두 개의 동사 approve와 request가 이끄는 동사구가 or로 연결되어 있으므로, or와 짝을 이루어 상관접속사를 구성하는 (B) either가 정답이다.
(A) both는 and, (D) neither는 nor와 상관접속사를 구성한다.

어휘 approve 승인하다 revision 수정

3 **(B) 명사절 접속사 if**

해석 새로운 정책이 현 계약서 보유자들에게 영향을 미칠지 알려 주세요.

해설 빈칸은 명령문의 목적어 역할을 하는 명사절을 이끄는 접속사 자리로, '~인지'라는 뜻의 명사절 접속사 (B) if가 정답이다.
(A) although는 '비록 ~하지만', (C) unless는 '~하지 않는다면', (D) since는 '~하므로; ~ 이래로'라는 뜻의 부사절 접속사로 적절하지 않다.

어휘 policy 정책 affect 영향을 미치다 current 현재의 holder 보유자, 소지자

4 **(A) 관계대명사 that**

해석 최근에 테스트를 완료한 C-3000 전자레인지는 필수 안전 기준을 충족한다.

해설 빈칸은 선행사와 주어가 없는 절을 연결하는 주격 관계대명사 자리로, 사람/사물을 받을 수 있는 (A) that이 정답이다.
(B) what은 선행사와 함께 쓸 수 없고, (C) in which는 「전치사 + 관계대명사」 형태로 뒤에 완전한 절이 이어져야 한다. (D) whose는 소유격 관계대명사이므로 동사 바로 앞에 쓸 수 없다.

어휘 meet 충족하다 safety standards 안전 기준

5 (C) 비교급

해석 최근의 재디자인 후에 그 웹사이트는 이전보다 훨씬 더 효율적으로 작동한다.

해설 빈칸 앞에 비교급을 강조하는 부사 much와 뒤에 than이 등장하므로, 정답은 비교급 부사 (C) more efficiently이다.
(A) efficiently와 (B) efficient는 각각 원급 부사와 원급 형용사이고, (D) most efficient는 최상급 형용사이므로 오답이다.

어휘 recent 최근의 perform 작동하다, 수행하다 efficient 효율적인

6 (B) 명사절 접속사 which

해석 라이든 어패럴의 경영팀은 어느 매장들이 내년에 해외에 개장할지 결정하고 있다.

해설 빈칸은 타동사 is determining 뒤에 위치한 주어와 동사를 포함한 명사절을 이끄는 접속사 자리이다. 따라서 '어느'라는 의미로 바로 뒤의 명사를 수식하면서 명사절을 이끄는 접속사 (B) which가 정답이다.
(A) any와 (D) each는 형용사/대명사로 쓰이고, (C) other는 형용사이므로 명사절을 이끌 수 없다.

어휘 determine 결정하다 overseas 해외에; 해외의

7 (B) 최상급

해석 이 소프트웨어 버전은 온라인에서 이용 가능한 모든 패키지 중에서 가장 최신이다.

해설 빈칸 뒤에 범위를 지정하는 '모든 ~ 중에서'라는 뜻의 of all이 등장하므로, 빈칸에는 최상급 (B) the most가 들어가는 것이 적절하다.
(C) more는 비교급으로 of all과 함께 쓸 수 없다.

8 (C) 등위접속사

해석 싱 씨는 문서를 신중하게 수정하고 검토 위원회에 제시간에 제출했다.

해설 빈칸 앞의 등위접속사 and로 연결된 두 절이 동등한 관계여야 하므로, 과거형 revised와 시제가 일치하는 (C) submitted가 정답이다.
(A) submits는 현재형, (D) has submitted는 현재완료형으로 시제가 어긋나고, (B) submitting은 동명사/현재분사이므로 단독으로 동사 역할을 할 수 없다.

어휘 revise 수정하다, 검토하다 on time 제시간에 submit 제출하다

9 (A) 명사절 접속사 whether

해석 우리는 CEO가 세미나에 참석할지 아니면 대리인을 보낼지 확실하지 않다.

해설 빈칸 앞에 확실하지 않다는 말이 등장하고, 뒤에는 두 가지 선택 사항이 or로 연결되어 있으므로 or와 어울려 '~인지'를 뜻하는 명사절 접속사 (A) whether가 정답이다.
(B) which는 불완전한 절을 이끌고, (C) because와 (D) where는 문맥상 부적절하다.

어휘 representative 대리인, 대표자

10 (D) as + 원급 + as

해석 인턴들은 정규 직원들만큼 빠르게 할당된 일을 완료했다.

해설 빈칸 뒤에 as와 비교 대상이 등장하므로 「as + 원급 + as」 비교 구문이 만들어져야 한다. as ~ as 사이에는 동사 completed를 수식하는 부사가 들어가야 하므로 정답은 (D) as quickly이다.
(A) quicker와 (C) more quickly는 각각 비교급 형용사와 비교급 부사이고, (B) as quick은 형용사를 사용하므로 오답이다.

어휘 assignment 할당된 일, 과제 personnel 직원들

11 (B) 상관접속사

해석 노블레자다 씨의 전략은 비용 효율적일 뿐만 아니라 모든 부서에 걸쳐 실행하기도 쉽다.

해설 빈칸에는 앞의 not only와 짝을 이루어 상관접속사를 구성하는 (B) but also가 들어가는 것이 적절하다.

(A) so that은 '~할 수 있도록'이라는 뜻의 부사절 접속사이고, (D) yet은 '하지만, 그런데도'라는 뜻의 부사/접속사로 부적절하다.

어휘 strategy 전략 cost-effective 비용 효율적인 implement 시행하다

12 (A) 명사절 접속사 what

해석 모든 직원들은 무엇이 생산 지연을 초래했는지 신중히 살펴보도록 요청받았다.

해설 빈칸은 to부정사에 쓰인 타동사 examine 뒤에 위치하여 주어가 빠진 절을 이끄는 명사절 접속사 자리이다. 따라서 불완전한 절을 이끄는 '무엇'이라는 뜻의 (A) what이 정답이다.
(B) how는 '어떻게' 또는 '얼마나', (C) which는 '(~ 중) 어느 것'이라는 뜻으로 부적절하고, (D) that은 명사절 접속사로 쓰일 때 완전한 절을 이끈다.

어휘 examine 검토하다 cause 초래하다 delay 지연

13 (D) 비교급

해석 넥소 테크의 두 번째 제안서는 첫 번째 제안서보다 훨씬 더 자세했고, 신속하게 승인되었다.

해설 빈칸은 be동사 was와 비교급 형용사 more detailed 사이에 위치하는 부사 자리로, 비교급 강조 부사 (D) far가 정답이다.
(A) very와 (C) highly는 비교급을 강조하지 못하고, (B) usually는 '보통, 대개'라는 뜻으로 문맥상 적절하지 않다.

어휘 proposal 제안(서) detailed 자세한 swiftly 신속하게 approve 승인하다

14 (B) 상관접속사

해석 이사와 그녀의 비서 둘 다 오늘 오후 늦게 회의에 참석할 예정이다.

해설 조동사 will 앞에 두 개의 명사가 and로 연결되어 주어 역할을 하고 있다. 따라서 and와 함께 상관접속사를 구성하는 (B) Both가 정답이다.
(A) Not only는 but (also)와, (C) Either는 or와 함께 쓰인다. (D) Between은 and와 함께 쓰이는 전치사로 주어를 구성하는 요소로 쓰일 수 없다.

어휘 director 이사, 관리자 assistant 비서, 보조

15 (C) 최상급

해석 컨퍼런스에서 진행된 모든 발표 중에서, 콴 박사의 것이 가장 유익한 발표 중 하나였다.

해설 비교 대상 범위를 나타내는 Among 전치사구와 의미가 어울려야 하므로, 빈칸은 앞의 one of the와 함께 최상급을 구성해 '가장 ~한 것 중 하나'를 나타내야 한다. 형용사와 부사 중 be동사 was 뒤에서 보어 역할을 하는 최상급 형용사 (C) most informative가 정답이다.
(D) most informatively는 최상급 부사로 보어 역할을 하지 못한다.

어휘 informative 유익한

16 (B) 소유격 관계대명사

해석 인사부는 경력이 직무 설명과 완벽하게 일치하는 후보자를 찾았다.

해설 빈칸은 앞의 명사구 a candidate을 수식하는 절을 이끄는 관계대명사 자리로, 빈칸 앞뒤의 명사 간 소유 관계를 나타내는 (B) whose가 정답이다.
(A) who는 주격/목적격 관계대명사로 주어나 목적어가 없는 절을 이끌고, (C) whoever는 '~하는 누구든'을 뜻하는 복합관계대명사로 선행사와 함께 쓸 수 없다. (D) to whom은 「전치사 + 관계대명사」 형태로 빈칸 앞뒤에 위치한 a candidate과 experience 사이의 소유 관계를 나타내지 못한다.

어휘 candidate 후보자, 지원자 experience 경험 match 일치하다, 맞다 description 설명, 묘사